UN CAFÉ DE JOURNALISTES

SOUS

NAPOLÉON III

DU MEME AUTEUR

—

HISTOIRE

Souvenirs de la Tribune des Journalistes.

Histoire de la Révolution du 18 mars.

P.-J. Proudhon et l'Ecuyère de l'Hippodrôme.

Nos Révolutionnaires.

Petits Mémoires d'une Stalle d'orchestre.

Léon Gozlan, scènes de la vie littéraire.

Alexandre Dumas à la Maison d'or.

ROMAN

Les Mariages d'aujourd'hui.

Le Drame de la Savagère.

L'Enchanteresse.

César Berthelin, manieur d'argent.

Schinderhannes.

Le Secret de Chamblis.

La Fille de Caïn.

La Lettre déchirée.

Les Yeux noirs et les Yeux bleus.

A qui sera-t-elle ?

La Pivardière le Bigame.

Les Fredaines de Jean de Cérilly.

La Dot volée.

Le Péché de son Excellence.

Il était une fois...

Voyage de Robert Kergorieu autour du monde.

Un petit-fils de Robinson.

THÉATRE

Le Panier de pêches.

Petites comédies du Boudoir.

FANTAISIE

Les Gasconnades de l'Amour.

Ceux qui mangent la pomme.

L'Amour de cire et l'Amour d'ivoire.

La Sérénade de don Juan.

SAINT-AMAND, CHER. — TYP. ET STÉR. DE DESTENAY.

PHILIBERT AUDEDRAND

UN CAFÉ DE JOURNALISTES SOUS NAPOLÉON III

PARIS
E. DENTU, ÉDITEUR
LIBRAIRE DE LA SOCIÉTÉ DES GENS DE LETTRES
3, PLACE DE VALOIS, PALAIS-ROYAL

1888

UN
CAFÉ DE JOURNALISTES
SOUS NAPOLÉON III

I

LE CAFÉ DE ROBESPIERRE

Avant l'Avenue de l'Opéra. — Une légende. — Maximilien Robespierre. — Une heureuse situation. — De la vie de café en 1861. — Mœurs du second empire. — Une rencontre de Journalistes. — Entente. — Ressouvenir du café Procope. — Nadal Brutinel. — A propos de l'Académie française. — M. Ernest Legouvé. — M. Ernest Renan et la *Vie de Jésus*. — Prosper Mérimée. — Le fou de l'Impératrice. — Un amateur. — La défense de Libri. — Sainte-Beuve jugé par des buveurs de bière. — Un mot de M. Guizot. — Un mot de Béranger. — Un mot de Victor Cousin. — Le parapluie du critique. — Scène de la Librairie Nouvelle. — Sainte-Beuve et la mort. — Les trois grandes femmes et les S. — Alexandre Pothey. — La chanson sur

Victor Hugo. — Une protestation. — La liberté. — Réplique. — Les *Abeilles*. — Thèses philosophiques, religieuses et sociales. — Le grand Célibataire des mondes. — Y avait-il des poëtes à l'époque des habitations Lacustres ? — Les habitués du café. — Une nomenclature.— Le dîner du Pluvier. — Un aphorisme.

Il y a quelques années, le jour où l'on s'est mis à percer cette voie superbe qui se nomme l'Avenue de l'Opéra, le cordeau municipal a dû effacer du sol un immeuble, qui, par plus d'un point, tenait à l'histoire de Paris ; c'était une maison d'un style à part, datant de plus d'un siècle. Sise rue Neuve-des-Petits-Champs, elle donnait aussi sur la rue Neuve-Saint-Roch. Ainsi posée, elle se trouvait à égale distance du Théâtre Italien et du jardin des Tuileries. Dans son voisinage se voyaient tout à la fois le Marché Saint-Honoré, si curieux à toute heure, et cette opulente rue de la Paix, le plus beau des vomitoires qui mènent aux grands boulevards.

Il faut bien se résoudre à dire que ce point de réunion était une Brasserie, mais conçue dans le goût moderne, on doit peut-être écrire moderniste à l'heure qu'il est. Dès qu'on y était entré, on avait à prendre place dans une vaste salle octogone, entrecoupée de colonnes et décorée de glaces dans toute son étendue. De dix heures du matin à minuit, six garçons y servaient tout ce qu'on a l'habitude de demander dans les établissements de même genre, mais la bière était ce qu'on venait y chercher de préférence, la bière des principales marques; plus particulièrement celle de Munich et de Strasbourg.

Dans ce quartier, où, depuis 89, il s'est passé tant de choses mémorables, cette tabagie avait un nom, fondé sans doute sur quelque légende ; on l'appelait Le *Café de Robespierre*. La tradition voulait que, dix ou douze fois, peut-être au sortir du Club des Jacobins, peut-être en allant à la Convention, le célèbre démagogue se fût arrêté là pour s'y rafraîchir. Natif d'Arras, il ne pouvait manquer d'aimer la bière. Là-dessus venaient les conjectures. Y venait-il seul? Y était-il accompagné du menuisier Duplaix ou de Saint-Just? En tout cas, l'étiquette du lieu était suffisamment justifiée. Jusqu'au dernier jour, la Brasserie a donc pu porter ce nom étrange pour notre âge de Café de Robespierre.

Pas d'observateur qui ne sache ce détail : cette zône de la grande ville est sans cesse parcourue par un public d'élite. Compositeurs, musiciens, chanteurs, les artistes qui sortaient du théâtre Ventadour ou du passage Choiseul y coudoyaient les riches joailliers de la rue de la Paix. Aux péripatéticiens de la Terrasse des Feuillants, aux promeneurs philosophes de l'Allée des Veuves se cognaient les gens d'affaires. Ceux-là venaient de la Bourse ou de la Banque de France. En sorte que des échantillons de ces divers mondes faisaient toujours halte à cette tabagie de belle mine, déjà fort renommée pour la bonne qualité de ses bières. En 1861, un jour d'été, le hasard y mit face à face cinq ou six écrivains de cocardes variées, républicains et bonapartistes, un peu chiens et chats ; c'étaient de ces journalistes, qui, après avoir corrigé les épreuves de leurs articles, étaient entrés en cet endroit autant pour vider une chope que pour fumer un cigare.

Depuis cette époque, trente années ont passé sur Paris et sur le monde. C'est dire que tout a changé, les hommes et les choses. En 1861, acceptait-on le régime impérial ? Non, sans doute. Il en était des aspirations de la France libérale comme il en est du feu sous la cendre. Ces *desiderata*, on ne les voyait pas, on ne les entendait pas, mais on savait qu'ils ne cessaient pas d'être. En même temps et, sans qu'il y eût contradiction, le pays aspirait à l'apaisement ; l'industrie, les affaires, le travail et jusqu'à l'art avaient besoin de repos. Ainsi sans rien abdiquer de leurs espérances ou de leurs rêves, les meilleurs esprits laissaient passer cette fougue de despotisme, comprenant bien qu'elle ne pouvait être qu'éphémère. Pendant les quatre années qui avaient suivi le 24 février, ce que Phèdre appelle *procax libertas*, la liberté licencieuse et folle, agitait trop la tête des masses ; à présent, c'était le contraire : on évitait les vaines logomachies pour se jeter dans la divagation des sceptiques ou dans les racontars de la causerie. Il ne faut pas oublier non plus que le relâchement des mœurs poussait à l'abandon de l'ancien rigorisme. Déjà, à dater de 1860, qui était le lendemain de la guerre d'Italie, du haut en bas, la mode était de faire la fête. Il n'était plus question que de dîners de gala, de concerts, de tableaux vivants. Une chansonnette de Thérésa devenait un événement. Mille clubmen en gants blancs acclamaient au loin le cheval qui venait de dépasser ses concurrents d'une tête. Une agglomération de 300,000 ouvriers, que le baron Haussmann avait attirés pour démolir la ville et pour la rebâtir, comptant sur la fixité d'un bon salaire, se modelaient sur cette manière d'être et se faisaient, à leur tour, à la vie facile. Il n'y avait plus à parler que de plaisir même aux pauvres. Celui-là eût été conduit tout droit à Charenton qui eût entrepris de lutter contre le torrent. Caton ne se perçait plus de son épée ; il s'asseyait à une table de café ; il y buvait, il y fumait, regardant et écoutant en stoïcien.

— Tout cela, se disait-il, finira bien par passer, parce que tout passe ici-bas.

Journalistes de la monarchie constitutionnelle, journalistes républicains, journalistes du césarisme, ceux qui, ce soir-là, s'étaient rencontrés au Café de Robespierre savaient qu'il y avait entre eux une sorte d'armistice. Voilà pourquoi ils ne craignaient pas de se saluer en confrères. Ç'avait été, d'abord, de la main, puis de la voix. Bientôt on avait recommandé aux garçons de poser les verres sur la même table. Comment! parce qu'on était en désaccord sur des théories, c'est-à-dire sur de vagues systèmes, tranchons le mot, sur des billevesées, fallait-il qu'on se fît les gros yeux? Après tout, on parlait la même langue, ce qui était un grand point pour qu'il y eût un rapprochement. — Buvons, choquons nos verres. L'avenir ne nous offrira que trop d'occasion de faire de nous des ennemis.

Telle fut, à très peu de choses près, ce qui se dit dans la première rencontre. Une sorte d'entente ayant été ainsi formée, on convint de se retrouver, les jours suivants, au même endroit. Ils revinrent tous attirés par ce charme, souverain à Paris, de se frotter à des hommes qui parlent le langage que vous parlez, qui vous comprennent et dont vous êtes sûr d'être compris. Il revinrent, seuls, d'abord; puis peu à peu, quand il y eut un peu plus de familiarité, chacun amena avec soi une ou deux recrues. Dans l'origine, ce n'avait été qu'un groupe: ce fut bientôt une sorte de mêlée. On voyait presque se former une association assez forte pour devoir prendre à peu près tous les caractères d'une franc-maçonnerie.

Un mois ne s'était pas écoulé que le Café de la rue Saint-Roch était envahi par l'élément littéraire. Aux journalistes proprement dits s'étaient joints les chroniqueurs. Nos seigneurs les romanciers ne devaient pas mettre grand temps à venir. La travée principale, reposant sur quatre colonnes, n'appartenait plus qu'aux gens de lettres. « — Place à la Journalistique ! » s'écriait le vieux Nadal Brutinel, un ancien officier de l'armée belge, un combattant des barricades de juin, ex-gérant du *Proscrit* de Ledru Rollin. — La Journalistique ! N'entendez pas tout-à-fait le mot dans le sens ironique que l'on donne à d'autres vocables du même genre, à la Prêtraille et à la Soldatesque, par exemple. Le fait est que cette agglomération de beaux esprits très bruyants n'avait rien de vulgaire. Si quelques-uns avaient la pipe à la bouche, si tous avaient le verre à la main, si deux ou trois nouaient leur cravate d'une manière peu correcte, tous parlaient en gens de bel air et la fusée de leur dialogue aurait pu rappeler le café Procope tel que l'histoire nous le fait voir à l'époque où l'auteur du *Neveu de Rameau* y discutait avec Piron. Certains soirs, notre coin semblait tenir tout à la fois d'un corps-de-garde, d'un Parlement au petit pied et d'une Académie.

A la longue, en ce cercle, où le journal avait la haute main, il y avait un peu de toutes les professions libérales. J'y ai vu des avocats, des peintres, des médecins, des ingénieurs, des musiciens, des chroniqueurs, des romanciers, des politiciens et jusqu'à un avoué en cour d'appel. Il faut même avoir la vertu de ne rien taire. Un des nôtres nous a amené à trois reprises Paul Legrand, le mime, un

Pierrot d'alors, qui devait nous rendre l'illustre Deburau.

Quelqu'un va dire : « — Ah ! ces choses-là ne sont « pas nouvelles ! Il y a près de deux siècles qu'un « vrai café de Paris est l'abrégé de Paris ! » Au moment où nous écrivons ces pages, c'est-à-dire en 1888, le café n'est plus ce qu'il était en 1860, puisqu'il a été remplacé par le cercle. Autrefois le club élégant était une singularité, presque une exception ; aujourd'hui, il est le nombre, il est la règle. Jadis, le café, vestige des temps de liberté, pouvait encore être considéré comme un salon de gens comme il faut ou comme une branche de la puissance législative. Au Café de Robespierre, sur le milieu de l'empire, bien que le mot d'ordre fût de ne pas parler politique, on se moquait de temps en temps de cette consigne. Tandis que les servants apportaient un moss, dix ou douze causeurs faisaient la paix ou la guerre ; dix autres faisaient ou défaisaient les cabinets. On mettait jusqu'à la personne de César sur la sellette.

— Mais si l'on nous épiait, disait Dottain, si un mouchard nous écoutait, j'irais coucher à Mazas !

— Cher Monsieur, répliquait Nadal Brutinel, si la police de l'empereur devait tenir compte de tout ce qui se débite contre l'empire, la moitié de Paris, pour le moins, aurait à arrêter l'autre moitié.

Avant tout, intrépides éplucheurs de Candidatures

littéraires que nous étions, nous faisions sans cesse l'assaut de l'Académie française. Toutes les fois qu'il mourait un Immortel, toutes les fois qu'il y avait une élection, nous réformions ou nous confirmions le choix qui venait de la majorité des Quarante. Ainsi c'est de notre milieu qu'est sorti le mot sur M. Ernest Legouvé, mot qui devait faire fortune : « — Puis- « qu'il a le moyen de se payer un cuisinier, il est « sûr d'être nommé au premier tour. » Et, en effet, il a été élu d'emblée. J'ajoute que le mot que je viens de rapporter sera désormais mis au rang des proverbes.

Quelques-uns passaient le temps à jouer aux cartes, d'autres aux dominos, d'autres aux échecs, mais ce n'était que le petit nombre. Discuter, pérorer, critiquer, médire, raisonner, déraisonner, à la bonne heure, c'était ce à quoi la masse donnait la préférence. Quand Ernest Renan fit paraître la *Vie de Jésus*, ce fut pour nos beaux parleurs le thème d'une sorte de polémique. « — Vous avez lu ça, « vous ? — Non pas, s'il vous plaît. — Et, après un « petit temps de repos : — Perdre une heure de ma « vie à feuilleter un tel verbiage ! — Du verbiage ! « ce beau livre ? — Ah ! pas si beau que ça ! — Mon « cher, il y arrache son auréole divine au Naza- « réen. — La belle poussée ! Est-ce que Voltaire, « le docteur Strauss et vingt autres n'avaient pas « fait cette démonstration ? Le pauvre défroqué ne fait

« que se servir du vieil alambic de la critique historique. — Défroqué tant qu'il vous plaira: il écrit « en maître. — Ça ne l'empêche pas de n'être qu'un « défonceur des portes ouvertes. Il ne dira jamais rien « de neuf. — Mille pardons. Il y a dans cette œuvre « un point de vue d'une grande originalité : c'est « que c'est une femme qui a fait Jésus dieu et que « cette femme est Marie-Madeleine. — Laissez donc! « Les Saint-Simoniens avaient émis le même conte « bleu bien avant votre sulpicien. — Et les beaux « paysages de la Judée qu'on trouve à toute page! « Tenez, il y a une description du lac de Tibériade « qui est un chef-d'œuvre. — Mon cher, des « chefs-d'œuvre de ce genre-là, à propos de l'Ancien et du Nouveau Testament, les peintres de « toutes les Ecoles et de tous pays en ont fait des « milliers sans qu'on ait songé à crier au prodige. En « cela encore votre Renan ne serait donc qu'un copiste. Je demande que cet échappé du séminaire « soit fessé publiquement aux quatre coins de Paris « avec une branche de buis trempée dans de l'eau « bénite. »

Une autre fois, c'était Prosper Mérimée qu'on mettait sur le gril. « Voyons, décidément, est-il à « ranger parmi les écrivains sérieux ou bien à jeter « dans le tas des plaisantins? — Eh! dame, à la « cour, on lui a donné un surnom, celui de *fou de « l'impératrice*. — Fou, c'est un mot bien amer.

« Songez donc, il n'a écrit que des calembredaines.
« Moi, je dirais que c'est un pitre. — Bon ! et la
« belle traduction de Salluste ? — Cent pauvres dia-
« bles de l'Université ont fait de ces *pensum*-là. —
« Oui, mais ce style ! — Parlons-en, de ce style ;
« c'est sec, raide et aigre comme le Code civil. —
« Ah ! ça, est-ce que son œuvre n'est pas variée au
« point qu'on y trouve toutes les formes de la pensée
« depuis celle de l'histoire jusqu'à celle du théâtre,
« en passant par le roman, par l'analyse du critique,
« par la causerie épistolaire et même par la ballade ?
« — Il a fait de tout, soit, mais sans être le premier
« ni même le second dans rien. Je me trompe : ce
« serait le premier clown littéraire de ce siècle, à en
« juger par les échos qui nous viennent des Tuileries
« et de Compiègne, où il s'est imposé le rôle d'amu-
« ser les grandes dames. — Mon cher, à vous en-
« tendre, en France, un homme de talent n'aurait
« pas le droit d'être gai. — Mon cher, votre homme
« gai est un farceur sinistre, ainsi qu'il l'a prouvé en
« se faisant l'avocat du sieur Libri, un voleur avéré,
« un intime auquel la justice n'aurait pas pu s'em-
« pêcher de mettre une casaque de galérien, s'il ne
« se fût pas sauvé à temps. — Allons, allons, ce n'est
« plus de la controverse littéraire, cela. — Non,
« sans doute, mais pourquoi Mérimée s'est-il fait le
« Balzac de ce Peytel ? »

On peut se figurer les hommes du jour, grands et

petits, dressés devant nous en quinconce comme un jeu de quilles ; c'était à qui lancerait sa boule pour en faire tomber un ou deux par terre. Jeu innocent, après tout, car, n'ayant point d'échos au dehors, ces coups de langue ne pouvaient faire grand mal à personne.

Un soir, on en était à celui qui, en jouant le poitrinaire pour rire, est mort, une première fois, sous le pseudonyme de Joseph Delorme. « — R***, on vous « a vu, ce matin, au Palais-Royal, causant avec « Sainte-Beuve. — Dites donc, s'il vous plaît, avec « Sainte-Beuve le divin. — Etes-vous bien sûr que « l'épithète soit de son goût ? — Il me semble qu'il « ne s'en fâcherait pas. — Il vous semble mal, puis« que tout pli fait à une feuille de rose blesse ce « vieux sybarite. — Ecoutez donc ! tout le monde le « houspille. — Mais c'est parce qu'il a commencé « par houspiller tout le monde. — M. Guizot s'est « écrié : — « *Qu'on ne me parle pas de ce carabin* « *jacobin.* » — Bien ! il avait dit, le premier : « *Il* « *y a de l'ictère dans toute page de M. Guizot.* » « — M. Victor Cousin, faisant le joli cœur, a dit, « dans les couloirs de l'Institut : — *Quand je vais* « *au café Anglais, je dis au servant : Garçon, du* « *Sainte-Beuve au gratin, et le garçon me sert du* « *macaroni*. Bien : il avait devancé le beau blagueur, « en écrivant : *En Europe, personne, depuis trente* « *ans, ne prend plus les vessies de M. Cousin pour*

« *des lanternes.* — Béranger, plus cruel que tous « les autres, a dit : *Sainte-Beuve a toujours l'air de « chercher des yeux un carrosse afin d'avoir à mon- « ter derrière.* — Sainte-Beuve avait encore com- « mencé. Pour lui, dans la *Revue des Deux-Mondes* « de 1830, l'auteur du *Dieu des bonnes gens* était « une statue de métal de Corinthe : Pindare, Ana- « créon et Horace fondus ensemble. Dans le *Consti- « tutionnel* de 1850, ce n'était plus qu'un Panard « avec quelques belles notes graves. — Et puis, il y « a de vilaines histoires d'alcôve à propos de ce « roquantin, car c'en est un. — Et puis, il y a, vous « savez, avec Cuvillier-Fleury, une rencontre mémo- « rable et grotesque, le duel au parapluie. — Par- « don ! ce duel au rifflard, c'est avec M. Dubois « de La Gloire-Inférieure,son ancien patron du *Globe*. « — N'importe : il ne faut jamais, en sa présence, « prononcer le mot de parapluie. Il tient ça, pour la « plus sanglante des offenses. A propos, vous savez, « la scène qu'il a faite à Philibert Audebrand ? — « Eh ! là-bas, notre ami, contez-nous donc l'aven- « ture. — Messieurs, il s'agit de fort peu de chose. « Vous savez que le grand critique et son parapluie « sont des inséparables. Or, en ce temps-là, parais- « sait la *Revue de Paris*, que dirigeait Henry de la « Madelène. Ayant à y faire un croquis de l'auteur « de *Volupté*, je terminais par ces trois lignes : *La « Révolution de 1848 n'a compté qu'un émigré :*

« *M. Sainte-Beuve. Non je me trompe, elle en a* « *compté deux: M. Sainte-Beuve et son parapluie.* Rien « de plus, rien de moins. Le surlendemain du jour « où ce mot, si anodin, parut, le bonhomme en avait « connaissance. On vint nous dire qu'il était entré « dans une fureur sans pareille. Toucher à la majesté « de son parapluie, il paraît que c'était un crime, « presque un sacrilège. A quinze jours de là, nous « nous rencontrâmes, lui et moi, boulevard des « Italiens, sur le seuil de la Librairie Nouvelle, et, « bien entendu, bien que le ciel fût du plus pur « saphir, il avait son parapluie. On me montra à « lui, on me nomma, puisqu'il ne me connaissait « pas. En même temps, il s'avança vers moi et, en « faisant mine de croiser les bras sur la poitrine, le « parapluie compris, il s'écria : — *Eh! Monsieur!* « *que vous ai-je fait? Ah! çà, vous voulez donc ma* « *mort?* Vous pensez bien, mes amis, que je m'es-« quivai en pouffant de rire. »

Un autre, je ne sais plus quoi, peut-être était-ce A. Rolland, l'ancien représentant de Saône-et-Loire, mit une rallonge à ces commérages. Suivant lui, le mot de Béranger avait fait saigner le cœur de Sainte-Beuve. Pour que rien de semblable ne se renouvelât, le critique avait pris la résolution de ne plus s'occuper que des figures du passé. Ainsi donc il n'aurait pas à redouter la répartie des vivants. « — Mais, avait dit Eugène Pelletan, est-il donc sûr

« que les morts ne sortiront pas de leurs tombeaux « pour venir, la nuit, pendant son sommeil, lui don- « ner une chiquenaude sur le nez ? » — On ajouta un autre détail reposant sur une bizarrerie d'une nature assez curieuse. Cela consistait à dire que Sainte-Beuve prisait fort trois femmes historiques, non parce que ce sont des femmes de génie mais parce que leurs trois noms commencent par une S. comme le sien, c'est-à-dire : Mme de Sévigné, Mme de Staël et Mme Sand.

Tout le monde passait un peu par ces cribles, même celui des grands poètes que nous vénérions le plus, d'abord parce qu'il était la personnification la plus glorieuse du mouvement littéraire de 1830 et, en second lieu, parce qu'il endurait l'exil pour la cause de la République. Un fugitif de la Brasserie de la rue des Martyrs nous apportait alors quatre couplets sur l'air : *Un jour, le bon Dieu s'éveillant*. Ces trente-six vers étaient, du reste, comme l'insulteur antique au moment du triomphe, la consécration d'un grand succès. Quatre ou cinq jours avant, les *Misérables* avaient paru et c'était à qui s'arracherait des mains ce chef-d'œuvre. On savait, d'autre part, ce qu'avait rapporté le manuscrit à l'auteur, 500,000 francs, et peut-être le double à l'éditeur. C'était en grande partie sur ce double fait qu'Alexandre Pothey avait arrangé sa cantate, moitié complainte, moitié satire.

Un jour, Victor Hugo-le-Grand
Se posa sur son Océan.
« — Si je sondais les lueurs sombres,
En faisant rayonner les ombres
L'univers serait épaté
De ma ténébreuse clarté.
Puis chez Lacroix, ça grossirait ma note,
Car tout doucement, il faut bien qu'on *golgothe*,
Et, tout doucement, je *golgothe*.

» Moïse eut le mont Sinaï,
Mahomet Médine-el-Nabi ;
Napoléon eut Sainte-Hélène ;
Par un semblable phénomène
Mon ouragan s'est entassé
Sur le granit de Guernesey.
Vers l'horizon je fais tonner ma glotte,
Car, tout doucement, il faut bien qu'on *golgothe*,
Et tout doucement je *golgothe*.

Homère, Socrate, Platon,
Corneille, Schakespeare, Byron,
Combien mieux que vous je *golgothe !*
Je pince toujours la cagnotte !
Voyez ce que m'a rapporté
Le mot que Cambronne a lâché !
Cinq cent mille balles, avec ça l'on boulotte,
Car tout doucement, il faut bien qu'on *golgothe*,
Et tout doucement je *golgothe!*

» — Grand maître, prêtez-moi cent sous?
— Ami, je ne peux rien pour vous...
Que de vous déclarer poète,
Sous le crâne ayant la tempête...
Maintenant tirez-vous de là...
Chacun gravit son Golgotha...

On ne peut pas me tirer de carote,
Faites comme moi, cher ami, je *golgothe*,
Oui, tout doucement, je *golgothe*.

Nous autres, à dix ou douze, qui poussions aussi haut que possible le respect du grand poète, nous protestions ; Gustave Bourdin et moi, nous cognions de nos verres le marbre de la table ; nous multiplions les *chut !* nous efforçant d'interrompre le chanteur à chacun de ces injurieux couplets. Mais on finit par nous imposer silence au nom de la liberté. Au bout du compte, nous n'étions que la minorité. Secondement, puisque les habitudes de cette réunion étaient qu'on passât en revue toutes les célébrités du temps, puisqu'il était admis que nous avions le droit de découronner toutes les majestés, il n'y avait pas d'exception à invoquer en faveur de l'homme de Guernesey. Et d'ailleurs, Olympio en avait vu bien d'autres, en vers et en prose. Ils ajoutaient enfin que, depuis la Fronde jusqu'à nos jours, si les chansons ont fait rire, un instant, la France, il est bien établi qu'elle n'ont jamais tué personne. Sous le bénéfice de ces réserves, la petite satyre lyrique d'Alexandre Pothey a donc pu passer. On l'a écoutée. Quelques-uns l'ont applaudie, et, le lendemain, en guise de réplique, l'un de nous a récité l'admirable pièce des *Abeilles*, la perle de ce merveilleux recueil qui s'appelle les *Châtiments*.

Vous pensez bien que notre milieu étant composé

d'incorrigibles dialecticiens, on ne se bornait pas à éplucher les contemporains illustres. Nos grands hommes ou ceux qui passent pour tels, ce n'était que la bagatelle de la porte. De véritables débats portaient sur les systèmes philosophiques, sur les religions, sur le mouvement de la science moderne, sur la fusion des races. Vingt thêmes propres à mettre à l'envers la tête la plus saine. Il était seulement sous-entendu qu'on donnerait à ces discussion une tournure amusante ou paradoxale autant que la chose se pourrait.

J'ai gardé dans le tiroir de mes souvenirs quelques-unes des formules étranges qui ont servi de programme à nos bavardages. Rien de plus téméraire ni de plus puéril. A distance, ce texte, si l'on se met à le lire, ne peut que faire naître le sourire sur les lèvres. On ne serait pas éloigné de croire qu'on parcourt des yeux le manuscrit d'un fou. En ce temps-là, ces billevesées paraisaient être du sérieux et même du sacramentel.

Voyez cette thèse fournie par un libre penseur.

— *Qu'est-ce que Dieu faisait avant la création du monde et que fait-il depuis ?*

On n'a pas mis moins de trois soirées à débrouiller cette question et,en fin de compte, on n'est arrivé à aucune solution. Mais que de coups de langue et que d'irrévérence pour les vieilles théodicées ! « Qu'est-ce que Dieu ? — Comment s'y est-il pris

« pour se créer tout seul? — A-t-il une forme? « A-t-il un sexe? — A-t-il une résidence? — Est-il « célibataire, comme le prétend Châteaubriand ou « marié comme le supposent les Hindous? — Tra- « vaille-t-il sans cesse à régler le mouvement de « l'univers ou bien passe-t-il le temps à ne rien « faire, abîmé dans la contemplation immobile de « son œuvre? S'il donne sa pensée à améliorer sans « cesse ce qu'il a créé, s'occupe-t-il plus de l'élé- « phant que du ciron? A-t-il la même sollicitude « pour la fourmi que pour l'homme? »

Une autre fois, on descendait de ces hauteurs, et c'était pour traiter une question d'histoire et d'esthétique.

— *Existait-il des poètes au temps des habitations lacustres et qu'est-ce que ces poètes pouvaient chanter?*

« A l'époque pré-historique où, se tenant en am- « phibie, le fils de la Terre vivait au milieu des lacs « comme les castors, il était sorti du creuset de la « création formé ainsi qu'on le voit à l'Académie « française d'aujourd'hui lorsqu'il y a une grande « séance. Sans doute il ignorait encore le bel uni- « forme de drap d'Elbeuf doublé d'agrément vert, « avec un épée au côté, mais il portait un pardes- « sus d'algues, enjolivé des fleurs de l'iris. Sous « cette enveloppe, il y avait une tête, deux bras, « deux jambes, des yeux, un nez, une bouche, un

« thorax, un cœur, une rate, un foie, un encé-
« phale, des parties sexuelles et un souffle de vita-
« lité pour faire mouvoir cet organisme. Si, alors,
« il n'était pas poète lui-même, il pouvait procréer
« des rudiments de poète et ces embryons d'ins-
« pirés, ancêtres des aèdes, devaient émettre des
« conceptions aussi hardies que les *Poèmes Bar-*
« *bares* de M. Leconte de l'Isle. Ce que chantaient
« ees Orphées aquatiques ? Très probablement la
« jeune femelle qui s'élançait dans l'eau pour y
« nager comme une dorade. Ils ont dû célébrer
« aussi le vieux père qui rapportait au logis les
« barbillons ou le brochet dont se nourrissait la
« famille, car tout ce monde-là n'était qu'ichtyo-
« phage. J'imagine qu'on a dû faire une cantate en
« l'honneur de celui qui, le premier à inventé la
« manière de faire cuire l'écrevisse au court bouillon.
« Evidemment celui-là était tout à la fois le pré-
« curseur des chimistes et le prince des cuisiniers.
« Ce qui méritait bien l'hommage de quelque belles
« strophes et une couronne de cresson. Mais comme
« la psychologie aussi avait ses droits, le premier
« sonnet à dû jaillir de l'âme d'un François Coppée
« qui s'étant caché sous un saule de la rive, avait
« contemplé, sur le seuil d'une grotte, une fille des
« eaux qui se séchait au soleil etqui peignait ses longs
« cheveux roux avec les arêtes d'une carpe dont
« elle venait de faire le premier peigne. »

Il me reste à faire savoir au lecteur par quels discoureurs étaient remuées tant de belles divagations. J'ai déjà dit que celle des travées du café où nous nous tenions était très vaste. Près de quarante personnes pouvaient s'y asseoir. Quarante, c'était bien le nombre des habitués de notre groupe, mais je ne nommerai que les plus marquants, en faisant observer que, depuis vingt ans, la Mort a fauché à coups redoublés dans ce milieu de beaux esprit.

Tous les soirs, régulièrement, de huit heures à minuit, on aurait pu rencontrer au Café de Robespierre Antoine Grenier, le rédacteur en chef de la *Situation* ; — Ernest Dottain, rédacteur du *Journal des Débats* ; — Aurélien Scholl, rédacteur en chef du *Nain Jaune* ; — Emile Blavet, le futur *Parisis* du *Figaro* ; — Eugène Schnerb, le secrétaire de la rédaction de *Paris Journal*, aujourd'hui préfet de Meurthe-et-Moselle ; — Hippolyte Rousseau, jeune avocat, secrétaire d'Ernest Picard, aujourd'hui payeur général de Loir-et-Cher ; — Aimé Maillart, un compositeur d'élite, ancien prix de Rome, auteur de *Lara* et des *Dragons de Villars* ; — Porion, peintre de la reine Isabelle II d'Espagne ; — La Fonlhouse, un autre peintre, très connu à cause d'un tableau représentant une cocotte, qu'on disait être la fameuse et infortunée Mme de Mertens ; plus connu encore par les jolies chansons dont il nous régalait ; — André Jacquemart, un professeur de mathématiques, aujourd'hui député des Ardennes ; — Gustave Chaudey, avocat, le même que Raoul Rigault à fait fusiller à Sainte-Pélagie sur la fin de la Commune ; — Clément Laurier, autre avocat, le futur secrétaire général de la Défense nationale, à Tours ; — Paul Bocage, auteur dramatique, l'un des auteurs d'*Echec et Mat* ; — Charles Joliet, un romancier, doublé d'un journaliste ; — Bouyghes, un chef de bureau au ministère des finances ; — Fanty, un dentiste, successeur du docteur Rossi ; — Nadal Brutinel, ex-officier de l'armée belge, ex-commandant de la barricade de la place de la Bastille, pendant les journées de juin 1848 ; — Pinède, avocat, défenseur de Darmès devant la cour de pairs, futur préfet de 1871 ; — A. A. Rolland, ancien représentant de Saône-et-Loire en 1849, traducteur des *Lettres de la princesse Palatine* ; — Emile Gaboriau, romancier, l'auteur de l'*Affaire Lerouge* ; — Gustave Bourdin, rédacteur du *Figaro* ; — Henri Bonnaire, l'organisateur du canal Cavour ; — Armand Lapointe, romancier, auteur de nombreux récits parisiens ; — Victor Noir, la victime de Pierre Bonaparte ; — A Cavalié, dit Pipe-en-bois, le célèbre persiffleur d'*Henriette Maréchal* ; — Le docteur A. Saurel, l'aide du docteur Nélaton ; — Albert de la Fizolière, rédacteur en chef de la *Petite Revue* ; — Mary Lafon, auteur de *Rome Ancienne et Moderne* ; et, de temps en temps, Gustave Courbet, le maître peintre d'Ornans.

Si j'y ajoute mon nom, ce sera à peu près tout.

Evidemment j'en passe une demi-douzaine, non par dédain, non parce que ce sont des seigneurs sans importance, comme on dit sur les boulevards, mais parce que ce n'étaient que des allants et venants, peu assidus et ne se montrant qu'une ou deux fois par mois. Au surplus, il sera question de plusieurs d'entre eux dans le cours de ce livre.

Encore un détail.

Les trente dont on vient de lire les noms étaient convenus de se réunir dans un dîner mensuel qui avait presque toujours lieu chez Brébant. A ces agapes, dont la cotisation était de quinze francs par tête, on avait donné le nom de Pluvier, à cause d'un assez vilain oiseau de marais qui avait été servi, la première fois. Entre parenthèse, cet insipide gibier n'a plus reparu sur notre table. Tout convive avait le droit d'amener avec lui un invité, après présentation préalable. Le président était, non pas nommé par la voix du sort ni au scrutin, mais élu par acclamation, au dessert. Ernest Dottain, très savant gastrosophe, a presque toujours été investi de cette dignité, pendant trois années consécutives.

Si l'histoire tenait compte de tout ce qui se passe de remarquable à Paris, le Dîner du Pluvier, à lui seul, aurait assez d'annales pour former la matière d'un volume, mais Clio, la vieille Muse d'Hérodote, n'a crayonné et ne pourra jamais tracer que des sommaires. Il faut donc nous résigner à garder le silence sur cette annexe des réunions qui ont eu lieu au café de la rue Saint-Roch. Toutefois quelques annalistes en ont touché un mot [1]. Le Pluvier a tenu un rang distingué parmi ces fameux repas mensuels d'il y a vingt ans, dîners d'artistes, soupers de poètes, de diplomates et de gens du monde qui, avant 1870, étaient si fort à la mode. N'oublions pas de dire que c'est à l'une de ces soirées gastronomiques qu'a été rappelée cette espèce d'aphorisme, qui est devenu une prophétie : — *Les grands festins ont toujours précédé la chute des empires.*

[1] Voir les *Dîners littéraires* par A. Lepage, (Frinzine, éditeur.)

II

Comment on vivait sous le second empire. — Un mot d'Alphonse Karr. — Dîner chez Véfour. — Antoine Grenier. — D'où il sortait. — Un prix d'honneur. — L'Ecole Normale. L'Ecole d'Athènes. — Faculté de Montpellier. — Le *Moniteur du Puy-de-Dôme.* — *Le Constitutionnel.* — Villemain. — Nestor Roqueplan. — Rendez-vous au Café de Robespierre. — Nos amis. — Rédaction en chef du *Pays*. — Le roi Georges V de Hanovre et M. de Bismarck. La *Situation.* — Ce qu'elle aurait dû être. — Ce qu'elle a été. — Un mot d'aveugle. — Liquidation. — Retour à la vie facile. — Brutinel. — Gustave Chaudey. — A propos du *Banquet des Sept Sages.* — Etait-il corrompu ? — Besoin de travailler. — *La Grèce moderne.* — Un livre sur les écoliers du moyen âge. — Collaboration projetée. — Le chien de la Bible. — Quelques bons quarts d'heure. — Souvenirs de jeunesse. — Impressions de voyage en Grèce. — Les bas-reliefs qui marchent. — Sur les bords du Céphise. — L'Illyssus. — Est-ce que les anciens savaient manger ? — Question des beaux-arts. — Au sujet de la Vénus de Milo. — Est-ce une Vénus ou une Victoire ? — Trop de chopes. — Le *Dix Décembre.* — Derniers jours de l'empire. Comment un journaliste entendait la résistance. — Napoléon III et les chroniqueurs du café Mulhouse. — L'indemnité de la *Situation.* — Acquisition d'un château féodal. — La guerre. — Grenier quitte Paris. — A l'Opéra.

— Georges Hainl. — Retour. — Un gagne-petit. — Sera-t-il recteur? — L'opposition d'Edmond About. — M. Bardoux cède. — Un accident. — Cistique. — Mort.

Tout le monde sait que les débuts du règne, sous Napoléon III, ont été l'âge d'or de la gueule. A défaut d'autre laurier, on cueillait celui de la cuisine. Les dîners de corps étaient donc à l'ordre du jour. Pour un oui, pour un non, il fallait mettre la nappe. C'était le cas ou jamais de citer le mot qui termine notre premier chapitre : *Les grands festins ont toujours précédé la chute des empires.* En 1866, un littérateur de Lyon, écrivain amateur, « qui avait le sac, » réunissait chez Véfour une quinzaine de camarades de la presse parisienne. Ce fut dans cette soirée que, pour la première fois, j'eus à me rencontrer avec Antoine Grenier, l'un des lieutenants de Paulin Limayrac au *Constitutionnel.* En ce temps-là, très robuste, les joues rouges, l'œil vif, rasé de frais, moins les moustaches, il annonçait quarante-cinq ans. Il n'avait rien d'un Antinoüs. Etant sorti même du chaos un peu incorrect, mal équarri, il était le contraire de ce qu'on appelle un bel homme, mais Philopœmen d'une autre espèce, il avait assez d'esprit pour n'avoir pas besoin d'être un dameret. Très fin et très savant lettré, il avait commencé la vie en obtenant dans le cours de ses classes les succès les plus éclatants. Une certaine année, sous Louis-Philippe, au grand concours, il avait remporté le prix d'honneur, et, par la suite, il était sorti, le premier, d'un autre concours menant à l'Ecole Normale ; puis, de là, il avait été l'un des élèves d'élite qu'on envoyait à l'Ecole d'Athènes. Trois belles couronnes pour un jeune Français des temps constitutionnels. A son retour à Paris, il avait trouvé la République installée et, après l'examen relatif à l'agrégation, il était envoyé par Achille de Vaulabelle, alors ministre de l'instruction publique, à la Faculté de Montpellier pour y occuper la chaire des belles-lettres. Tant de degrés qu'il venait de gravir en courant pouvaient donner à espérer qu'il parviendrait très haut, s'il s'en tenait à l'échelle de l'enseignement, mais un dégoût soudain le saisit et une tendance invincible à la mobilité le poussa à s'écarter d'une carrière dont les abords, pourtant semés de ronces, lui avaient paru trop faciles. Par suite d'un caprice, qu'il devait amèrement déplorer plus tard, il se jetait dès lors dans le journalisme militant, c'est-à-dire dans la plus inféconde des aventures. Né en Auvergne, il quitta Montpellier pour aller rédiger à Clermont-Ferrand *Le Moniteur du Puy-de-Dôme*, journal qui, sous l'inspiration de M. Rouher, soutenait les idées napoléoniennes. Beaucoup de passion, un style bref, coloré, violent, l'envie de parvenir, la recommandation du préfet, attirèrent sur lui l'attention de ceux qui gouvernaient et on l'appela à Paris pour en faire un des polémistes du vieux journal libérâtre que dirigeait le docteur Louis Véron.

Pendant son stage, en Auvergne, le nouveau journaliste s'était marié avec une femme charmante, l'une des filles de Georges Hainl, le chef d'orchestre de l'Opéra. Quand il se fut installé quelque part dans le quartier des Champs-Elysées, fournissant un article quotidien à son journal, il crut, à la manière de tous les provinciaux, que les alouettes allaient lui tomber toutes rôties dans la bouche, mais la désillusion arriva vite. Il put se rappeler le mot de Villemain : « Les lettres mènent à tout, à condition « de les quitter. » Fort bien, mais on ne quitte pas la plume de publiciste comme on veut ni quand on veut. Il y a, sur ce point, un autre mot, qui est de Nestor Roqueplan : « Le journal est un bagne d'où « il ne s'évade, au plus, qu'un ou deux forçats, tous « les dix ans, et encore ceux-là sont-ils toujours « marqués à l'épaule. » — Journaliste de second ordre, il ne touchait qu'un appointement de 500 francs par mois, ce qui n'était que le pain de chaque jour pour sa jeune famille et pour lui. Sans doute il pouvait survenir quelque chance du hasard, mais combien d'années aurait-il à attendre cette échéance aléatoire ?

A la vérité, il aurait eu la ressource de faire des livres, pages d'histoire ou rêveries d'humoriste. N'était-ce pas ce que faisaient les autres aiglons sortis comme lui du nid de l'École Normale? Il y avait pensé, mais cet enfant gâté de l'Université aimait le tabac comme un turc et la paresse comme un loir. Cent lignes de polémique étaient tout ce que pouvait donner l'activité de son esprit. Menant donc la vie stabulatoire et régulière du bœuf, il traçait son sillon quotidien au *Constitutionnel* et paraissait ne demander rien de plus. Il est juste de dire ici que pour reconnaître les services rendus à sa politique, Napoléon III venait de lui décerner le ruban rouge.

Ceux qui vivaient à Paris en 1866 peuvent attester qu'on n'y songeait aucunement à l'avenir. Il y avait alors, en effet, une très grande facilité de mœurs. Le sybaritisme, venant de haut lieu, était à la mode et chacun renvoyait à plus tard le soin des affaires sérieuses. Nous autres, zélateurs incorrigibles de la forme républicaine, armés de cette certitude que le despotisme ne saurait durer en France, nous laissions passer le second empire, comme un voyageur qui a pu se mettre à l'abri sous un chêne laisse passer l'orage. Quant aux partisans du régime impérial, se modelant sur leur maître, ils prenaient du bon temps le plus possible, en se disant que c'était autant de gagné. Grenier, si bien frotté du miel de l'antiquité, était surtout de ceux qui préconisaient la morale d'Horace : « *Carpe diem.* Cueille le jour ; jouis de « l'heure présente. » Philosophie bien digne de celui

2*

qui, pour fuir, avait laissé tomber son bouclier sur le champ de bataille de Philippes. Revenons au dîner de chez Véfour. Après la tisane d'Aï, bue dans des coupes de cristal, quoique nous ne desservissions pas les mêmes autels, il fut convenu que la divergence de nos opinions politiques ne nous diviserait point et que nous pourrions devenir quelque chose comme une paire d'amis.

A très peu de temps de cette soirée, nous nous revîmes au Café de Robespierre dont les bières, formées avec l'eau du Rhin, étaient réputées excellentes. Nous ne nous y montrions guère que, le soir, après la journée finie. Au bout de trois ou quatre rencontres, il y eut un rapprochement très net ; dès ce moment, on ne nous servait plus qu'à la même table. Le surlendemain, Grenier amenait deux ou trois intimes, d'anciens camarades de l'Ecole Normale, des compatriotes ou des collaborateurs du papier auquel il donnait ses articles. De mon côté, j'étais accompagné d'un pareil nombre d'amis, amateurs de bonne bière parmi lesquels figuraient le docteur Saurel, un jeune médecin qui était l'aide de Nélaton, et Charles Rabou, le romancier à qui l'on doit l'*Allée des veuves*. De ces divers éléments il résulta un groupe assez nombreux auquel on laissait librement toute une travée de la salle et que Leverrier, le maître du café, appelait : *Le côté des Savants*. Ce fut aussi de cette agglomération de buveurs que naquit le dîner mensuel de chez Brébant, intitulé : *Le Pluvier*.

J'ai dit que, sous le souffle d'un pressentiment, Grenier attendait l'avènement d'une bonne chance, ou, si l'on aime mieux cette manière de dire, l'occasion de sortir du *Constitutionnel*, et la chose ne se fit pas trop attendre. Un matin, J. Mirès lui délégua la rédaction en chef du *Pays*, l'un de ses journaux. Financièrement parlant, c'était améliorer grandement sa situation. Cet heureux changement fut bientôt suivi d'une meilleure aubaine encore et je n'envisage ici, bien entendu, les faits qu'au point de vue du lucre. Mais, cette fois, il s'agit d'une affaire qui aurait pu devenir un événement politique de la plus haute portée.

A l'époque dont je parle, vivait dans nos murs, un vieux et noble prince, découronné par les artifices machiavéliques de M. de Bismarck. Tout Paris s'est découvert avec respect devant ce proscrit, qui n'était autre que le roi Georges V de Hanovre. Aveugle et errant comme le roi Lear, il avait résisté à l'invasion de la Prusse, même les armes à la main. Vaincu, dépossédé de ses états sans que l'Europe ait fait entendre une parole de protestation en sa faveur, il était venu, le cœur gonflé d'amertume, chercher un refuge chez nous, se figurant à tort que Napoléon III et le peuple français, éclairés par la lueur de ses propres infortunes, prendraient sa cause en main, ou bien que, pour le moins, ils le défendraient dans les conseils de la diplomatie. Mais il devait en être des griefs de ce monarque outrageusement spolié comme de la journée de Sadova et des rapines exercées en Danemarck : l'imbécillité de notre César, jointe à la frivolité de notre caractère national, faisait que la France ne se révoltait pas à l'aspect de tant d'injustice et que, par conséquent, elle n'entrevoyait point les points noirs qui se formaient contre elle-même à l'horizon, à propos du Luxembourg et de la candidature d'un Hohenzollern au trône des Espagnes. Non, non, à l'heure où ces épisodes menaçants se produisirent à notre nez et à notre barbe, le palais des Tuileries retentissait du bruit des fêtes et, le lendemain, la cour la plus éventée du globe, s'en allait, en riant, à Compiègne inaugurer cette fameuse campagne des Tableaux Vivants où nos belles grandes dames, belles surtout d'impudeur, se montraient toutes nues, uniquement recouvertes de gaze. On ne perd pas plus joyeusement « un royaume, » disait Agnès Sorel à Charles VII, pendant un bal donné à Bourges par son royal amant. Le même mot aurait pu être répété par Georges V à Napoléon III, avec cette différence que, derrière ce dernier, il n'y avait, en guise d'héroïque réserve, ni Jeanne d'Arc, ni Dunois, ni La Hire, ni la Trémouille, ni Xaintrailles, mais seulement, hélas ! Bazaine et compagnie. Ce grand et infortuné

Georges V, il ne pouvait que s'écrier par un mot, cruel et superbe d'ironie :

— Dieu m'a condamné à être aveugle, et cependant je suis le seul à voir clair !

Et tout bas :

— Avant vingt ans, l'Europe sera la vassale de la Prusse !

Abandonné de tous les princes et de tous les peuples, délaissé même par cette égoïste et froide Angleterre, qui avait pourtant des raisons historiques de s'opposer à ce que M. de Bismarck le dépouillât, il ne luttait déjà plus pour la reprise de ses états. Son trône était définitivement perdu et il commençait à en faire son deuil. Mais l'avidité des Borusses allait plus loin ; voilà qu'on voulait lui voler aussi sa fortune personnelle et confisquer les domaines qu'il possédait par héritage. Un roi réduit à la besace, un roi mendiant, cela s'est vu souvent ici-bas, surtout depuis 89, mais c'était par suite des orages révolutionnaires. Dans la circonstance, on pouvait voir un roi détroussé par un autre roi ni plus ni moins que si le larron eût été un Cartouche ou un Mandrin. C'était ce que l'ex-Majesté voulait faire voir au monde et, pour pratiquer cette démonstration, il avait besoin d'un journal, et d'un journal quotidien, imprimé à Paris et écrit par des plumes françaises.

Sauf meilleur avis, un tel journal aurait dû être

un réquisitoire. Il aurait fallu qu'il fût, non pas vif, mais plein de violence, non pas raisonneur mais véhément, non pas persiffleur mais insultant jusqu'à l'offense. C'était un instrument de guerre. Pour l'écrire, on aurait eu à appeler des hommes qui eussent rappelé Armand Carrel, ce brillant chevalier de la démocratie, ou Armand Marrast, ce satiriste qui enlevait l'épiderme à l'ennemi, ou Godefroy Cavaignac, ce tribun de l'écritoire, si superbement passionné pour la justice, mais l'équivalent de ces grands morts était présentement en exil. D'ailleurs le second empire, né dans les ténèbres d'une nuit de décembre, avait en horreur les vingt-quatre lettres de l'alphabet, toutes créées pour la révolte des âmes, et il n'aimait la presse dans aucune de ses manifestations. Quand Georges V parla de son projet, on ne lui répondit pas par un refus, car, en dépit de tout, on ne pouvait que s'incliner devant la majesté du malheur ; on lui permit donc de faire paraître un journal à Paris, mais il fut stipulé que ce journal serait modéré le plus possible et qu'il aurait à sa tête un écrivain notoirement dévoué au gouvernement de l'empereur. Voilà comment fut fondée la *Situation* ; voilà comment elle eut Grenier pour rédacteur en chef.

Un soir, au café Saint-Roch, l'ancien prix d'honneur me prit à part afin de m'annoncer cette importante nouvelle. Il s'étendit beaucoup sur l'affaire.

Si la publication ne devait pas être hostile à Napoléon III, elle ne devait pas non plus être une cassolette de louanges. La fin qu'elle se proposait, c'était de dénoncer publiquement à l'Europe et à l'histoire les brigandages véritablement trop audacieux de M. de Bismarck. Tout au moins, cette posture d'accusateur public servirait d'enseignement pour l'avenir. Au reste, le journal, ne s'occupant point de la politique impériale, pourrait être rédigé par des hommes de tous les partis, mais surtout par des démocrates. Sous ce rapport ayant à choisir ses collaborateurs, on lui laissait carte blanche. Il avait donc déjà formé une escouade valeureuse. On y voyait, près de lui, Villiaumé, l'auteur d'une *Histoire de la Révolution française* dans laquelle est glorifiée l'ombre de Marat, Genevay, un républicain de 1848, A. Abraham Rolland, un ancien représentant de Saône-et-Loire, proscrit après l'échauffourée du 13 juin, et d'autres encore. J'en serais, si le cœur m'en disait. On y écrirait des pages brûlantes et qui finiraient par incendier les consciences. Bref, on arrangerait les choses de telle sorte que M. de Bismarck finirait par rendre gorge.

Si le programme annoncé eût été suivi à la lettre, peut-être eût-on obtenu le résultat désiré. Admettons que le nouveau papier eût été courageux et éloquent, il aurait rendu au pays cet inappréciable service de nous éclairer sur les vues et les projets de la Prusse;

c'aurait été Démosthènes dénonçant de loin les ruses de Philippe aux Athéniens. Mais au lieu d'un journal prenant la posture d'un franc-archer et ne ménageant pas ses coups, on ne nous donna qu'une feuille pâle, craintive, un peu bourdonnante, sans colère, sans vertu. Grenier, tout entier à l'habitude de vider des chopes et de fumer des cigares, ne paraissait à son cabinet de rédaction que de trois jours en trois jours, laissant à des comparses le soin de remplir son rôle. La conséquence logique de tels agissements se devine. A la fin, Georges V se lassa de nourrir à grands frais un organe qui n'était, au lieu d'un clairon, qu'une flûte mal maniée et peu sonore. Au bout d'un an et demi, la *Situation* fut liquidée. Pendant les dix-huit mois qu'elle a vécu ou qu'elle a eu l'air de vivre, elle a été la plus insignifiante des démonstrations, une série de rides faites par le vent sur l'eau, et rien de plus.

Grenier, pris au dépourvu, réclama une indemnité et l'obtint sans difficulté. — Il sera parlé de cet incident un peu plus loin. — Un coup si brusque avait pu l'abattre ou déranger sa belle humeur. Il n'en fut rien. L'insouciance native de son esprit l'aida à reprendre sans interruption le cours de ses loisirs : la vie de café, les cigares fumés à outrance, la causerie avec les Snobs sur les riens du jour. Il se montrait tout aussi assidu à nos réunions du soir qu'à nos dîners mensuels, ces agapes byzantines où, au grand étonnement de Brutinel, le vieux combattant de juin, on ne faisait que manger, boire, chanter, rire et railler, *majorum more*, à la manière des Epicuriens du premier empire. Gustave Chaudey, aussi, protestait de temps en temps contre cette tendance à la vie asiatique. Tous deux prétendaient que des gens comme nous devaient mener une existence tout autre et que nos festins devaient se rapprocher un peu plus du *Banquet des Sept Sages* de Plutarque. En me faisant l'écho de leurs plaintes, j'allais à Grenier en lui demandant de m'aider à réformer un par le *Pluvier*.

— Comment ! ils vous ont parlé des Sept Sages, répliquait-il en se tordant de rire. Et vous ne les avez pas envoyés à l'ours ou à Chaillot ? Les Sept Sages ! Voilà un bel échantillon de la race humaine par exemple ! Savent-ils ce que les Grecs entendaient par le mot de Sage ? Tout simplement ce que nous entendons, nous autres, par le mot d'*habile*. Les Sept Sages, sept compères confits en égoïsme, sept aigrefins et qui, à notre époque, auraient le mérite d'être cités en police correctionnelle.

— Ce Grenier, c'est la corruption même, ripostait Gustave Chaudey.

Corrompu, selon le sens que les austères d'alors attachaient à ce mot, il l'était sans contredit, se montrant toujours prêt à sacrifier sa profession à son bien-être et à justifier par des arguments de sophiste la licence de mœurs en usage sous l'empire. Si l'on se mettait à lui dire : « Eh ! voyez donc jus-« qu'à quel point on refait le césarisme ! Personne ne « vit plus que pour son ventre ; personne n'a plus « d'autre devise que l'épitaphe de Sardanapale : « *Manger, boire, aimer : tout le reste n'est rien.* — « Aimer est un euphémisme ; vous savez quel est le « mot propre. Où nous ménera le triomphe d'une « telle philosophie ? — A passer la vie agréable-« ment, » répondait-il en riant. — Et il ne voulai pas en démordre. Il fallait que le prolétaire fît la fête aussi bien que le millionnaire : c'était là le grand mérite de l'empire de donner satisfaction autant à l'un qu'à l'autre.

Il arrivait aussi que l'habitude du désœuvrement lui fît honte. Cette existence de Bohême trop prolongée finissait par faire sortir de vifs reproches du fond de sa conscience. Etait-ce pour arriver à n'être, en définitive, qu'un culotteur de pipes qu'il avait traversé en victorieux trois ou quatre concours ? Sous l'étreinte de ce remords, il se mettait à l'œuvre et écrivait la *Grèce moderne*, un livre tout à la fois plein de substance et enrichi de charmants détails. Il faisait de même, un peu plus tard, un autre livre sur la manière d'être des étudiants pendant le moyen âge. Obéissant à une fougue presque inexplicable, il demandait aux uns et aux autres de travailler avec lui, à Armand Lapointe de faire un drame en commun, à Charles Rabon d'écrire un roman avec lui. Sur ce, on mariait quelques propos, mais l'entreprise n'allait pas plus loin. Ces fantaisies et d'autres du même genre passaient vite. On le voyait alors revenir délibérément à la bière du Rhin, au cigare et aux calembredaines débitées par le tiers et par le quart.

— Le chien de l'écriture revient à son vomissement, disait Brutinel.

Au premier aspect, à voir cet averne mal équarri, le front à demi chauve, ce qui lui restait de cheveux mal peigné, tout à fait négligé dans sa mise, ainsi que je l'ai déjà dit, on aurait pu croire qu'on se trouvait en face d'un rude pionnier des vallées du Puy-de-Dôme ou de quelque toucheur de bœufs. Tout au moins, l'œil de l'observateur eût supposé que le personnage était un pédagogue de village à la grossière écorce, violent, décisif et tranchant. Pour nous servir du mot de Denis Didrot il n'avait en rien l'*art de faire mousser le Grâces.* On aurait donc été à mille lieues de supposer qu'il pût jamais figurer dans un salon, et l'on se serait trompé. Dans le milieu du monde officiel où il vivait, il fallait que, de temps en temps, il s'adonisât pour jouer aux dames et afin de se montrer chez les ministres. Un soir, nous l'avons vu revenir au café tout harnaché d'un habit de cérémonie, cravate blanche, gilet en cœur et gants beurre frais. Franchement il avait alors l'air d'un léopard endimanché. Ce qu'il y avait de plus remarquable dans cette tenue, c'était une longue brochette de croix cousues sur la poitrine. Le ruban rouge, passe! Mais dix ou douze crachats venant de tous les grands duchés d'Europe et de toutes les Républiques puériles de l'Amérique du Sud, cela faisait l'effet d'une ferblanterie tristement comique. Grenier nous dit qu'il venait d'une réception, de M. Eugène Rouher, le vice-empereur, le chef du Rouhernement, mathador de son pays auquel il avait été dans la nécessité de faire sa cour. Et nous autres de chuchoter: « — Qu'est-ce que l'un de « ces deux Auvergnats pouvait bien avoir à dire à « l'autre? »

Grenier aimait la vie d'estaminet avec passion. Le sans-façon qu'on trouve chez nous dans les établissements publics s'accordait grandement avec le débraillé de ses allures et aussi avec la trivialité de son langage. Un de mes étonnements, c'était de voir cet humaniste, un lettré ferré à glace, comme on dit, se complaire dans la grammaire des boulevardiers et très souvent même dans l'argot. La chose s'expliquait néanmoins et de plusieurs façons. D'abord, le personnage, reniant sans pitié son origine universitaire, craignait, avant tout, d'être pris pour un pédant; c'était donc ce qui le poussait à avoir pour langage usuel des formes qui allaient de la simplicité des gens du peuple à la rhétorique des

Halles. En second lieu, le jour, dans la matinée surtout, au café Mulhouse, notamment, où déjeunaient d'habitude cinq ou six chroniqueurs en renom, il prenait un très grand plaisir à les écouter et finissait par adopter pour son propre compte les locutions dont ils se servaient. On pense bien que c'était là un dictionnaire tout autre que ceux qu'il avait eu à feuilleter pendant ses classes. — *Ne fais donc pas ta Sophie ! — De combien as-tu tapé Villemessant ? — Hetzel me réclame deux cents balles qu'il m'aurait données de trop sur mon dernier roman. Je lui ai répondu : « — Tu t'en ferais mourir !* — Ces choses-là et cent autres du même tonneau enchantaient ce lauréat qui avait usé un bon tiers de sa vie à apprendre par le menu les chefs-d'œuvre de l'esprit humain. Il est à croire qu'il voyait là-dedans un contraste et que la nouveauté de ce vocabulaire devenait un ragoût qui plaisait à son esprit, car il nous répétait assez fréquamment, le soir, au café de Robespierre, les mots de la langue verte qu'il avait recueillis, le matin, au café Mulhouse.

Très fin, très délié même, il me paraissait pourrant manquer de délicatesse dans le dialogue toutes les fois qu'il avait à donner la réplique à un partenaire qu'il supposait devoir lui être inférieur et comme talent et comme situation sociale. Dans ce cas-là, le nourrisson des lettres antiques s'évanouissait tout-à-coup pour faire place à l'homme abrupte des montagnes d'Auvergne. Je l'ai vu aller ainsi de la grossièreté jusqu'à l'injure, et, dans sa pensée, il ne croyait que faire de l'esprit. Encore une fois, il me semble bien que cette manière d'être n'était chez lui que chose d'emprunt et un reflet de son frottement journalier avec les chroniqueurs, causeurs peu bégueules. Autre observation qu'il m'a été donné de faire, c'est que, comme tous les produits de l'Ecole Normale, hommes point du tout coulés en bronze, mais, peut-être, en sucre candi, il baissait pavillon aussitôt qu'on lui tenait tête, et qu'on le regardait en quatre-s-yeux, comme on dit. En politique, comme il était à la dévotion de Louis Bonaparte, les seuls mots de : crime du 2 décembre le faisaient aisément tressauter, parce qu'il y voyait un reproche à la Macbeth ; il se redressait, il cherchait une réponse, mais si l'on insistait, serré à la gorge par la force de la vérité, il se taisait ou bien il finissait par dire :

— Ne parlons pas de ces choses-là, mon cher : nous ne pourrions jamais nous entendre.

Si l'on insistait, il s'adoucissait, vidait son verre et ajoutait avec un sourire aimable le plus possible :

— Vous savez ce qui est convenu entre nous. Nous ne devons pas parler politique.

S'exprimer ainsi, c'était rendre les armes.

Où il était très intéressant à entendre, très séduisant même, c'était quand il se mettait à parler de son séjour en Grèce, à l'époque où il complétait ses études à l'Ecole d'Athènes. Dans ces moments-là, je le prenais à part et nous laissions volontiers les autres fumer, boire et s'échapper en fariboles. Sachant combien tout ce qui se rapporte au monde hellénique a de charme pour moi, il n'hésitait pas à faire peau neuve. Il consentait donc à n'être alors ni gouailleur, ni brusque, ni grossier et ne faisait aucune difficulté de me raconter ses impressions de voyage à travers la ville de Périclès et ses environs. Vers le commencement de l'empire, une vilaine mode régnait à Paris ; cela consistait à se moquer des Grecs. Sous ce rapport, Edmond About avait donné le branle ; Grenier, qnoique plus rassis, avait emboîté le pas à son ancien condisciple du lycée Charlemagne et ce concert de moqueries, formé par deux ingrats, avait obtenu un certain succès parmi nos têtes de liège, puisque, chez nous, rien ne réussit autant que l'épigramme. Mais ces accès de raillerie n'avaient été qu'un feu de paille. Quant à Grenier, toutes les fois qu'il était poussé à s'exprimer un peu sérieusement sur la Grèce, changeant de ton, il reconnaissait avoir outré sa manière de voir et il ne faisait aucune difficulté de rendre meilleure justice aux Hellènes.

— Quand je suis arrivé à Athènes, me disait-il, quoiqu'ayant les yeux éblouis par l'admirable soleil du pays, j'ai commencé par me méprendre sur ceux qui habitent la cité. Je me disais : « S'il « ont du sang grec dans les veines, ils n'en ont « qu'une bien petite goutte. » Les uns me faisaient l'effet de Levantins cupides, bavards et vaniteux. Dans les autres je ne voyais que des métis provenant de la conquête ottomane et, par conséquent, étrangers à la ville de Minerve et à sa grande histoire. A la longue, j'ai vu que je m'étais trompé du tout au tout. Le dernier des portefaix du Pyrée connaît fort bien la noblesse de son origine. J'ai rencontré à travers les rues des gens du peuple qui parlaient le langage sobre, clair et précieux de Thucydide ou qui assaisonnaient aisément la conversation du sel d'Aristophane. Très souvent je me suis amusé à regarder des Athéniens se promener trois par trois. Ils marchaient en se tenant par le cou ; ils marchaient lentement, majestueusement : on aurait dit des bas-reliefs du Parthénon ambulant. Je ne suis plus étonné si lord Byron a voulu mourir pour le restant de ce grand peuple.

Une autre fois, il s'étendait sur la topographie et me disait encore des choses fort curieuses.

— Ce grand rabâcheur de Cicéron dit quelque part que, dans Athènes, on marche sur de l'histoire et le mot est des plus justes. Impossible de faire un pas sans se cogner à un souvenir mémorable du passé. Je ne veux rien vous dire ni de l'excavation qui passe pour être la prison de Socrate ni du monticule qu'on suppose être le tombeau de Thémistocle, mais je me suis souvent promené aux Céramiques et au Pnyx. J'ai voulu gravir les degrés de la tribune aux harangues et m'y adresser à des auditeurs absents en récitant l'exorde des Olynthiennes. Une fantaisie d'écolier. Dans les campagnes, où je m'étais égaré, je me trouve les pieds mouillés par un cours d'eau. » — Qu'est-ce que c'est que ça ? de« mandai-je à un passant. — Le Céphise, Mon« sieur. » J'ai vu les ruines de Sparte et je me suis lavé les mains dans l'Eurotas, mais j'y ai rencontré plus de sangsues que de cygnes et de lauriers-roses.

Dès lors, une fois lancé sur ce thème, il ne tarissait plus sur le mérite des Grecs, ces glorieux aînés auxquels nous devons tout, car ils ont inventé toutes les formes de la pensée, tous les secrets de l'art et les rudiments de toutes les sciences. Son admiration pour la féconde démocratie d'Athènes l'emportait dans l'hyperbole, sauf un point, celui du bien vivre au point de vue de la table.

— A mon gré, reprenait-il, jamais ils n'ont su ce que c'est qu'un bon repas. Ce que leurs poètes et ce que Platon appelle un festin devait être une mystification de haute volée. D'abord ils avaient et ils ont encore de fort mauvaise viande et des volailles médiocres. Ils ne savaient pas faire le vin. Croiriez-vous qu'ils y mettaient du fromage et qu'il ne buvaient que chaud ? Ignorant l'existence du café, celle du thé, celle du sucre, celle du kirsch et de la chartreuse, ils n'avaient qu'un système de liqueurs pas beaucoup plus varié que celui des Abyssins qui sont à la cour de Théodoros. Ajoutez qu'ils mangeaient couchés à la manière asiatique, posture évidemment incommode. En somme, un de nos dîners du Pluvier, chez Brébant, vaut dix fois mieux qu'un des festins d'Alcibiade, quand même Aspasie et d'autres Milésiennes y auraient assisté.

Il fallait éviter de le mettre sur le chapitre des arts, une lettre close pour lui. Quoiqu'il fût le gendre de Gustave Hainl, le chef d'orchestre de l'Opéra, il n'entendait rien à la musique et ne la prisait guère. Même chose pour la peinture et pour la sculpture. J'ai pu m'assurer, d'ailleurs, qu'en en exceptant MM. H. Taine et Edmond About, les autres Normaliens ne se préoccupaient pas beaucoup non plus de ce qui fait l'honneur de nos musées. L'étude des lettres avait fini par être chez eux un sens absorbant tous les autres. Pourtant j'avais amené deux ou trois fois Grenier à dire quelques mots sur un thème qui m'a toujours intéressé au plus haut point : je veux parler de cette Vénus de Milo, le chef-d'œuvre des chefs-d'œuvre, la véritable vierge de beauté, comme l'a dit Henri Heine.

— Entre nous, disait-il, je n'ai jamais cru que ce

soit une Vénus. Elle n'a ni la molle attitude ni les yeux adoucis de la mère des Amours. J'inclinerais plutôt à penser que c'est une Victoire sans ailes, type qui plaisait spécialement à la ville de Miltiade. Ses bras cassés ont été le point de mire de mille hypothèses et d'autant de mauvaises plaisanteries. Que tenaient donc les mains de la statue? Les uns ont dit : « — De l'une elle tenait une pomme ; de « l'autre elle relevait l'un des pans de sa robe. » Mais l'ensemble dément cette conjecture. D'autres et un allemand, Millingen, par exemple, prétendent que la déesse aurait tenu de la main gauche un bouclier appuyé sur son genou et de la droite un stylet avec lequel elle écrivait le nom des héros athéniens, ceux qui sont morts à Marathon ou à Potidée. Je suis de cet avis, moi, aussi ; mais voyez donc clair après tant de siècles et au milieu de tant de ténèbres !

Telle était sa manière de se tenir dans les bons jours. Par malheur, il était changeant comme une jolie femme. Le plupart du temps, ennuyé et morose, ces thèmes demi-sérieux n'allaient plus à la pente de son esprit et, pour se distraire, il donnait la préférence au gros comique, aux anedotes épicées ou bien au grotesque. Des puérilités émises le matin, par les chroniqueurs du café Mulhouse, il passait sans une bien coûteuse transition aux contes bleus d'Emile Gaboriau, l'auteur de l'*affaire Lerouge*, un de ses amis, vers cinq heures, le moment de l'absinthe. Le soir, en se retrouvant avec nous, il se délectait aux cancans de la fin du jour et aux coq-à-l'âne de celui-ci ou de celui-là. Avait-il à tuer le ver de quelque ennui secret ou bien était-ce un besoin de sa nature que de se complaire dans ses loisirs de bourgeois flamand, toujours plein de tabac et de bière? Je l'ai vu jouer quatre heures de suite aux dominos avec des illettrés qui s'approchaient parfois de notre table, et, pour le coup, je me disais : — « Etait-ce donc la peine d'avoir été le nu-« méro I à l'école Normale et d'avoir fait partie de « l'Ecole d'Athènes? » La soirée s'écoulait ainsi, très souvent, monotone, silencieuse, infertile à tous les points de vue. A minuit et un quart, on sortait un peu en troupe. Parfois, il trouvait que ce n'était pas encore assez de vie rabelaisienne comme ça et, en compagnie de Dostain ou de Rolland, il se rendait au café du Helder, sur les boulevards, lequel demeurait, toute la nuit, ouvert à MM. les gandins et à Mmes les cocottes. Là, suivant la saison ou les goûts du moment, il prenait une croûte au pot ou bien du punch au kirsch de la Forêt-Noire. Quand il rentrait chez lui, dans le quartier des Champs-Elysées, trois heures du matin sonnaient et déjà on pouvait entrevoir à l'horizon les premières pourpres et les premières blancheurs de l'aurore. Et sur trois cent soixante-cinq jours dont se compose l'année, il en passait réellement trois cents de cette façon. C'était évidemment vouloir raccourcir sa vie et aller de gaieté de cœur au-devant d'une vieillesse hâtive. La chose n'a pas manqué de se produire.

Sur les derniers jours de l'empire, à l'heure où, en dépit de la coopération d'Emile Ollivier, ce transfuge de la cause républicaine, Louis-Napoléon Bonaparte voyait s'évanouir son pouvoir caduc, on conçut l'espoir d'un rajeunissement par le suffrage universel et l'on arriva ainsi à penser à l'expédient d'un plébiciste. Mais il fallait y préparer les esprits. Pour ce fait, on songea à la presse, qu'on avait tant méprisée, tant persécutée au début du règne. Quelqu'un de haut placé imagina alors de fonder, au nom de César, une feuille hebdomadaire, un peu taillée sur le patron du *Courrier du Dimanche*, l'organe libéral, et écrite de façon à agir sur la conscience des classes élevées, les plus difficiles à conquérir. On créa donc alors *le Dix-Décembre*, cahier dont le titre était déjà un programme. Sa rédaction en chef en fut confiée à Grenier. Il n'aurait pas été possible de mettre la main sur un serviteur plus dévoué. Sans rien outrer, il est juste de dire que cette publication fut ce qu'en argot de théâtre on appelle un four. Qui a jamais lu *le Dix-Décembre?* Qui se rappelle l'avoir vu? Il n'a pas eu même 500 abonnés. Ce devait être quelque chose comme un coup de tonnerre ; ce ne fut pas même le bruit que fait naître le frottement d'une allumette.

Il en a été de son dernier comme de son premier numéro : Paris les aura ignorés autant l'un que l'autre.

On était déjà en 1869. Pour quiconque devait voir ce que deviennent les choses, l'empire s'en allait à grande vitesse. N'ignorant pas ce que je pensais de l'établissement napoléonien, Grenier me dit, un soir, assez tristement.

— Ne vous semble-t-il pas que ce soit le commencement de la fin ?

Il savait bien d'avance que ma réponse serait affirmative. Plus de cent fois, à dater de 1865, j'avais eu à prédire le retour inévitable de la République, cette princesse du Bois dormant, qu'on proscrit, qu'on endort, mais qui finit toujours par se réveiller. Un peu découragé par son récent échec du *Dix-Décembre*, étant momentanément à pied comme un homme qui serait tombé de cheval, il éprouvait quelque peine à croire que son vieux César ne mourût pas sur le trône. N'avait-il pas pour le maintenir vingt millions de paysans encore illettrés, deux Chambres intéressées à soutenir qui les payait grassement, une judicature d'un dévouement aveugle et surtout une armée dont les cadres n'étaient que des prétoriens acquis par dix-huit ans de caresses ? Sans doute l'opposition démocratique, soulevée par des concessions trop libérales, ressemblait quelque peu à une mer montante, mais cette force n'était aucunement organisée. Si le vieux monstre de l'anarchie osait s'aventurer dans les rues, l'affaire ne traînerait pas en longueur. Rien qu'avec une dizaine de canons chargés jusqu'à la gueule et un bon général en selle, le maréchal Canrobert, par exemple, on en viendrait aisément à bout. Le baron Haussmann avait surtout élargi les grandes voies afin qu'on pût obtenir ce résultat, rêve de tous les hommes d'ordre.

— Tout ce que vous voudrez, répliquai-je. Mais remarquez-le, les quinze ans de Tacite sont passés, quinze ans, un grand espace de temps dans la vie d'un peuple. Voilà même que nous approchons de dix-huit. L'empire n'ira pas au-delà. Je ne sais pas si une puissance surhumaine le pousse à sa fin, mais ce qui est hors de doute pour moi, c'est que les premières heures de la liberté de la presse et des franchises de la tribune projettent sur son visage des teintes de cadavre. On croit voir qu'on a affaire à un mort ou à une momie d'il y a soixante ans, ce qui est tout un. Il faut que votre idole tombe.

En me quittant, il me serra la main comme de coutume, mais il portait l'oreille basse et il était clair que les réflexions que je lui faisais faire l'avaient profondément refroidi. C'est le propre des sceptiques de se démonter aisément. J'avais souvent été à même de voir, d'ailleurs, que toute contradiction un peu ferme le faisait vaciller et aller d'un parti à l'autre. Ajoutons que, lorsqu'il était de sang-froid, il avait en lui trop de clairvoyance pour qu'il lui fût possible de se dérober à l'évidence des faits. Au café Mulhouse, où, comme je l'ai déjà dit, il déjeunait à peu près, tous les matins, il avait à entendre un refrain analogue à celui que je venais de lui chanter. Les chroniqueurs, ces ténors de la bagatelle parisienne, qui ne se mêlent point de diriger l'opinion, mais qui, au contraire, s'étudient à la suivre pas à pas, se servaient de formules encore plus énergiques que les miennes.

— Si Badinguet veut sauver sa peau comme à Forli, disaient-ils, il n'a plus qu'à faire sa malle et à se louer un logement à Londres.

Ils riaient, ces charmants esprits, toujours joyeux et toujours sans pitié ; ils riaient en tenant ces propos et il s'efforçait de leur répondre en riant, lui aussi, car il préférait de beaucoup leur commerce à celui des causeurs sérieux ; mais, au fond, quand il les avait quittés et qu'il était demeuré seul, il ne pouvait se défendre d'une vive tristesse. Ceux-là, en effet, il les tenait pour bons prophètes. Or, ce qu'ils lui annonçaient était sinistre et ne pouvait qu'inonder sa poitrine de fiel, de crainte et d'amertume.

Par bonheur, il avait un moyen de contrecarrer l'invasion des idées sombres ; c'était une bonne réserve en argent, ce qu'on appelle une garde à carreau. Après qu'on eut liquidé la *Situation*, un des intendants du roi Georges de Hanovre lui attribua une indemnité de 60,000 francs. Il y a vingt ans, les espèces ayant plus de valeur que de nos jours, ce chiffre représentait encore une assez belle somme. En tout cas, il s'y trouvait de quoi faire face aux éventualités de l'avenir. Tout homme de son âge, tout père de famille un peu réfléchi, n'eût pas manqué de faire de cette bonne aubaine un placement solide. Depuis trente ans, grâce à l'exemple qui nous vient de nos voisins d'outre-mer, les idées de prévoyance fructifient partout, chez les peintres, chez les comédiens et même chez les bohêmes. Mais le journaliste napoléonien était peut-être le seul de son temps qui eût échappé à cette contagion de l'épargne ou de l'assurance sur la vie. Un jour, on lui fit voir, dans le cercle des environs de Paris, une propriété en apparence très belle, un château, s'il vous plaît, allongé d'un parc superbe et l'on avait le tout pour presque rien, pour 60,000 francs, pourvu qu'on payât argent comptant. Grenier prit le vendeur au mot. Le voilà donc de prolétaire devenu châtelain. Un moment ! Il s'agissait d'une résidence seigneuriale, autrefois blasonnée, avec tour et machicoulis. Il y avait de quoi loger cent personnes. Ces tourelles étaient vénérables, poétiquement environnées de lierre et servaient de nids aux orfraies et aux corneilles, ce qui était très pittoresque. Le parc se recommandait par des arbres séculaires. Il y avait une pièce d'eau et deux ou trois statues encore debout. Une vraie gentilhommière, mais un bibelot ruineux. Non-seulement cela n'était d'aucun rapport, mais encore cela exigeait de lourds impôts, des frais de garde, des réparations, mille dépenses. De ces sortes de domaine, on dit : « Le jeu n'en vaut pas la « chandelle », et c'était le cas pour ce manoir féodal. Le nouveau propriétaire y passa une saison. Qu'arriva-t-il ensuite ? Je ne sais, mais je suppose que ce morceau d'archéologie fut revendu et très probablement à perte, d'abord, parce qu'en réalité, un tel luxe n'était plus de notre temps, et, en second lieu, parce que la guerre arrivant, on n'achetait plus rien et que les immeubles devenaient un embarras.

Je viens de le dire, la guerre survint, par un caprice de femme, et Dieu sait avec quelle brusquerie. Grenier disparut tout-à-coup. A l'une de ces représentations extraordinaires de l'Opéra où Frédérick Lemaître et Sarah Bernardt récitaient les *Châtiments* aux applaudissements de la foule, je m'étais approche du chef d'orchestre afin d'échanger quelques paroles avec lui : « — Où est donc Grenier ? lui dis-je. « Je l'ai cherché des yeux, et je ne l'ai pas vu. —

« Il n'est plus à Paris. Dès l'avertissement, il est « parti pour l'Auvergne, où il doit organiser une « compagnie de francs-tireurs. » — Grenier, un fusil à la main, allant à l'affût de l'Allemand comme on va au sanglier, la chose n'était guère croyable. Mais en de tels temps il s'accomplit toujours des miracles de patriotisme. Pourquoi cet homme, qui dans sa studieuse jeunesse, avait bu tout Plutarque à petites gorgées, ne se serait-il pas changé en soldat pour repousser l'envahisseur ? La seule chose à dire, c'est que l'Allemand, ne devant pas dépasser la Loire, il était à supposer que l'Auvergne ne verrait pas la fumée de ses bivouacs et que par conséquent, des francs-tireurs n'avaient rien à faire dans le pays de Vercingétorix.

Assez longtemps après le siège et après la Commune, quand nos sacrilèges querelles se furent apaisées, lorsque l'incendie fut éteint et la ville repavée, en 1872, donc, je le vis reparaître, mais moins volubile que par le passé, un peu assagi, plus modeste. Nous nous rencontrâmes au café Scossa, près de la rue Drouot, car les réunions du café de Robespierre avaient été dissoutes par la sévérité des événements. Il vint à moi et nous causâmes. Naturellement la conversation roula sur cette guerre si insensée dans son principe et si lamentable dans ses conséquences. Il me dit en avoir beaucoup souffert, et c'était vrai. Son frère le commandant Grenier, un officier de très haute valeur, enfermé dans Metz avec son bataillon, s'était fait tuer héroïquement au moment d'une sortie, et c'était un deuil cruel. Quant à lui-même, il n'avait eu à pâtir que moralement, en lisant dans les journaux le récit de nos désastres. Se sentant incapable de prendre part à la défense, il s'était momentanément retiré dans le Puy-de-Dôme, chez une famille amie, de septembre 1870 jusqu'à cette heure. Et, pendant tout ce temps-là, il s'était mis à lire par le menu, avec ses jeux de Normalien, les cent volumes d'H. de Balzac, chefs d'œuvre qu'il ne connaissait encore que de nom. C'avait été pour lui comme un second cours de philosophie.

En revenant à Paris, il avait à y reprendre le collier de misère, ce métier de journaliste qui consiste à recommencer ses débuts, tous les matins. Mais encore comment s'y prendre? D'une part, il n'y avait plus à compter sur d'heureux coups du sort tels que la rédaction en chef de la *Situation* et celle du *Dix-Décembre*. D'un autre côté, subissant le contre-coup de nos défaites, la presse bonapartiste était démâtée au point de simuler encore le républicanisme comme elle l'avait fait, tout apeurée, le lendemain du 4 septembre. Qu'y avait-il donc à faire? Grenier s'en alla offrir sa plume de journal en journal, ne dédaignant pas de faire l'office de ce remouleur ambulant qu'on nomme gagne-petit, aujourd'hui fonctionnant dans un quartier, demain dans un autre. Il lui restait encore des parcelles de talent. Il avait toujours de la vigueur, du nerf, de l'emportement, surtout dans l'invective et, par moment, une bonne poignée d'ironie. Pendant près de six ans, il figura tour-à-tour au *Figaro*, au *Paris-Journal*, au *Triboulet*, puis en fin de compte, il rentra au *Contitutionnel*, le premier théâtre de ses exploits, où il donna des articles qui furent remarqués. Mais encore une fois, ce fait anormal d'être obligé de jeter, tous les matins, cent lignes sur le papier, avait fini par lasser sa patience et par épuiser sa verve. Chose curieuse, un peu semblable au lièvre, il eut le désir de revenir à son *terrier* et de rentrer dans cette Université d'où la Papillonne de Charles Fourier l'avait fait sortir pour le jeter dans le journalisme. Après vingt années de labeur, il voyait s'accomplir pour lui comme pour tous les autres le mot de Félix Pyat : « La presse est un au-« tre monstre de Crête qui dévore ce qu'il y a de « plus noble dans la jeunesse d'Athènes. » Sous la double atteinte de la lassitude et de l'écœurement, se voyant pauvre avec des charges de famille, se voyant vieillir sans pouvoir se fixer, il cédait au désir bien naturel d'assurer son avenir par une situation stable. Un de ses compatriotes de la Charabie Heureuse, M. Bardoux, étant ministre de l'Instruction publique et, par contre-coup, grand maître de l'Université, l'encourageait à revenir à ses commencements. Il faisait mieux, et promettait de faire de lui un dignitaire du professorat et l'on annonçait déjà qu'il était sur le point de le nommer recteur à Grenoble, mais voilà que tout à coup, un de ses anciens condisciples de l'Ecole Normale se mit à contrecarrer ce projet. M. Edmond About, alors rédacteur en chef du *XIX Siècle*, publia donc à ce sujet dix lignes des plus mordantes. « Tout ce que vous voudrez, monsieur le minitre, disait-il, mais pas « celui-là. » Et, en effet, la nomination n'eut pas lieu. Ce coup, ainsi qu'on peut bien le supposer fut des plus sensibles et aggrava les ennuis du postulant. A très peu de temps de là, Grenier, déjà très souf frant d'une cistique, fit une maladie grave et mourut. Ce fut tout au plus, si, dans cinq ou six lignes d'une froide nécrologie, les journaux nous appriren- que Paris venait de perdre un écrivain de talent ett un homme d'esprit.

III

Gustave Bourdin. — Comment il avait été pendant sa première jeunesse. — Un apprenti architecte. — Les bureaux du *Charivari*. — L'Ecole buissonnière. — Le théâtre Beaumarchais et les Délassements Comiques. — Une reine des bals publics, sous le règne de Louis-Philippe. — Monographie. — Voyage autour d'une jolie femme. — Recurrence. — La brochure sur Lolla Montes. — Fiorentino. — Les *Belles femmes de Paris*. — Arsène Houssaye et Alphonse Esquiros. — Collaboration au *Droit*, journal des Tribunaux. — Ce que c'est que le compte-rendu de la police correctionnelle. — La *Naïade*, Moniteur des maisons de bains. — Une lettre d'Henry Murger. — La Révolution de Février. — Edmond About et les *Lettres d'un bon jeune homme*. — Deux mots de Gustave Bourdin. — G. Deslauriers. — Le duc René de Rovigo et Auguste Villemot. — Gendre d'H. de Villemessant. — L'amour du jeu. — La phtisie. — Mort à Pau. — Ernest Dottain. — Une promotion de l'École Normale, — Un très beau ventre. — Les chopes succédant aux chopes. — D'un tronçon de Vaudeville. — Souvenir de Lemierre. — Pourquoi Ernest Dottain ne parlait pas. — Une objection de Grenier. — Connu comme le loup blanc. — Histoire de deux pieds de cochon aux truffes. — Un voyage manqué. — Les débuts : L'Université, les répétitions. — M. Richard Wallace. — Fontaines d'eau. — Une fontaine de vin. —

Un livre projeté. — *L'Histoire des Affranchis.* — Un épisode du siège de Paris. — Un vers latin. — Alfred Assollant. — Un désespéré. — Signes précurseurs de la mort. L'acné. — Fin d'un buveur. — Prédilection et antipathies.

Gustave Bourdin, qu'est-ce, s'il vous plaît ? Un apprenti architecte qui s'est, un jour, fourvoyé dans la presse et qui y est resté jusqu'à sa dernière heure. Je l'ai connu de fort bonne heure et intimement. Nous n'avons pas cessé, un seul jour, d'être de bons amis. En 1869, quand, par ordre de la Faculté de médecine, il s'en alla boire l'air sapide à Pau, il me tendit sa main déjà glacée par le mal, en me disant, tout ému.

— Adieu et sans phrase. — Et en se retournant : Tu sais, nous ne nous reverrons peut-être, plus, du moins ici-bas.

Il fallait voir Gustave Bourdin lorsqu'il était encore, vers 1840, dans tout l'éclat de la jeunesse. En ce temps-là, une calvitie hâtive ne lui avait pas dégarni le crâne. Plus tard, il se vantait du fait et il me pria d'en rendre témoignage à ceux qui s'étonnaient de le voir si chauve. « N'est-ce pas, disait-il, que je n'ai pas toujours porté, en guise de tête, un œuf d'autruche sur les épaules ? » Sans être celle d'un bellâtre, la face, franche, ouverte, était bien dessinée, joyeuse, fleurie. D'abondants cheveux noirs qui l'ombrageaient contribuaient à la rendre plus aimable. Il parlait peu, mais une voix bien timbrée sortait de ses lèvres et pour ne laisser jamais entendre des choses amères ni blessantes. Un peu parce qu'il avait l'innocente manie de se croire myope, un peu pour se donner les airs d'un oisif, il portait un monocle suspendu au cou par un fil en caoutchouc, le luxe des Bohêmes, sur la fin de la monarchie constitutionnelle.

J'ai dit qu'il avait commencé par faire de l'architecture. Un oncle maternel l'avait dirigé dans ses études ; c'était un homme de talent, mais un ex-combattant de Juillet, bousingot de la veille et qui s'adonnait plus aux pratiques de l'opposition radicale qu'à son art. De ce contact il résulta deux choses : la première, c'est que l'élève prit en dégoût la science d'Ictinus ; la seconde, c'est que la contagion des doctrines républicaines le gagnant, il finit par se préoccuper bien moins de Parthénons et de cathédrales à bâtir que d'épigrammes anti-gouvernementales à machiner. Comme pour achever de faire de lui un insoumis, Altaroche, un des amis de sa famille, lui permit de fréquenter les bureaux du *Charivari*, où se rencontraient alors pêle-mêle, Albert Cler, Charles Philipon, Félix Pyat, H. Daumier, le poète Berthaud, Gavarni, Bergeron et dix autres frondeurs de l'époque. Ce fut dans ce milieu que j'eus à le rencontrer.

Dans l'origine, en le voyant si jeune, on le traitait comme un enfant en train de faire l'école buissonnière. Quant à lui, ne perdant rien de ce qu'il voyait et de ce qui se disait, il se faisait peu à peu au métier de journaliste, mais en comprenant bien que l'instruction littéraire lui manquant, il ne serait jamais qu'un amuseur de petite volée, ce que Louis Veuillot devait appeler un plaisantin. Un beau matin, quand les plumes furent poussées à cet oisillon, il s'échappa par quelque fenêtre entrouverte et alla se mêler aux Villon et aux Malfillâtre du jour.

Très-gai, riche d'insouciance, il avait, je le crois, tout ce qu'il fallait pour faire un excellent vaudevilliste. Ce fut, en effet, du côté des petits théâtres qu'il se dirigea. Beaumarchais et les Délassements Comiques ont joué chacun deux ou trois de ses essais, des tableaux de mœurs, des pochades d'artiste, à la manière de ce que faisait le père Du Mersan, un maître du genre. On disait de cette jeune recrue : « Peut-être n'a-t-il pas beaucoup de chien dans le « ventre, mais il a de la gaieté et l'on sait que cette « denrée est toujours prisée chez nous. Il réussira. »

Eh bien, non, c'était là un faux point de vue, et il ne devait pas réussir. Un soir, il fut sifflé. Un autre jour, on refusa un manuscrit. Dans le premier moment, il mettait la cause de ces revers sur Privat d'Anglemont, son collaborateur, et sur Eustache Lorsay aussi, un dessinateur qui l'aidait parfois à faire ses pièces. A la fin, il se dégoûta tout à fait trouvant trop difficile de récréer les Parisiens à l'aide de fantaisies que ces bélîtres ne savaient pas comprendre. Il s'improvisa biographe.

Entendons-nous : il n'a fait qu'une biographie, mais je n'hésite pas à proclamer que ce *singleton* est un chef-d'œuvre ; Gustave Bourdin s'est donc fait alors l'historiographe d'une des célébrités des bals publics. Qui se rappelle la jolie fille aux grands yeux noirs dont la splendeur, coïncidant avec la conquête de Taïti, se nommait la reine Pomaré? Gustave Nadaud l'a chantée, cette souveraine de Mabille ; Gavarni l'a dessinée et je crois bien que Dantan jeune, à fait sortir sa statuette d'un bloc de terre glaise. Paris, toujours friand de choses croustilleuses, portait son attention sur cette belle personne qui, aux sons de l'orchestre, levait si bien la jambe et était, paraît-il, la rivale de Rose-Pompon. Un tel sujet ne pouvait que solliciter la verve des écrivains comme il avait éveillé celle des artistes et des poètes. Notre débutant ne laissa pas s'échapper l'occasion et il fit paraître un charmant petit in-12 à couverture rose pour glorifier cette autre fille d'Hérodiade.

On n'a pas oublié, au surplus, combien ces sortes de lectures étaient en faveur, sous la présidence de l'austère M. Guizot. Presque à la même époque paraissait la Monographie de Lolla Montès par Pier-Angelo Fiorentino, aussi ornée d'une gravure en taille douce. L'Italien y racontait en excellent français la sémillante danseuse espagnole, cette future comtesse de Lansfeld, qui, dans un avenir prochain, devait être la favorite de Louis de Bavière, le roi-poète, et aussi la bête noire des Jésuites.

Même époque : Arsène Houssaye et Alphonse Esquiros exhibaient, sous une éclatante chemise rose les *Belles femmes de Paris*, musée de têtes d'élite qui commençait à la brillante Giulia Grisi pour finir à Mme Gibus, la chapelière de la rue Vivienne.

Je reviens à l'œuvre de Gustave Bourdin.

Tout à l'heure, je feuilletais cet opuscule qui aura tantôt cinquante ans de date. Premier point : un titre à agrafe arrête vivement l'auteur, dès le début. *Voyage autour de la reine Pomaré, par* G. Malbert. (Vous voyez que, s'imaginant être en carnaval, il s'était jeté sur le visage le masque d'un pseudonyme. Précaution, qui, en tout état de cause, décèle un délicat et un garçon bien élevé). Second genre d'attrait : à la première page, la brochure montre un portrait de femme en taille douce. Cette Parisienne, qu'on nous donne pour une Kanaque, est, en effet, d'une beauté étrange. Si la tête est d'un ovale parfait, les yeux sont grands ouverts ; de superbes cheveux noirs en tombent en longs plis de serpent. La peau est bise, presque olivâtre. En somme, les habitués de Mabille n'ont pas été trop mal inspirés quand ils ont fait de cette enfant de nos faubourgs une princesse océanienne. Le texte du récit est à l'avenant : un peu décolleté, un peu indiscret, aiguisé par un peu de gauloiserie, mais pas inconvenant.

Rien de tout cela n'a vieilli.

— Combien t'a rapporté ce chef-d'œuvre ? demandais-je une fois à l'auteur.

— Cent francs et un jour de gloire, répondit-il en riant.

Un jour de gloire, il ne disait rien de trop. Cette biographie d'une jolie femme pouvait-elle ne pas faire quelque bruit dans ce Paris où l'on favorisait de plus en plus l'amour du plaisir ? On en parla dans les endroits où l'on s'amuse et, par conséquent, dans les foyers des théâtres. Parmi les auteurs dramatiques les plus applaudis, il y avait alors un très bon et très spirituel garçon, du nom de Marc Michel. En même temps qu'il composait de jolies pièces en collaboration avec Labiche, il faisait pour le *Droit*, journal des tribunaux, le compte-rendu de la police correctionnelle, et, vu la diversité ou la cocasserie des types dont il avait à esquisser la mouvante physionomie, ces deux genres de labeur, le vaudeville au gros sel du Palais-Royal et les racontars de la 6e Chambre, n'étaient pas trop inconciliables. Or, à la lecture du *Voyage autour de la reine Pomaré*, il avait été charmé. Tant de belle humeur ne pouvait que le séduire. De son plein mouvement il s'en vint trouver Gustave Bourdin, en lui demandant s'il ne consentirait pas à lui servir d'auxiliaire pour les comptes-rendus du *Droit*.

— Pardieu, voilà, répondit le biographe, une chose qui me va comme un gant.

Dès le lendemain, le nouvel ouvrier se mit au travail et il ne fallut pas longtemps pour deviner qu'il serait, en cela, un artisan de distinction. Pour ces sortes d'articles, il ne faut pas seulement être doué d'un vif sentiment d'observation. L'esprit de repartie, la connaissance des mœurs populaires, l'emploi de tous les crayons, la rapidité d'exécution sont aussi des attributs toujours nécessaires. Gustave Bourdin possédait tout cela ; c'est dire qu'il s'acquittait à merveille de cette tâche ardue. Vous tous qui, pour vous distraire, lisez dans les feuilles du Palais-de-Justice le compte-rendu de la police corectionnelle, vous croyez naïvement suivre des yeux un travail de sténographie. Il n'en est rien, puisque ces scènes comiques, si semblables aux fantaisies d'Henri Monnier, ne reposent souvent que sur un fait insignifiant ou tout au plus sur un nom baroque de délinquant ou de témoin. Ces dialogues, ces signes grotesques, ce fou-rire qui court comme une étincelle électrique d'un bout d'une saynète à l'autre, ce n'est qu'une affaire d'imagination et l'enfantement d'un rédacteur *ad hoc*.

— Mais, s'écriait Labiche déjà cité, mais il y a plus de franche gaieté dans ces comptes-rendus que dans nos vingt théâtres réunis.

Gustave Bourdin ne tarda pas à devenir l'une des colonnes du *Droit*.

Cette collaboration assidue à un journal sérieux ne l'empêchait pas d'avoir des retours de Bohême et de rechercher parfois de ces publications invraisemblables comme il en existe toujours dans les bas-fonds de Paris. Ainsi donc il a donné des articles au *Diable*. Qui a jamais vu le *Diable*? Il paraît que c'était l'organe attitré de ceux qui, à cette époque, fabriquaient les jouets d'enfants. Il a de même travaillé, et beaucoup, à une feuille, cent fois impossible, intitulée : *La Naïade, Moniteur des maisons de bains*. A dix ans de là, quand il était au *Figaro*, il me montrait un billet au crayon que venait de lui envoyer à ce sujet Henri Murger, son compagnon de chaîne à ce même papier. Le billet est d'un ton adorable et vaut la peine d'être cité presque *in extenso*.

Barbizon, 7 mars 1858.

« .... Dites donc, cher ami, vous rappelez-vous *La* « *Naïade*, Moniteur des maisons de bains? Ah! cette *Naïade*, « quel journal indicible ! On y payait deux centimes la ligne; vous le rappelez-vous ? Il fallait y donner des arpents de copie pour avoir droit à un petit écu, ce qui faisait que nous y travaillions avec rage et avec plaisir. C'était avec rage parce que le cantonnier qui casse des cailloux sur les

« routes est plus payé : c'était avec plaisir parce qu'au bout
« de tout, il y avait une caisse où l'on recevait de temps en
« temps un écu de six livres, à l'effigie de Louis XVI, ne
« valant plus que cinq francs 80 centimes. Vous rappelez-
« vous la scène que vint faire, un jour, Privat au caissier,
« disant qu'on lui devait vingt-et-une lignes, autrement dit
« huit sous et demi. — Payez-moi, s'écriait Privat comme
« s'il se fût agi d'un billet de mille, payez-moi ou sinon je
« ramasse un bout de charbon dans la rue et j'écris sur tous
« les murs ces mots accusateurs : LA NAÏADE *est une vo-*
« *leuse!* Est-ce que vous vous rappelez ces beaux jours ?

« HENRY MURGER. »

Vint le 24 février ; Gustave Bourdin demeura au *Droit*, mais, à dater du 4 mai, il ajouta à sa tâche quotidienne celle qui consistait à faire pour la *Vraie République* de T. Thoré le compte-rendu des débats de la Constituante.

— Ah ! dame, me disait-il alors en me rencontrant à la Tribune des Journalistes, je m'assagis avec le temps. Me voilà presque au rang des hommes graves.

Quelques années après le coup d'état, H. de Villemessant ressuscita le *Figaro* ; il eut alors l'occasion de rencontrer G. Bourdin, encore jeune. Ce Parisien tout rond et le tour jovial de sa conversation lui plurent. Non seulement il l'attacha au nouveau journal, mais encore, à très peu de temps de là, il en fit son gendre. Il lui donnait celle de ses deux filles qui a été la filleule de Jules Janin.

— Est-ce que vous ne trouvez pas que j'aie fait là une bonne acquisition ? me disait-il.

— Excellente ; seulement il faut savoir employer votre recrue.

Gustave Bourdin, en effet, était un des travailleurs des plus précieux et,pendant près de quinze années, il l'a bien démontré. Modeste, il eût été de ceux qui occupent le premier rang, s'il l'avait voulu, mais il lui déplaisait de se mettre en évidence. Familier avec les diverses formes du journalisme contemporain, il pouvait être occupé tour à tour à la Chronique, aux Echos de Paris, au compte-rendu des théâtres et même à la critique d'art. On trouvait encore à lui faire rendre d'utiles services en l'assujettissant à la lecture des manuscrits, tâche âpre et ingrate à tous les points de vue en ce qu'elle suscite mille ennemis à celui qui s'y livre. Il est certain que si, sur la fin de l'empire, le Barbier de Séville, costumé à la parisienne, est devenu l'organe le plus retentissant de la presse du temps, ça été en grande partie grâce à la coopération de cet ingénieux ouvrier.

Un point à noter, c'est qu'entre le beau-père et le gendre, il y a eu parfois d'assez vives bisbilles. Pour qui a vécu quelque temps auprès d'H. de Villemessant, la chose s'explique aisément. Si le directeur du *Figaro* avait de bons moments, il avait aussi de fichus quarts-d'heure et des quarts-d'heure qu'un homme soigneux de sa dignité n'était pas toujours d'humeur à subir. Quinteux, peu ou pas lettré, capricieux, se désaffectionnant aussi vite qu'il s'engouait, il lui arrivait souvent de lancer à la figure des écrivains qu'il occupait de ces acerbes paroles, qu'il regrettait cinq minutes après les avoir dites, mais qui n'en avaient pas moins fait de profondes blessures. C'est à la suite de ces emportements que je l'ai vu se brouiller à tour de rôle, non pas uniquement avec moi, mais aussi avec Xavier Aubryet, Jules Noriac, Albéric Second, Adolphe Dapeuty et dix autres. Se trouvant plus souvent qu'aucun autre près du père de sa femme, Gustave Bourdin avait plus d'occasions d'être froissé par les inégalités de cette nature bizare. Il existait une autre cause : le gendre était républicain et le beau-père henriquinquiste. En sorte qu'un seul mot suffisait pour allumer entre eux une de ces discussions qui dégénèrent parfois en querelles. Mais au demeurant comme le *Figaro* était et ne pouvait être qu'un journal littéraire, les thèmes à dispute ne s'y présentaient que par hasard.

Dans une de ses *Lettres d'un bon jeune homme*, Edmond About constate que, « Gustave Bourdin avait beaucoup d'esprit, argent comptant, » et l'auteur de *Tolla* ne dit rien de trop. Depuis 1840, où il avait eu ses entrées dans les bureaux du *Charivari*, d'abord ; depuis 1843, où il avait pu entendre, au Palais-de-Justice, les avocats les mieux rompus à l'art de bien dire, l'habitude de se frotter aux satiristes, aux vaudevilles et à tous les plamphlétaires, avait fini par affiner sa verve et par le rendre très-prompt à la riposte. En cent occasions, il a laissé tomber, çà et là, des mots ou brillants ou aigus comme le dard des guêpes. Un jour, du chroniqueur d'un journal rival, écrivain obscur qui signait pompeusement : G. *Des Lauriers*, il disait :

— Vous, des lauriers ? Non : des navets !

Une autre fois, le duc René de Rovigo, qui rédigeait alors la *Chronique*, prit à partie Auguste Villemot, le chroniqueur principal du *Figaro;* il le piquait le plus possible dans l'intention évidente de l'amener à une rencontre au bois. C'était là une exigence à laquelle le causeur paraissait ne vouloir pas consentir, étant très peu martial de sa nature. H. de Villemessant le plaisantait publiquement là-dessus, mais Gustave Bourdin, ayant recours à ce sujet à un terribie souvenir historique, fit tout à coup sortir de son sépulchre le spectre sanglant du duc d'Enghien et dit, froidement.

— Villemot voit bien que le duc de Rovigo voudrait le pousser jusque dans les fossés de Vincennes ; il ne veut pas y aller et il fait bien.

Est-ce que ce mot n'est pas une flèche deux fois barbelée ?

Il me reste à dire que l'auteur du *Voyage autour*

de la reine Pomaré se laissait aller à un péché mignon et auquel il sacrifiait presque tous ses jours et ses soirées. Il aimait trop le jeu. Je ne veux pas avancer qu'il ait été un joueur à comparer à l'homme affreux que Victor Ducange a mis en scène dans son mélodrame, mais il était joueur par amour de la godaillerie, joueur à l'effet de tuer le temps. Au café Saint-Roch, de huit heures à minuit passé, il fallait qu'il eût toujours à la main des cartes ou des dés, des pions ou une queue de billard. Tous ces amusements, déjà d'un usage corrosif, alternaient chez lui avec la bière et le cigare à outrance. Il faisait nuit noire, il pleuvait, il neigeait, il gelait ou Paris était enveloppé de brume, quand il sortait. Or, comme, pour les besoins de sa jeune et nombreuse famille à laquelle il fallait un jardin, il demeurait dans une zône fort éloignée, à Charonne, il se jetait dans la première voiture venue, souvent mal close, et, en fin de compte, il ne regagnait son domicile que vers trois heures du matin. On conçoit qu'une telle hygiène ait été le contraire d'un régime conservateur. La phtisie pulmonaire finit par attaquer cette robuste et joyeuse constitution et, puisqu'elle est invincible, elle a dû avoir raison de mon pauvre ami. En 1869, sur l'ordonnance des médecins, il partait pour le Béarn, l'air sapide de Pau devant, disaient-ils, le remettre sur ses jambes. Quant à lui, il ne se faisait pas d'illusion et comprenait bien qu'il était perdu. Un peu avant de quitter Paris, il me tendit sa main qui avait l'air d'être de marbre, ainsi que je l'ai raconté plus haut.

Il mourut à Pau, très peu de temps après, à la veille de la guerre. On a ramené à Paris sa dépouille mortelle et, à ses obsèques, Ernest Hamel a prononcé sur le bord de sa fosse un discours des plus touchants.

— Messieurs, dit Grenier, permettez-moi de vous présenter un de mes camarades de l'Ecole Normale : Ernest Dottain, pour le quart-d'heure bulletinier au *Journal des Débats*.

Celui dont nous avions à serrer les mains pour la première fois était un homme entre deux âges, ayant fait partie de cette fameuse promotion de 1848, d'où étaient sortis tant de journalistes déjà consacrés par le succès. On ne tarda pas à apprendre que, venu avec éclat du lycée Bonaparte, il avait eu pour compagnons, rue d'Ulm, Prévost-Paradol, Hyppolyte Taine, Edmond About, J.-J. Weiss, Francisque Sarcey, Alfred Assollant, Grenier, Lenient d'Audigier, Villetard et quelques autres encore. Tous ces jeunes gens élevés à la brochette pour être des serviteurs de l'Université s'étant évadés de leurs chaires pour s'enrôler dans l'escadron volant de la presse. Le nouveau venu avait, durant trois ou quatre ans, exercé le professorat, rude besogne, et, gagné par la contagion de l'exemple, il n'avait pas hésité, un jour, à offrir sa jeune plume au vieux journal de la rue des Prêtres-Saint-Germain, ogre toujours friand de chair fraîche.

Ernest Dottain avait déjà dépassé le cap de la quarantième année. On a rarement vu une nature plus joyeuse. Imaginez une grosse tête, très ronde, très joufflue, reposant sur de robustes épaules. Les traits sont corrects, quoiqu'un peu communs. Sauf l'œil qui brille d'une lueur de vive intelligence, un œil d'ours, rien n'annonce en lui une organisation d'artiste ou de penseur. La bouche et le menton sont souverainement sensuels. La parole sonore, bien timbrée, mais rare jusqu'à la parcimonie et sans aucun éclat.

Toute l'originalité du sujet me paraît résider dans l'abdomen, qui est d'une richesse peu ordinaire. Oui, ce ventre, ceux qui vivent près de lui, ne mettront pas grand temps à voir que ce viveur en fait un Dieu, le seul dieu qu'il adore, car il est sceptique, lui, aussi, ni plus ni moins que tous ceux qui sont sortis de la Normale. Mais faire pâtir maître Gaster, offenser ses boyaux, en ne les mettant pas au premier rang de ce qu'il y a à vénérer dans la vie, ce serait un sacrilège ; ce serait comme si l'on touchait devant un catholique au ciboire d'or où sont enfermées les hosties. Ce ventre, encore une fois, est quelque chose de sacré dans son exhilarante rotondité. Il est bien clair que tous les autres organes sont sacrifiés à celui-là.

Dès le jour de sa présentation, Ernest Dottain fut l'un des plus assidus au café de Robespierre. On était sûr de l'y voir faire son entrée, régulièrement tous les soirs, vers huit heures, parfois seul, très souvent accompagné d'André Jacquemart, un professeur libre, futur député des Ardennes. Il fut aussi bien vite l'un des piliers du Pluvier, notre dîner mensuel. A peine assis, les poignées de main fraternelles distribuées à droite et à gauche, il frappait sur la table avec une petite clé d'argent, en demandent une chope. Mais quel ton impératif ! C'était le petit Gargantua, à peine sorti du sein de Gargamelle, sa mère et « demandant : à boire ! » La chope n'était pas plus tôt apportée qu'elle était vidée d'un trait, tout autant qu'un verre d'eau devait être absorbée par un voyageur traversant le désert du Sahara. Il en demandait bientôt une seconde, puis une troisième, puis une autre, puis plusieurs autres. Je l'ai vu en ingurgiter jusqu'à dix-huit dans la même soirée.

— Eh ! dame, cher ami, me disait-il, songez donc qu'aux *Débats*, j'ai eu une rude journée : 150 journaux étrangers et français pour faire un bulletin de cent lignes, un travail desséchant par excellence. Il faut bien mouiller toute cette sotte politique.

Il va sans dire qu'il n'était pas que biberon intrépide, à la façon de Martin Luther, mariant sans aucune crainte le vin à la bière, l'absinthe au Bourgogne ou au Champagne ; il était aussi, et très longuement, un mangeur de premier ordre. Dois-je le ranger dans la catégorie des gourmands ? Non, il me semble que ce ne serait pas juste. Il a droit d'être considéré comme un prince des goinfres. Un jour que je parlais devant lui des épicuriens du commencement de notre dix-neuvième siècle, je citais, sans y mettre aucune pensée, deux vers d'un vieux vaudeville :

Et la fourchette de Comus
Est le sceptre du monde.

Je n'avais pas fini de prononcer le second vers qu'il frappait des mains pour bien accentuer son assentiment à la beauté d'une telle affirmation. En vain, me récriant, j'avais à dire que ces mêmes vers sont presque un vol fait à Lemierre, dont le vaudeville a dérangé l'idée : *Le trident de Neptune est le sceptre du monde*, un très bel alexandrin, sans contredit ; mon viveur, n'en voulant pas démordre, tenait pour les deux vers ; il allait jusqu'à tailler un crayon pour les transcrire sur son calepin tant il les trouvait superbes. Eh ! pardieu, ils devenaient la base de sa philosophie, aucunement pythagoricienne, comme vous pouvez bien le penser.

Tout à l'heure je disais qu'il parlait peu. Ce n'était

pas qu'il n'eût point de quoi dire. De tous ses condisciples il était peut-être le plus savant, au moins dans les lettres antiques, mais désenchanté de bonne heure par le spectacle du monde, fatigué d'avoir puisé à la source de l'éclectisme toute sorte de doctrines ne menant qu'au doute amer, n'aimant rien en politique, pas plus la monarchie que la république ; n'admettant, en religion, aucun des dogmes révélés, pas plus Brahma auquel croient 200 millions d'Indous que le fils du Charpentier qu'affirment 200 millions de catholiques ; ne se laissant aller ni à l'amour sentimental pour la femme qu'il disait être une bêtise, ni à l'amour de l'art qu'il disait être une duperie, il regardait tout, écoutait tout et s'empressait d'oublier tout pour ne songer qu'à soigner ses organes. Comment s'emporter en disputes folles ou en vaines logomachies sur ceci ou cela, sur tel discours prononcé par Jules Favre ou sur telle comédie d'Alexandre Dumas fils, ou sur un tableau de Troyon, ou sur un scandale des belles dames de la Cour ? Eh ! qu'est-ce que ces vétilles pouvaient lui faire, en fin de compte ? Est-ce que de telles misères touchaient en rien, de près ou de loin, à sa personnalité ? Autant se préoccuper de ce qui se passe chez les fourmis ou dans une tribu de castors !

— Garçon, une nouvelle chope !

C'était la péroraison de cette sortie, le couronnement de ces beaux discours.

— Après tout, disait Grenier, en l'écoutant, il n'est pas si bête. Cette doctrine-là, si vous voulez l'analyser, vous verrez que c'est presque l'ataraxie des Stoïciens. Moi, je voudrais bien pouvoir avoir la force de m'y ranger.

Université ! voilà donc où tu mènes tes nourrissons ?

Ernest Dottain avait fini par se faire une sorte de popularité tout le long des grands boulevards, où il était connu comme le loup blanc. (A propos ! pourquoi et comment le loup blanc est-il donc si connu qu'on parle sans cesse de lui d'un bout à l'autre de la France ?) Ce gros homme toujours attablé à la porte des cafés en vogue ou assis dans les restaurants à la mode, mangeant, buvant, souriant, vantant la vie des cochons d'Epicure, et faisant mieux, la pratiquant, ne pouvait pas se soustraire à une sorte de célébrité. Deux ou trois fois il m'a été donné d'entendre ce cri parti de la foule :

— Ernest Dottain ? Ah ! comme coup de gueule, il est plus fort que Charles Monselet !

Un soir, au café Saint-Roch, j'ai été témoin d'une de ses prouesses, tour de force qu'il ne me serait pas permis de passer sous silence.

— Cela se passait en 1867, à la veille des vacances de Pâques. — Vers huit heures du soir, Gustave Chaudey et moi, nous vîmes entrer le Bulletinier, seul, mais ayant à la main une sorte de petit paquet, serré par un ruban rose. Dès qu'il eut pris place à côté de nous, il se fit servir la chope traditionnelle, la vida, en demanda une seconde, après quoi il commença à respirer. Le charmant petit paquet fut placé tout près de lui et je remarquai qu'il ne le quittait pas des yeux.

— Qu'est-ce que c'est que ça? lui demandai-je machinalement. Des œufs de Pâques pour une femme?

— Pas tout à fait. Néanmoins ce sont des friandises.

Et il se mit à dénouer le ruban rose pour nous laisser voir... deux pieds de cochon truffés.

— Voilà ce que c'est, ajouta-t-il. A neuf heures et demi, je quitte Paris ; je vais passer les vacances de Pâques à Blois, où réside ma famille. Tout à l'heure, en traversant le passage Véro-Dodat, j'aperçois chez le célèbre charcutier deux admirables pieds truffés, ceux-là. J'entre, je les achète ; on me fait ce paquet et je me dis : « — Ce sera une « surprise que, demain matin, je ferai à mon père, « à l'heure du déjeuner. »

— Eh bien, c'est d'un bon fils, ça, Ernest, repris-je.

Il ne répliqua rien, d'abord, vida sa seconde chope et, en continuant à viser le paquet, il reprit tout à coup.

— Il m'est venu un scrupule. Je me suis dit :

« Deux pieds truffés n'est-ce pas trop pour un « vieillard ? Est-ce qu'il ne pourrait pas en résulter « une indigestion ? Si je ne lui en apportais qu'un, « est-ce que ce ne serait pas suffisant ? Qu'en dites-« vous ? »

— Moi, mon cher, je n'ai rien à en dire. Il me semble que cette affaire ne regarde que vous.

— C'est bien vrai, je suis seul responsable. Eh bien, toute réflexion faite, je n'apporterai qu'un pied truffé à Blois.

Il appela le garçon.

— Tenez, lui dit-il en lui tendant la moitié de son emplette, faites griller ce pied ; vous m'apporterez ensuite du pain et de la moutarde, puis vous servirez lestement, car je suis pressé. Il ne faut pas que je manque le train.

A vingt minutes de là, le pied avait été grillé, servi, mangé et arrosé ; Ernest Dottain, fin connaisseur, ne tarissait pas sur la délicatesse de ce régal.

— Les truffes de cette année sont d'un goût exquis, répétait-il.

Un moment, il causa encore, lui qui ne parlait jamais. Il est vrai qu'il avait à répondre à Chaudey, qui était un intarissable discoureur. En fin de compte, sa réplique finie, il avait l'air inquiet, allant de sa montre à la pendule du café.

— Comment ! s'écria-t-il d'un air profondément dépité, est-ce bien possible ? Neuf heures moins dix !

Et l'express part à neuf heures trente. Mais jamais je n'aurai le temps d'arriver à la gare d'Orléans? Vous allez voir que je vais manquer le train!

— Mon cher monsieur, lui dit Le Verrier qui passait, en ce moment, près de nous, je dois vous dire que la pendule retarde de cinq minutes.

— Elle retarde! Dès lors, neuf heures vont sonner! Le temps de trouver un fiacre et d'y monter, il ne me restera plus que vingt-cinq minutes. Quelque diligence qu'on y mette, il ne me sera pas possible d'arriver juste. Le train partira que je n'aurai pas pu prendre mon ticket.

Il avait l'air d'être consterné. Il se dépitait. Cependant comme je ne le quittais pas des yeux, je le vis fixer de nouveau ses regards sur le paquet ficelé de ruban rose. Tout aussitôt, en s'adressant à nous, il reprit sur un ton tout à la fois adouci et fâché.

— Eh bien, Messieurs, vous êtes juges de ce qui arrive. Jupiter sait que je portais ce pied truffé à l'auteur de mes jours. Mais le Destin est plus fort que Jupiter lui-même. Il en décide autrement. Il ne veut pas que je parte. Je ne ferai donc pas le voyage à Blois. Dès lors que va devenir ce second pied? Evidemment il serait absurde de l'emporter dans mon appartement de garçon, où il n'y a ni feu, ni servante. Pardieu, je ne vois qu'une manière d'en finir.

Ici il se mit à cogner la table du fond de son verre.

— Garçon ! garçon !

— Que veut Monsieur ?

— Tenez, faites-moi griller ce second pied et servez-le moi de la même façon que le premier.

Ce fut un second festin qui dura encore vingt minutes. — A minuit, quand nous le quittâmes, Chaudey et moi, il se dirigea vers le café du Helder, un restaurant de nuit, ainsi que personne ne l'ignore, et peut-être y a-t-il fait un troisième souper.

Jadis, dans sa jeunesse, en sortant de l'Ecole, voulant faire son chemin dans l'Université, qui, après tout, est bonne mère, il avait eu quelques jours de vaillance. C'était en ce temps-là qu'il avait composé pour la maison Delalain un excellent Résumé d'histoire ancienne, un livre des mieux ordonnés et dont on se sert encore dans les collèges. Il avait ensuite donné des répétitions à des gens du monde et notamment à un richissime Anglais, grand ami de la France, M. Richard Wallace, le philantrope qui a fait les frais d'un millier de fontaines pour le peuple de Paris.

— Comment se fait-il que je ne lui aie pas inspiré l'idée d'une fontaine d'Aï ou de Chambertin pour les gens de lettres ? disait-il, plus tard, en riant.

Ayant mon franc parler avec lui, je le gourmandais parfois sur sa paresse, m'étonnant, qu'en dehors de son labeur de journaliste, très peu absorbant après tout, il ne songeât point à écrire une œuvre, ainsi que le faisaient presque tous ceux qui avaient commencé avec lui. Son premier mot était celui de tous les découragés. — « A quoi bon? » ou bien : « Un livre, un bon livre, à quoi cela sert-il? A « quoi cela mène-t-il? » Mais le second mouvement était meilleur.

— Je ne mérite pas les reproches que vous m'adressez, me dit-il, un soir. Sachez que, depuis dix ans, je travaille à une machine d'un ton des plus sérieux; c'est une Etude antique dont le titre vous révélera la portée. Cela doit se nommer: *L'Histoire des Affranchis*.

Il a, en effet, laissé, parmi ses paperasses, une centaine de feuillets sur ce thème, mais ce n'était encore qu'un travail informe, tout à fait rudimentaire et dont, après examen, il eût été impossible de rien tirer.

On pense bien que le train de gloutonnerie dont il avait fait la règle de sa vie ne pouvait que miner sa constitution, pourtant si forte. Peu à peu l'embonpoint avait fait place chez lui à une réplétion qui rendait difficile l'usage des jambes. Il ne pouvait déjà plus marcher librement,quand survint le 4 septembre. A la vérité, le siége de Paris et les abstinences forcées qui devaient en être la suite corrigèrent un peu l'invasion de cet excès d'embonpoint; mais Ernest Dottain, semblable aux Hébreux traversant le désert, regrettait à toute minute les oignons d'Egypte. Je ne crois rien dire de trop en affirmant que, dans la grande phase de nos revers, ce voluptueux n'a vu rien autre chose que la triste nécessité de manger du boudin de cheval, accompagné d'un pain dans lequel il entrait de la paille hachée. Pour lui, la paix avec l'Allemagne, c'était moins la libération du territoire que le retour chez Brébant. Très peu de jours avant l'armistice, tout en me promenant avec Alfred Assollant, je le rencontrai à la hauteur du passage Jouffroy. Il était presque rayonnant.

— Que vous est-il donc arrivé d'heureux? lui demandai-je.

— Mon cher, à la nouvelle de la paix, je viens de faire un vers latin, un bel héxamètre.

— Eh bien, lisez-nous ça, Ernest, ajouta Assollant, un peu curieux.

Et Dottain, avec un joyeux épanouissement, se mit à dire sans emphase, mais en scandant pied par pied, suivant l'usage des maîtres en fait de prosodie, cet alexandrin tout à fait gastronomique :

Grandia, post bellum, celebrabimur orgia Baccho.

Traduction libre et exacte : — « La guerre terminée, ô dieu du raisin, nous nous délecterons en « orgies superbes. » Très certainement, recommencer sa vie d'épicurien, c'était bien là le fond de sa pensée. Alfred Assollant, qui n'était pas un sceptique, et c'était bien tout le contraire, ne put s'empêcher de froncer le sourcil. Quand la France, pantelante sous le genou de l'Allemand, était mutilée et mourante, voilà ce que pensait un de ses camarades de la première Ecole littéraire et philosophique du monde connu ; voilà ce qu'osait réclamer un des esprits les plus éclairés de Paris : le droit de recommencer les orgies du temps de l'empire ! Nous laissâmes là l'auteur du vers pour faire vingt pas en avant sur les boulevards consternés. Le pauvre Alfred Assollant avait les larmes aux yeux.

— Si ceux dont on a mis vingt ans à décrasser et à orner les âmes en sont là, reprenait-il, où en sont donc les autres ? Où donc se réfugie la patrie française ?

Ce pauvre auteur de *Marcomyr* et de tant d'autres jolis romans, il devait, à son tour, laisser l'incrédulité et la désespérance prendre racine dans son cœur, mais, du moins, il a eu de fortes excuses. Il avait vu la Mort frapper plusieurs fois à sa porte et lui enlever tour à tour une femme qu'il aimait et une jeune fille de vingt ans qu'il adorait. Sous le coup de ces pertes si cruelles, sa volonté finit par fléchir. Dans de longues promenades que nous faisions ensemble, je cherchais à le relever, à lui parler de la France et de la République, qui, à elles deux ne formaient pour lui qu'un culte, il ne voulait pas m'écouter et il ne répondait que par ce cri de damné :

— Non ! non ! la vie est trop amère ! Je veux mourir et je mourrai bientôt, je vous en réponds !

Impossible de rendre au calme ce Werther de la démocratie. Sans doute il ne s'est pas tiré un coup de pistolet dans le cœur, ainsi que l'a fait le héros de Gœthe, mais il s'est certainement tué en attisant le foyer de ses chagrins, en ne voulant pas être consolé par ses intimes et, sur la fin de ses jours, en doublant la dose des breuvages permis. Il voulait sortir de ce monde sans laisser après lui le scandale du suicide, et c'est, en effet, ce qui est arrivé.

A peu de chose près, fait curieux, ça été la même fin que celle d'Ernest Dottain ; seulement ce dernier ne l'a pas fait exprès.

Le 17 février 1880, le rédacteur du *Journal des Débats* mourut presque subitement, à la suite d'une secousse qui emporte presque toujours les intempérents et les voluptueux. Il avait, du reste, déjà sur la face, mais surtout sur le nez, le signe précurseur d'un mal qui ne pardonne pas, estampille que la science appelle *Acné bibantium ac copulantium :* l'acné des buveurs et des libertins. Pour Ernest Dottain, il n'y aurait eu d'applicable que le premier des deux termes contenus dans cette formule. Tout à la « beuverie » rabelaisienne et rien à l'autre vice ; voilà ce qu'il est juste de reconnaître. — Le jour où il s'éteignit, les Normaliens de son journal écrivirent en son honneur une charmante oraison funèbre dans laquelle on célébrait, sinon sa vertu, du moins son savoir, qui était réellement et très profond et très varié. Ce fut Jung, le directeur de la *Revue bleue* et aussi le receveur des finances d'un arrondissement de Paris, qui l'introduisit aux *Débats*. Il y improvisait aisément sans chercher à mettre aux mots qu'il employait des rubans, des fleurs ou des diamants. « Point d'épithètes! s'écriait-il. Guerre « aux adjectifs! Ce ne sont que des parasites. » Il était très utile dans toutes les questions de politique étrangère. On nous accuse, et non sans quelque raison, nous autres Français, de ne pas savoir assez exactement l'histoire et la géographie; il les connaissait à fond, toutes les deux. Il pouvait parler, au pied levé de n'importe quelle contrée et de n'importe quelle époque. En sorte que ses collaborateurs, toutes les fois qu'ils se trouvaient en face d'une date obscure ou d'un fragment inconnu du globe venaient le feuilleter comme on le ferait pour un Dictionnaire ou pour une Encyclopédie.

Ernest Dottain était donc d'une race de journalistes qui s'en va chaque jour et qui, suivant toute vraisemblance, ne se renouvellera pas.

Un dernier mot sur ce défunt.

Dans les cas très peu ordinaires où l'on parvenait à faire parler ce ruminant, il finissait parfois par faire entendre quelque chose comme un monologue, cent paroles de suite, mais ce n'était que pour dire des choses plaisantes et pour ne s'exprimer qu'avec une excessive clarté. Sous le rapport du style et, par conséquent des formes du langage, il ne faisait aucune difficulté de se donner pour un classique. Le plus grand reproche qu'on pût faire, suivant lui, à un écrivain, c'était de surcharger sa pensée de mots pompeux de telle sorte que l'homme finissait par n'être plus compréhensible du premier coup. Il avouait n'aimer pas Victor Hugo parce qu'il trouvait dans les odes du grand poète trop de soleil, trop d'océan, trop de couleur, trop de lions, trop de tempêtes et trop de forêts.

— Je ne veux pas sortir de la simplicité de la Fontaine, ajoutait-il. Dites, si vous voulez, que je suis un vieil as de pique. Ça ne me blessera pas.

Le fait est que ce Normalien n'a jamais compris que le terre-à-terre et la grosse gaieté. En cela, il eût été volontiers le pendant du russe Rostopchin, l'incendiaire de Moscou, admirateur effréné de *Candide* et de la grosse farce.

— Que voulez-vous? disait-il. En littérature comme en cuisine, je ne veux pas trop d'aromates ni d'épices. Les petits oignons me suffisent.

IV

Les Jeunes du temps de l'empire. — Etaient-ils réellement jeunes? — La Brasserie de la rue des Martyrs. — Albert Glatigny. Charles Coligny. Jehan Walter. — Marc Bayeux. — Étienne Eggis. — Aurélien Scholl et Angelo de Sorr. — La résurrection du *Satan*. — Honoré Sclafer. — Idylles rustiques. — Un premier Livre. — Les *Lettres à mon Domestique*. — Un article du *Mousquetaire*. — Gérard de Nerval. — Méry. — Hommes verts, hommes mûrs, hommes blets. — Aurélien Scholl convient de me tuer. — Un article nécrologique. — Conséquences. — Une résurrection. — Le duc René de Rovigo et la *Chronique*. — Fin du *Satan*. — Angelo de Sorr et le *Centenaire*. — Un dernier mot. — Une bande d'étudiants. — D'une presse nouvelle. — Comment on devient journaliste. — Un jeune Auvergnat. — *L'Ane Rouge*. — M. Léonce Guyot de Montpayroux. — Après l'Exposition universelle de 1867. — La *Guigne*. — 1870. — Grandeur et décadence d'un homme politique.

Ceux qui s'intitulaient les Jeunes et qui, pour la plupart, ne devaient pas vieillir, les novices du lendemain du 2 décembre, se montraient par moments au café de Robespierre. « Place aux Jeunes ! » s'était écriée, un jour, je ne sais quelle feuille de chou à leur dévotion. Et qui les empêchait donc d'avancer ? Qui leur volait l'espace et le soleil ? Ils venaient rôder autour de notre table, un peu pour nous voir, beaucoup pour nous railler. La Brasserie de la rue des Martyrs qui était quelque chose comme leur quartier général, nous en députait, tous les soirs, une demi-douzaine. Ils apparaissaient, vidaient un moss, fumaient une pipe, lançaient au plafond deux ou trois brocards dans lesquels nous étions traités de ganaches ou de Mathusalem, ce qui était à très peu de chose près le même mot, puis, ils sortaient bruyamment, et, conséquemment, en répétant leur sempiternel refrain : « Place aux Jeunes ! »

Dans ce va-et-vient rapide se sont montrées des silhouettes non moins fugitives que les ombres chinoises qu'on voit au théâtre de Séraphin. J'y ai vu Albert Glatigny, une figure peu facile à saisir, moitié poète, moitié comédien, un descendant de Cyrano de Bergerac. J'y ai distingué le fils de Carles Ledhuy, un très beau garçon, grand improvisateur de vers, grand brûleur de planches, paraissant être, lui aussi, un personnage de *Roman Comique*. Il y avait encore Charles Coligny, un Buckingham de la Bohème, élégant et gueux, disert et paresseux, étalant avec superbe sur son habit râpé le ruban rouge de la Légion d'honneur, reçu par lui pour s'être battu comme un lion contre les insurgés de Juin. Tous trois sont morts, et toujours en répétant : « Place aux Jeunes ! »

J'y ai vu encore, au milieu des nuages du maryland, faisant la roue autour de Charles Baudelaire, déjà touché par la démence, Charles Bataille, Amédée Rolland et Jean Du Boïs, une sorte de cerbère, un chien lyrique à trois têtes, jappant plus que les autres contre les vieux et aboyant, eux aussi, sans cesse : « Place aux Jeunes ! » Tous les quatre aussi sont morts, et ils sont morts fous. A cette lamentable kyrielle j'aurais pu ajouter Jehan Walter, un autre fougueux assez spirituel, très brillant improvisateur d'Echos de Paris et de Nouvelles à la main, qui est allé du *Tintamarre* au *Charivari*, de là au *Paris-Journal*, de là au *Figaro*, qui a été sa dernière étape. Jehan Walter a fini à Charenton, il y a quelque temps, et lui aussi n'avait qu'un mot à la bouche : « Place aux Jeunes. »

Il y en avait encore un qui, bien que déjà grisonnant, se donnait des airs d'éphèbe. Marc Bayeux, l'*alter ego* de Charles Coligny, était tout à la fois le similaire et le contraire de ce brillant Bohême. S'ils avaient le même genre de vie, c'est-à-dire la même existence de hasard, le même amour de la paresse, le même appétit de célébrité, ils ne se ressemblaient plus par d'autres côtés. Si l'un était beau et porté à l'élégance, l'autre se vantait d'être laid et affectait d'être négligé dans sa mise. Pendant les journées de juin, Charles Coligny s'était battu dans les rangs de la garde nationale ; Marc Bayeux s'était jeté, un fusil à la main, dans les barricades. Plus tard, il a fait des vers pour chanter la cause des révoltés. Il a aussi composé deux ou trois romans, écrits avec emportement. Depuis 1870, il a en outre écritune sorte de drame en vers, intitulé : *Nos Ancêtres*, et c'est une œuvre patriotique dans laquelle il se trouve de bonnes parties, mais qui n'aurait pu être mise au théâtre, tant l'auteur a pris à tâche d'y mépriser les règles établies. Né mécontent, Marc Bayeux en voulait au ciel et à la terre, au bon Dieu, aux hommes et au diable. Il est mort, désolé, et en répétant comme les autres qu'on refusait leur place aux Jeunes.

Rien ne me serait plus facile que d'en signaler dix ou douze autres, bien dignes de figurer dans ce funèbre Panthéon de petits dieux ratés. Je me contenterai de citer Etienne Eggis, ce jeune et bel Helvète, qui, un jour, est venu du haut de la Suisse dans nos murs. « — Eh ! lui demandait son oncle, « qui était aussi son tuteur, pourquoi aller à Paris ? « Qu'y vas-tu faire ? — Mon oncle, j'y vais faire ma « Bohême,» répondit-il avec une sublime intrépidité ; c'était dit aussi sérieusement que s'il se fût écrié : « Cher oncle, j'y vais faire ma rhétorique ou ma « philosophie. » — Etienne Eggis a disparu sans qu'on puisse savoir s'il existe encore.

Par bonheur, parmi ceux qui venaient souvent

nous voir, il n'y avait pas que des fous d'orgueil et des extravagants. D'autres avaient l'esprit plus rassis. Qu'on me permette de nommer ici Aurélien Scholl et Angelo de Sorr.

En ce temps-là, on voyait commencer le second Empire. Napoléon III ayant peur de son ombre comme un autre Macbeth, son gouvernement mettait un fort baillon à la presse politique. On n'écrivait plus rien dans les grands journaux qui fût de nature à intéresser l'opinion. Il devait en résulter logiquement qu'il ne se trouverait bientôt plus de lecteurs que pour les petits papiers littéraires ou satiriques. — A demain les affaires sérieuses ! — se disait-on un peu partout. Tout Paris se féminisait ou même se changeait en enfant. La consigne était de revenir au régime des *Nouvelles à la main*, comme sous Louis XV. Déjà revenu de Bruxelles, où il avait souffert une sorte d'exil, afin d'avoir sous ce rapport une ressemblance avec Victor Hugo, Alexandre Dumas venait de créer *le Mousquetaire*, et ç'aurait été un très grand succès si l'auteur de *la Tour de Nesles* eût pu avoir un peu d'ordre. Déjà aussi H. de Villemessant, flairant les appétits nouveaux du boulevard, commençait à organiser le *Figaro* hebdomadaire. Dix autres, plus obscurs, allaient venir. Pour hâter encore ce mouvement, Aurélien Scholl et Angelo de Sorr, deux Bordelais encore très jeunes, imaginaient de replanter par boutures le *Satan*, ce même journal à racontars que, sous le règne de Louis-Philippe, le père Le Poitevin Saint-Alme avait fondé, pour le réunir un jour au *Corsaire*, en mariant les deux titres.

Ce *Satan*, de 1854, n'aura vécu que cinq ou six mois ; mais, si courte qu'elle ait été, son existence n'en aura pas moins été marquée par un assez vif éclat. Indépendamment des articles très mordants qu'y publiaient les deux créateurs, on y a vu des pages fort amusantes de Charles Monselet et des manières de petits pamphlets par Jules Viard, l'inventeur de ce qu'on appelle aujourd'hui les *Échos*. Un autre Méridional, Honoré Sclafer, le frère d'Angelo de Sorr, a publié là-dedans une assez longue série d'*Idylles rustiques*, c'est-à-dire de tableaux très réels et en même temps très poétiques de la vie du paysan dans la Gironde. On peut avancer que ces scènes champêtres, souvent comparables aux meilleures toiles de Millet, sont une œuvre de haute valeur. Un peu plus tard, un éditeur a eu l'heureuse idée de rassembler ces articles épars, et il en a formé un curieux volume qu'on n'a pas tardé à enlever jusqu'au dernier ; en sorte que ce livre est devenu désormais introuvable, même à la salle Sylvestre. De mon côté, j'ai aussi fourni au *Satan* quelques fantaisies dans le genre des *Lisettes* (articles qu'on lit le matin pour les oublier le soir).

De ce que j'appartenais un peu à la boutique, de ce que j'étais à tu et à toi avec ceux qui menaient le journal, très méchant dans ses allures, il ne s'ensuivait pas du tout qu'on m'épargnât plus qu'un autre. Un moment même, j'ai joui du privilège de devenir la cible de mes jeunes camarades, et voici pourquoi. Tout récemment, Aurélien Scholl avait fait mettre en vente, chez Dentu, les *Lettres á mon domestique*, avec ce préliminaire : « Ce ne sont pas « des lettres, et je n'ai point de domestique. » Ce volume était son premier livre, et ce n'est certainement pas son plus mauvais : un esprit d'une juvénile originalité y déborde à toute page ; mais aussi on y trouve en maints endroits des audaces plus que paradoxales, des témérités adroitement placées là, bien entendu, tout exprès pour choquer le public, on dirait aujourd'hui : *pour épater le lecteur.* — Histoire de tirer un coup de pistolet en l'air.

Comme Alexandre Dumas m'avait chargé de rendre compte de l'ouvrage dans *le Mousquetaire*, j'avais exprimé avec une indépendance farouche mes impressions de critique, et appuyé de mon mieux autant sur les qualités que sur les défauts. Entre autres choses, stipulant au nom de la génération de 1830, fort maltraitée dans les *Lettres à mon domestique*, j'avais vivement blâmé une théorie qui y est détaillée, celle qui consiste à grouper les contemporains en trois catégories : les hommes verts, les hommes mûrs, les hommes blets. Suivant l'auteur, on est vert à vingt ans, mûr à trente, blet à quarante ; et dès lors on est comme pourri, on ne compte plus. Il ne reste aux générations nouvelles qu'à vous mettre au rancart. On voit combien cela est en désaccord avec les affirmations du savant Flourens, lequel, après tant d'études physiologiques, a démontré qu'un homme sobre et actif, un mammifère bien constitué, peut être jeune encore à soixante ans. Ainsi qu'on le pense bien, pour moi qui, à cette même époque, avais quarante ans, la classification de Scholl n'était pas tolérable, et je le disais naturellement sans prendre de mitaines.

Chose très curieuse, précisément parce qu'il était sévère, incisif, écrit, non à l'encre, mais au vitriol, l'article du *Mousquetaire* causa un vif plaisir à l'auteur du livre critiqué ; ce fut du moins ce qu'il me dit le soir, au café du Cercle, où nous nous réunissions une dizaine pour jouer aux dominos. Une heure avant cela, un autre m'en avait grandement parlé dans les mêmes termes : c'était le pauvre Gérard de Nerval. En passant, qu'on me le laisse dire : ce Chatterton de notre âge vivait avec nous le plus possible. Toutes les fois qu'il pouvait s'échapper de chez le docteur Blanche, où il était alors en traitement, il accourait à pied de Passy pour grossir notre bande et se mêler à nos logomachies de bohêmes. Fou, il ne l'était que par intermittence, et très souvent, par suite d'une sorte de prodige, sa parole était empreinte d'un bon sens qu'on n'aurait pas trouvé chez les plus raisonnables, chez Roger de Beauvoir, par exemple. — « Mon cher, mes compli-« ments et ceux de Méry à propos de votre culte « touchant la génération de 1830. Ce que vous venez « d'écrire à propos des hommes mûrs et des hommes « blets, je l'aurais dit moi-même si j'eusse été à votre « place. » C'était là sa manière d'applaudir. Aurélien Scholl l'a-t-il entendu? Je crois bien que oui. En tout cas, le spirituel humoriste se mit à sourire sous l'immuable lorgnon qu'il vissait à son œil droit, où il est à demeure depuis près d'un demi-siècle, même la nuit, je crois. Ce qu'il y a de sûr, c'est qu'en me remerciant d'avoir si bien fait le compte rendu de son livre, et tout en me donnant une poignée de main, il ajouta : — « Tu sais, tu me paieras ça. »

Est-ce à dire qu'il ait voulu parler en ennemi? Qu'on se garde bien de croire rien de pareil. En ce temps-là, Aurélien Scholl m'avait témoigné, à moi, plus âgé que lui de quinze ans, beaucoup d'amitié, une très grande déférence, et depuis lors les relations les plus cordiales ne devaient pas cesser d'exister entre nous; mais à cette époque où il n'était encore qu'un homme vert, l'amour effréné de l'indépendance et la diablerie de sa nature faisaient qu'il ne pouvait laisser passer la plus légère épigramme sans protester à sa manière. Ne pouvant répliquer à mon article dans *le Mousquetaire* même, car la mode n'était pas encore venue où l'on pouvait lire dans la même feuille le pour et le contre, il s'ouvrit les colonnes du *Satan*, son journal, et il se mit à s'y escrimer à mes dépens de la belle façon.

Justement, comme corollaire à la critique de son livre, j'avais publié un article de genre, sous ce titre : *A quel âge est-on vieux?* En réalité, c'étaient des variations dithyrambiques en l'honneur des beaux génies d'alors : Victor Hugo, Alfred de Vigny, Alfred de Musset, Prosper Mérimée, Méry et deux ou trois autres, encore vivants. Tous avaient de la barbe blanche au menton, même Léon Gozlan, qui teignait la sienne. Etaient-ils vieux, pourtant? Etaient-ils blets ? Je soutenais que non, et c'en était assez pour que le *Satan* m'empoignât et dît : « M. Philibert Audebrand se pose décidément et de plus en plus en paladin de la caducité ! » Et sur ce thème, le malin journal ne publiait plus un seul numéro sans me prendre très vivement à partie. On devait finir par me jeter à la tête le *vieil as de pique* de la première d'*Hernani*, et, comme on le pense bien, je ne m'en portais pas plus mal.

Cependant je vois ici que je n'ai pas encore donné à nos lecteurs une idée suffisante de ce qu'était le *Satan*. Réparons bien vite nos omissions à cet égard. Tout devant être en dehors du vieux jeu dans cette feuille bizarre, on la rédigeait à Paris uniquement pour les boulevards, et elle était imprimée au fond de la province, à Blois, la ville des Etats Généraux.

On nous l'envoyait ensuite par le chemin d'Orléans, grande vitesse.

Je n'ai de ma vie ni de mes jours vu de bureaux plus indescriptibles que ceux de cet inénarrable journal. Il faudrait avoir à la main la plume d'Hoffmann ou le crayon de Jacques Callot pour en faire une description un peu exacte. Ils étaient situés rue de Grammont, au-dessus de la boutique d'une marchande de tabac, à l'entresol. On y arrivait par un petit escalier noir, dix fois plus étroit que l'historique défilé des Thermopyles. En entrant, on apercevait un commis ou garçon de bureau, muet comme un eunuque du sérail ; dans un coin, un angora dormait au fond d'une corbeille ; tout le long du mur, d'horribles lithographies symboliques et coloriées, marchant quatre par quatre : l'Europe, l'Asie, l'Afrique et l'Amérique (On n'a pas encore livré l'Océanie au commerce).

Dans une petite pièce du fond, il y avait un canapé de lampas rouge qui paraissait avoir été placé là pour permettre à Henri de la Madelène, le futur auteur de *Silex*, de fumer ses cigares, couché tout de son long à la manière des Orientaux du Sennaar. Au milieu de la chambre d'entrée, une table ronde, couverte d'une sorte de tapis bleu, mais qui n'était pourvue de rien de ce qu'il faut pour écrire. On y posait en entrant sa canne et son chapeau. De temps en temps, Angelo de Sorr, qui tenait plus particulièrement *la queue de la poêle*, s'asseyait devant cette table étrange et avait l'air d'y décacheter et d'y écrire des lettres. Quand les conversations des visiteurs devenaient un peu bruyantes, il frappait sur l'un des ais et nous disait :

— Messieurs, moins haut ! Je prends connaissance de mon courrier : laissez-moi donc faire ma correspondance.

Par moments un bas-bleu, opulent de formes, montrait sa figure étonnée sur le seuil de ces bureaux. Tantôt c'était Mme Adèle Esquiros, auteur des *Amours étranges ;* tantôt Mme Claudia Bacchi, une assez jolie brune, l'auteur des *Coups d'éventail.*

Aurélien Scholl, déjà ami du luxe et à qui cette mise en scène ne plaisait que médiocrement, nous disait, en donnant de grands coups de pied aux meubles :

— Tout cela n'existe que pour un bout de temps, nous aurons mieux : en France, depuis la prise de la Bastille, tout n'est que provisoire.

Le premier numéro du *Satan* n'avait pu se faire qu'à la suite d'un laborieux enfantement. Un jour que j'étais à Sceaux, où je passais les vacances, je recevais un petit losange de papier zébré de lettres à l'encre bleue. Voici ce qu'il contenait :

« Mon cher ami,

« Je t'ai cherché hier toute la journée, sans avoir pu mettre la main sur toi. Tu n'es pas là, et il faut que notre premier numéro se fasse. Pour comble d'ennui, Edmond et Jules de Goncourt me manquent aussi de parole. Broche-moi donc vite un article, et metz-le sous bande, à l'adresse de Morard, imprimeur à Blois, rue Pierre-de-Blois, 14. Tu seras imprimé par l'ombre du duc de Guise.

« Tout à toi,

« Aurélien Scholl. »

Angelo de Sorr et lui étaient ensuite partis par le chemin d'Orléans. Par précaution, en vrais Girondins qu'ils étaient, ils avaient emporté avec eux un pâté de fois gras enveloppé d'un journal pris au hasard, n'importe où. Or, en arrivant à Blois, ils avaient demandé à Morard s'il n'était arrivé de Paris aucun paquet.

— Aucun, avait dit l'imprimeur.

— En ce cas, il faut piocher, avait dit Angelo de Sorr.

Nos deux voyageurs s'étaient en même temps enfermés dans une chambre adhérente à l'imprimerie. Il s'y trouvait déjà un chat-huant ou une pie sur une chaise, je ne sais plus lequel des deux. Il y avait aussi une grosse mouche qui bourdonnait et sonnait la charge le long des vitres ; tout cela n'était guère de nature à aiguillonner l'esprit de deux jeunes Méridionaux qui venaient de passer dix heures en chemin de fer.

— Il faut manger, avait dit tout à coup Scholl.

On avait fait venir du vin de la Loire et l'on décoiffait le pâté de foie gras. Chose bizarre ! l'enveloppe était un vieux numéro du *Mousquetaire*, et ce vieux numéro contenait un article de moi. Sans plus attendre, ils avaient pris une paire de ciseaux (il y en a toujours, même dans les imprimeries de province) ; l'article, taillé comme en plein drap, avait été ajouté à une fantaisie de Scholl, à un feuilleton d'Angelo de Sorr, à une petite pièce de vers de Charles Monselet, à quelques nouvelles à la main, et le premier numéro paraissait.

Ce fut vers le sixième, en raison de ma critique touchant les *Lettres à mon domestique*, qu'Aurélien Scholl m'aborda un soir.

— Sais-tu une nouvelle ? me dit-il.

— Non.

— Eh bien ! je te tue demain, sans faute.

— Ne te gêne pas, cher ami...

Le lendemain *le Satan* contenait en vedette, à sa première page, convenablement séparé par des blancs, l'avis funéraire que voici :

M. Philibert Audebrand, homme de lettres, vient de mourir, à Paris, dans son domicile, place Bréda, 7. Ceux de ses amis qui n'auraient pas reçu de lettre de faire part sont priés de considérer le présent avis comme une invitation.

On se réunira à la maison mortuaire, le lundi, 19 août, pour aller de là à l'église Notre-Dame-de-Lorette et ensuite au Père La Chaise.

Ce ne fut que trois jours après sa publication que ce charmant ultimatum m'arriva. Mon premier mouvement fut d'en rire. Au fond, ces lignes noires ne pouvaient déranger ni les intérêts ni les affections de ma vie. Je savais d'ailleurs que cette plaisanterie d'un humoriste n'avait été dictée par aucun sentiment d'hostilité personnelle. En second lieu, *le Satan*, imprimé à Blois, publié et vendu petitement à Paris, n'était pas distribué à plus de 500 exemplaires. Composé en Sologne, il n'avait pas dépassé les frontières de cette province. A Paris, tout bien compté, il ne pouvait tomber qu'entre les mains d'oisifs, à qui il serait indifférent que je mourusse ou que je fusse en vie. Le seul être qu'il pouvait sérieusement atteindre était un bambin de quatre ans, qui est aujourd'hui un capitaine d'artillerie, mon fils, mais au moment même où paraissait l'article qui lui avait appris la mort subite de son père, il était en train de courir après les papillons et les lézards de la Vallée-aux-Loups, et, d'ailleurs, il jouissait encore de l'heureux privilège de ne savoir pas lire.

Il faut bien pourtant que je le constate, en dépit

du peu de publicité qu'avait eue cette note du *Satan*. il en était résulté quelque émotion. Godefroy, l'agent général de la Société des gens de lettres, avait voulu voir par ses yeux si la nouvelle était vraie. Un de mes amis, qui était aussi mon voisin, Louis Lurine, doublait, le lundi matin, le cap de la place Bréda, pour s'assurer si la porte de la maison se couvrait de tentures noires. Le fils de Frédéric Sauvage, l'inventeur de l'hélice, accourait à la hâte du boulevard Beaumarchais, avec plusieurs de ses ouvriers, pour m'accompagner jusqu'à ma dernière demeure. Enfin, un rédacteur de *la Presse* avait rédigé une mention nécrologique de dix lignes, plus magnifique assurément que celle que j'aurai un jour quand je mourrai pour tout de bon, si j'en ai une.

Cependant, tout n'était pas fini. Un peu pareil à Charles-Quint, je devais assister tout vif à mon enterrement. A deux ou trois jours de là, dans le numéro de *la Chronique de France*, qui venait après celui du *Satan*, le duc René de Rovigo ajoutait des fioritures à la gamme sépulcrale d'Aurélien Scholl. Il écrivait, mot pour mot :

On sait que M. Philibert Audebrand était l'ennemi personnel du czar Nicolas. Aussi la mort de cet écrivain a produit une sensation profonde à la Bourse. Les fonds publics ont baissé de 3 francs.

Pour cette fois, la *scie* devait avoir un peu plus

de conséquence. A Bourges, Mme de C***, qui était abonnée à *la Chronique*, disait à une de mes sœurs : « — Est-il vrai que votre frère soit mort ? » A quoi ma sœur, s'imaginant bien qu'il s'agissait de quelque plaisanterie comme il s'en fait dans notre monde, rispotait en m'écrivant : « Ah çà ! où as-tu « donc la tête de mourir sans nous le faire savoir ?... « Réponds-nous donc vite afin que nous soyons fixés « là-dessus. » — Sur ces entrefaites, je rentrai de Sceaux à Paris, et, le jour même, je rencontrais mon meurtrier à la Maison-d'Or, dans les bureaux du *Mousquetaire*.

— Eh bien ! me dit-il en riant, tu as bien pris la chose. Je vais te ressusciter.

En attendant, lui et moi, toujours en riant, nous allions déjeuner au *Dîner de Paris*, et, à trois jours de là, *le Satan*, arrivé de Blois, contenait cet *erratum*, auquel je ne change rien :

Notre zélé collaborateur Aurélien Scholl s'est trop empressé en annonçant le trépas de M. Philibert Audebrand. A l'heure où nous écrivons, ce fantaisiste n'a pas encore succombé.

Mais rapportons ici l'incident qui a failli terminer ses jours.

M. Philibert Audebrand est un sportman enragé. La passion du cheval nuit certainement à sa littérature. Mais il n'importe. A l'inauguration des courses de Lonchamps, cet homme de lettres montait *Vaurien* (Good for Nothing). M. Philibert Audebrand, très fluet, n'a jamais été confondu avec Lablache, la basse-taille. Il est plutôt diaphane que potelé, mais cette maigreur lui sied bien.

Afin de compléter le poids réglementaire, le sportman avait été obligé de remplir ses poches de vieux fer et de cailloux. Or, le bruit de ces objets étranges, qu'il portait sur lui, a effrayé *Good for Nothing* qui s'est abattu en plein dans la rivière. Son cavalier a eu deux côtes défoncées.

Mais aujourd'hui il va mieux. Il a même mangé un œuf à la coque et proféré un cri séditieux : *A bas Ponsard !*

Un peu plus tard, Angelo de Sorr tentait de raviver toute cette histoire en lui mettant des rallonges ; mais c'était peine perdue. La meilleure *scie* du monde perd toujours à être trop continuée. Mort et ressuscité, c'en était assez. Il y avait même dans l'incident une bonne dose d'originalité, quoique cette invention fût un peu renouvelée des Grecs et d'une légende touchant M. Duponchel, l'ancien directeur de l'Opéra ; mais c'est en matière de petite presse surtout que trop est trop : une ligne de plus devenait une superfétation !

Ce que je dis là est si vrai, que ce que je viens de raconter en trois cents lignes est exprimé pour une femme du temps de Louis XV, dans un distique de Piron ou de Scarron, peut-être.

Ci-gît, derrière cette porte,
Une femme qui n'est pas morte.

Tué, ressuscité et encore debout après trente-trois ans, n'ai-je pas le droit d'être rangé parmi les curiosités historiques ?

Le *Satan* ne devait pas fournir une longue carrière. Au bout de six mois, il rendait son dernier soupir ou, si vous l'aimez mienx, il faisait paraître son dernier numéro. En créant ce journal, ses deux fondateurs ne s'étaient pas fait d'illusions trop décevantes. Ils savaient bien d'avance qu'il ne s'agirait en cela que d'une publication éphémère et seulement entreprise pour les mettre quelque peu en relief.

A dater de ce jour, ils se séparèrent amicalement pour aller chacun de son côté.

Aurélien Scholl est devenu ce que tout le monde sait, un des plus brillants champions de la presse parisienne, de 1855 jusqu'à nos jours. Quant à Angelo de Sorr, ou il a manqué des aptitudes qu'il faut pour réussir en tant que journaliste ou *la guigne* n'a pas cessé de le poursuivre. Il a essayé du roman, mais il n'y a pas été plus heureux que dans le journal. Il a tenté même de se jeter dans le pamphlet, en allant jusqu'à préconiser les idées émises par la Commune. Ça été encore un effort sans résultat. Un jour, il avait imaginé d'appliquer aux enveloppes de lettres le système d'annonces qui fleurit si bien à la 4e page des journaux. Peut-être une telle idée aurait-elle pu être admise aux Etats-Unis ; à Paris, personne ne voulut l'adopter. Autre conception bizarre, il avait fait encore un journal intitulé : *Le Centenaire*. Il y indiquerait le moyen de vivre cent ans, à l'aide d'une gastrosophie savante et de mesures d'une hygiène bien entendue. Tenant décidément à me mettre en scène, il avait commencé par me proposer comme un modèle de bonne santé et, par suite, de longévité. Mais toutes ces belles choses non plus ne devaient rien lui rapporter. Ce pauvre garçon, l'auteur du *Centenaire*, a fini tristement, à Bordeaux, 1880, paralysé et en proie à la dèche, c'est-à-dire à la misère noire. Et, toute sa vie, il s'était moqué des pauvres ! On ne sait de lui qu'un bon mot, lequel aura été en quelque sorte son testament.

— C'était bien la peine de naître dans la ville où se fait le meilleur vin du monde pour y finir par de la tisane ?

Bière brune de Strasbourg, bière blanche de Munich, porter de Liverpool, tout ce qu'on servait au café Saint-Roch étant d'une qualité exquise, la réputation de l'établissement s'étendit bientôt dans Paris et passa les ponts. Cette renommée rayonnait même sur le boulevard Saint-Michel, qu'on n'appelait pas encore le Boul' Mich. Aussi nous venait-il assez souvent des carabins et des étudiants en droit. Un soir d'automne, vers 1866, douze ou quinze de ces habitants du Pays Latin, le béret bleu sur la tête et la pipe à la bouche, opérèrent bruyamment leur entrée avec la joyeuse turbulance de la jeunesse. On les vit prendre d'assaut l'une des grandes tables de marbre pour s'y faire servir au milieu de bourdonnements qui ne manquaient pas de ressemblance avec ceux d'une ruche qui essaime d'un parc dans une vallée.

— Nous voilà envahis par les étudiants, murmura Aimé Maillart que cette soudaine entrée en scène paraissait amuser.

— Dites donc par des journalistes, répliqua vivement Dottain. Si mes oreilles ne m'ont pas trompé, ces petits Messieurs sont des confrères.

Il y avait sans doute dans ses paroles une légère pointe de moquerie ; il s'y trouvait aussi un peu de vérité. Rien de plus exact, ces quinze bacheliers venaient de quitter la rue Serpente afin de venir fêter de l'autre côté de l'eau la prochaine naissance d'un journal dont ils méditaient l'éclosion. Journal bizarre, vous l'avez bien deviné. Il ne serait pas politique parce qu'on avait à éluder le dépôt du cautionnement. Il ne serait qu'hebdomadaire parce qu'on n'avait pas une mise de fonds qui permît de le faire quotidien. Il serait écrit en commun et, gratuitement, par les quinze jeunes buveurs, et la raison de ce labeur bénévole est de celles qui n'ont pas besoin d'être expliquées.

Si l'on veut bien comprendre pourquoi le groupe des étudiants se décidait à faire paraître un journal, il faut rappeler au lecteur en quel état se trouvait l'opinion publique. Sous peine de tomber, l'empire devait se condamner à passer par une évolution libérale. C'était pour l'y aider que M. Emile Ollivier avait été appelé aux Tuileries. A Paris, les langues commençaient à se délier. Plus on s'éloignait du 2 décembre, plus le mot de liberté retrouvait d'échos. La presse allait sortir de son long assoupissement. « Réveillez-vous, belle endormie. » lui criait-on de tous côtés. Encore quelques jours et l'on se retrouverait comme par enchantement sous un régime à très peu de chose près semblable à celui de Juillet. Il y aurait même en plus une très grande hardiesse de langage, une forme comparable aux clameurs de la première Révolution. Chose très curieuse, ces audaces avaient même commencé au quartier des Ecoles, où un jeune professeur radical du nom de Rogeard avait fait paraître, dans la *Rive Gauche*, un pamphlet très littéraire, très aigu et aussi très remarqué, sous ce titre : *Les propos de Labiénus*. Ce Labiénus, ainsi que tout le monde le sait, a été l'un des lieutenants de César et le jeune professeur, après avoir évoqué son ombre, lui faisant prendre la parole, obtenait d'elle qu'elle traiterait le despotisme moderne du haut en bas. A la suite de cet acte de témérité, la pensée publique, comme si elle eût été remuée par la pile de Volta, éprouvait la plus généreuse des secousses. Aussi allait-on voir la liberté d'écrire reparaître avec la soudaineté d'un rayon de soleil aux premiers jours d'avril. Déjà Henri Rochefort préparait *La Lanterne*, Louis

Ulbach *La Cloche*, J. Barbey d'Aurevilly *La Veilleuse ;* Auguste Vacquerie et Paul Meurice s'apprêtaient à faire paraître *Le Rappel ;* c'était une aurore qui était sur le point de se lever.

Mais ces quinze émigrants du Pays-Latin, était-ce à une pensée de liberté qu'ils obéissaient en cherchant à fonder « un nouveau papier ? » Je ne le pense pas. Il est probable qu'ils avaient bu un peu de la contagion dominante en respirant l'air ambiant mais ce qu'il y a de plus vrai à dire, c'est qu'ils voyaient dans l'aventure un nouveau moyen de tuer le temps. La vie scolaire ne suffisait pas à la dépense de leur activité ni la Closerie des Lilas non plus. Il leur fallait un loisir d'autre sorte : ils créaient un journal.

Dans notre pays étrange, le terroir du bon sens, à ce qu'on prétend, personne n'ignore qu'on doit exiger un apprentissage pour toute profession. Il y a donc un noviciat obligé qu'on impose à qui veut être médecin, avocat, prêtre, peintre, architecte, diplomate, sculpteur, comédien. Il en est de même pour les états manuels. Un tailleur ne s'improvise point, pas plus qu'un cordonnier, puisqu'au préalable, on se trouve dans la nécessité d'apprendre à faire les habits ou les souliers. Quant à ce qui touche le journal, c'est autre chose : toute étude préparatoire est supprimée. On devient publiciste du matin au soir et du soir au matin. Autrefois, quand j'étais jeune, la seule supposition de jeter vingt lignes dans une feuille publique nous faisait frissonner d'effroi; Armand Carrel ne touchait à sa plume qu'avec hésitation; Armand Marrast ne s'était hasardé à écrire qu'après avoir passé par trois examens en Sorbonne. Cent autres, que je pourrais nommer, cédaient aux mêmes scrupules. Depuis trente ans, les choses ont changé. Journaliste ! la belle affaire ! Il suffit de savoir former ses lettres, graphiquement parlant, et encore pas toujours. Journaliste ! le premier venu peut l'être, quand il lui en prend fantaisie, et le public ne trouve pas à y redire.

Ces quinze jeunes gens que nous avions sous les yeux n'éprouvaient plus qu'un seul sujet d'embarras; c'était de savoir quel titre ils donneraient à leur publication. Tout à l'heure, avant de venir, ils avaient délibéré là-dessus, mais sans rien trouver qui les satisfît. Un titre pour un journal du Pays-Latin, un titre qui n'avait pas encore servi, qui fût jeune, vivant, neuf, attirant l'œil, c'était une perle à aller prendre au fond des mers. Jadis il y avait eu *l'Etudiant*, *les Ecoles*, *le Pont-Neuf*, *la Rive Gauche*. Tout cela était usé. Les anciennes générations avaient connu *le Lutin*, *le Trilby*, *le Follet*, *le Caliban*, *l'Ariel*, *l'Omnibus*, *le Flâneur*. On se rappelait encore *le Petit Poucet*, *le Gil Blas*; *le Candide*, *le Solitaire*, *le Gulliver*, *le Don Quichotte*; ce dernier a même été le début de M. Arsène Houssaye.

Il y en a eu de toute dimension, de toute couleur, de tout prix : *le Rabelais, le Michel Montaigne, le Brid'oison, le Méphistophélès, le Dandy, le Glaneur*. Nous avons vu *le Peignoir*, Moniteur des boudoirs, *la Vogue, le Gastronome*, organe, non des mangeurs mais des marchands de comestibles, *l'Aréthuse* et *la Naïade*, journal des maisons de bains. Ajoutez y la liste des journaux méchants : *l'Ours, le Knout, l'Argus, l'Espion, l'Indiscret, l'Aspic, la Guêpe, le Toscin, le Pilori ;* puis, le *Lundi, gazette des pochards ;* puis le *Journal des créanciers*, et, aussi, *la Gazette des Bêtes*, organe des chevaux, des chiens, des chats et des oiseaux « malades ». A la fin, après avoir épuisé cette nomenclature, les jeunes gens étaient arrivés à la période des *Anes* littéraires, phase qui n'a pas été sans éclat. Peu avant 1848, sous le règne de Louis Philippe, on avait commencé par *l'Ane d'or*, renouvelé d'Apulée. Etaient venus ensuite : *L'Anesse de Balaam*, qui n'a eu que trois numéros, et ensuite : *L'Ane savant, tenant école pour tout le monde*, par le docteur Comet ; l'auteur du présent livre a même, quelque peu, écrit dans celui-là, ce que constate, du reste, une caricature de Darjou.

A un certain moment, quand la bière écumait dans les chopes, une sorte de hourrah se fit entendre de leur côté. Naturellement ces exclamations nous firent lever la tête, à nous autres. Il venait de se produire quelque chose comme un grand mouvement. De l'un deux, qui avait une voix aigrelette, avec un accent méridional des plus prononcés, venait de partir un mot qui leur arrachait à tous un cri d'admiration et des trépignements de joie. Le titre du journal était trouvé.

— Eh bien, c'est ça, reprit une autre voix : le journal s'appellera *l'Ane Rouge !*

Au même instant, tous les verres écumeux s'entrechoquèrent. On voit que la manifestation tournait presque à la cérémonie sacrée d'un baptême. Les cris, les rires, les applaudissements, les lazzis, bref, tous les signes du plus vif contentement recommencèrent de se faire entendre. « — *L'Ane Rouge*, ce « sera, demain la coqueluche de Paris ! — *l'Âne* « *Rouge*, tous les passants achèteront le numéro « deux sous, rien que sur le vu du titre ! — *l'Ane* « *Rouge*, il y a déjà un esprit endiablé dans ces « trois mots ! Place à *l'Ane Rouge*, Messieurs ! »

Cependant Grenier, près de qui j'étais assis, me paraissait être plus particulièrement attentif à ces scènes, qui, après tout, ne devaient pas beaucoup nous intéresser. Le fait est qu'il regardait et écoutait avec un redoublement de curiosité. Au bout de deux minutes, intrigué par son attitude, je vis un sourire narquois se dessiner sur ses lèvres. Très peu de temps après, tout en secouant les cendres de son cigare, il se mit à rire tout à fait comme un homme qui vient de faire une découverte dont s'applaudit son esprit de pénétration.

— Allons, dit-il, je ne m'étais pas trompé : il ne se pouvait guère qu'il n'y eût pas un Auvergnat à la tête de cette bande !

Il n'avait pas fini de prononcer ces paroles qu'un des jeunes buveurs, se levant de sa place avec la brusquerie qui est de mise quand on a vingt-cinq ans, traversa les nuages de fumée dont était enveloppée cette partie de la salle et s'en vint tout droit à nous, comme s'il eût été de notre connaissance. Suivant toute apparence, l'étudiant devait être le doyen de son groupe. D'une taille un peu au-dessus de la moyenne, ni beau, ni laid, ayant des moustaches et une barbe brune assez fleuries, il ne portait pas le béret béarnais comme la plupart de ses compagnons, mais un chapeau de forme, légèrement défraîchi. Néanmoins on devinait qu'il se donnait volontiers des airs, non pas de crevé, mais d'élégant. Sa voix était sonore et même assez vibrante. Il y avait déjà un peu de Midi là-dedans.

— Tiens, c'est vous ! s'écria Grenier en lui faisant signe de venir s'asseoir, un instant, à ses côtés. Vous venez ici, attiré par la bonne bière ? Pardieu ça se comprend de reste. Mais que faites-vous ainsi en paquet ? Est-ce que vous méditez encore de siffler Désiré Nisard à cause de la théorie des deux morales ou de jeter de gros sous à Sainte-Beuve parce qu'il a brûlé un grain d'encens sous le nez d'Auguste ?

— Rien de tout ça. Mes camarades et moi nous fondons un journal, *l'Ane Rouge*.

C'était bien ce que Grenier et nous autres nous savions déjà par à peu près; néanmoins il pouvait y avoir doute. Il n'y avait pas de mal à entendre exprimer la confirmation de l'affaire.

— Un journal, j'entends bien, reprit l'ancien Normalien. Qui en sera le rédacteur en chef?

— Moi, mon cher, repartit l'habitant du Quartier Latin en se rengorgeant.

— En ce cas, tous mes compliments, nouvelle recrue de la presse et que chacun de vos numéros soit marqué par une victoire !

Ces dernières paroles, l'auteur de la *Grèce moderne* les prononçait en riant et, pour moi, qui étais habitué à le voir se répandre dans ce rire forcé, je comprenais qu'il ne pensait par un traître mot de ce qu'il disait. Il ne fallait pas être, du reste, un prophète bien clairvoyant ni un bien grand sorcier pour deviner que cette feuille projetée n'aboutirait qu'à une non-réussite. D'abord, de mémoire d'homme, jamais journal n'a pu vivre en Pays-Latin. Secondement, *l'Ane Rouge*, n'ayant ni programme, ni caisse, ni fond de talent littéraire d'aucun genre, était condamné à n'être qu'un avortement, et il est mort, en effet, au bout d'une existence absolument effacée.

Avant de s'éloigner de notre table et de rejoindre

ses camarades, l'étudiant avait tiré de sa poche une carte pour la tendre à son interlocuteur. Dès qu'il eut disparu, Grenier nous la montra et nous pûmes y lire ce nom, destiné à devenir tristement fameux :

LÉONCE GUYOT DE MONTPAYROUX

— Non-seulement, ajouta Grenier avec son sourire de sceptique, c'est un Auvergnat de la plus belle eau, mais encore nous sommes un peu cousins.

Tout en remuant la carte de visite entre ses doigts comme un habitué de théâtre le ferait pour un sifflet, il ajouta que ce jeune provincial, une fois à Paris, n'avait rien eu de plus pressé que de donner à son nom une physionomie aristocratique. Fils d'honnêtes gens de la bourgeoisie, il n'avait aucun droit au blason, à la seigneurie, ni à la particule, ne se nommant que Léonce Guyot tout court. Eh bien, il se faisait noble de son autorité privée. A entendre notre discoureur, cette tendance à jouer au gentilhomme jointe à la gloriole d'être rédacteur en chef d'une feuille tapageuse annonçait une graine d'ambitieux en train de monter en herbe. Celui-là serait entreprenant et irait sans doute loin, si quelque coup du sort ne l'arrêtait en chemin.

Grenier, fort grand ami des disgressions à l'instar de tous ceux qui ont goûté du professorat, s'enroulait ensuite dans une amusante parenthèse sur les gens de sa province. En ce temps-là, il en était de l'Auvergne comme de la patrie de Mahomet, elle était divisée en deux zones : le Cantal, c'est-à-dire la Charabie pétrée, le Puy-de-Dôme, c'est-à-dire la Charabie heureuse. De ces deux départements sortaient sans cesse des ruminants, mangeurs du budget. L'orateur partait de là pour nous dire que, se croyant en faveur spéciale depuis le 2 décembre, les naturels des deux Charabies s'imaginaient tous pouvoir marcher dans les pantoufles brodées d'or de M. de Morny, le premier protecteur de la contrée. A plus forte raison caressaient-ils ce rêve depuis le triomphe de M. Eugène Rouher, le vice-empereur, le véritable chef du Rouhernement. Tous Auvergnats, tous riches et chargés d'honneurs : il n'y avait plus un seul porteur d'eau qui ne visât une préfecture ou même un portefeuille de ministre. Très probablement on verrait, sous peu, le rédacteur de *l'Ane Rouge* grossir la liste de ces dauphins de l'absorbante province.

L'épisode n'eut pas d'autre suite, du moins pour le moment.

Un peu plus d'une année s'était écoulé. Nos réunions quotidiennes ne chômaient pas. Nous étions à peu près toujours les mêmes aux mêmes tables, toujours vidant des chopes et toujours causant de ce qui se passait de nouveau dans Paris.

On était déjà au lendemain de cette Exposition universelle de 1867 qui contenait plus de merveilles que le *Pied de mouton* et que les *Pillules du diable* réunis, ces deux féeries classiques. Pour le quart-d'heure, on déblayait le Champ-de-Mars de sa brillante mise en scène et, d'autre part, les gens d'affaires procédaient à la liquidation de l'entreprise. On se rappelle qu'il en est résulté un certain nombre de procès, dont quelques-uns auront été marqués par de gros scandales. Parmi ces affaires a figuré celle du Livret officiel de l'Exposition, conflit roulant, bien entendu, sur des sommes d'argent,

— Ecoutez, nous dit un soir Grenier à propos d'un entre-filet de la *Gazette des Tribunaux* sur cet incident, je ne sais point ce qu'il y a au fond de cette histoire, mais je parierais bien une tonne de Strasbourg contre un petit verre de trois sous qu'il doit se trouver un Auvergnat là-dedans.

Il se trompait en ce sens qu'il s'y trouvait plusieurs Auvergnats et, en particulier, son jeune compatriote et parent, M. Léonce Guyot de Montpayroux, car il doit désormais porter ce nom-là. Ce ne fut pas un autre, ce fut bel et bien lui-même qui vint nous mettre au courant de l'aventure. Cette fois, le journaliste du Pays-Latin n'était pas escorté de ses quatorze acolytes, lesquels avaient sans doute disparu depuis longtemps. Après la mort de *l'Ane Rouge*, voulant tâter du pouvoir ou du budget, puisque c'est tout un, le publiciste en herbe s'était fait présenter à M. Eugène Rouher, chose des plus faciles pour un rejeton de sa province, et, désirant être employé, il avait obtenu d'être nommé l'un des commissaires de l'Exposition Universelle. C'était alors que s'était présentée l'adjudication du Livret, opération dans laquelle il avait joué un rôle qu'on prétendait être repréhensible. Lui avait-on graissé la patte, oui ou non ? Voilà un détail que j'ignore et dans lequel, du reste, je n'ai aucunement à entrer. Tout ce que je veuille dire à ce sujet, c'est que, le soir où il vint nous trouver au Café de Robespierre, après avoir été en faveur auprès du ministre, il était tout à fait en disgrâce, exclu de sa place et, par conséquent, rangé dans la catégorie des mécontents.

En s'adressant personnellement à Grenier, le seul d'entre nous qu'il connût, il commença par se poser en victime. Depuis la première entrevue, il ne s'était écoulé que quinze mois. Nous l'eussions à peine reconnu. Avait-il mûri ou avait-il vieilli ? On pouvait soutenir autant l'un que l'autre. Il n'avait plus la même élégance ni, pardon du mot, le même aplomb. Néanmoins, quoiqu'il se plaignît amèrement d'être tombé de cheval, il cherchait à se redresser.

— Mon cher, disait-il à son parent, il est clair que le vice-empereur ne m'a pas soutenu ainsi qu'il le devait, mais ce sera un compte à régler, un jour, entre lui et moi. Mais une chose évidente, j'ai la guigne.

— Qu'est-ce que c'est que ça, la *guigne?*

— Un mot tiré de l'argot des boulevards. La chose que ce mot veut exprimer est quelque chose comme la *jettatura* de Jacques Offenbach ou comme la malechance. Oui, j'ai la guigne, une guigne noire. J'entends par là que j'aurai peut-être une vie manquée et, en tout cas, orageuse ; mais voyez-vous, je suis auvergnat. Il y a du quartz et du silex dans mes os. Et bien, je ferai contre mauvaise fortune bon cœur. Je me battrai contre le sort et contre le chef du Rouhernement. Pour commencer, je pars demain pour l'Auvergne et je m'y ferai élire député ; eh ! dame, député de l'opposition.

Grenier, qui ne s'étonnait pourtant pas aisément, ne pouvait s'empêcher d'être ébahi.

— Député, comme ça, tout d'un coup ?

— Mon Dieu, oui. Et ce sera, vous le verrez bien.

Ça été, en effet. Au moment où ces choses se passaient, le vent était de plus en plus aux idées libérales et à l'opposition. Tout d'un coup les Cinq du côté gauche étaient devenus environ soixante-dix et M. Léonce Guyot de Montpayroux se montrait en relief parmi les nouvelles recrues. Grand sujet de rancœur pour M. Eugène Rouher, qui, après dix-huit ans d'une existence de coq-en-pâte commençait à voir qu'il y a des épines aux roses. Cet ancien rédacteur en chef de *l'Ane Rouge* s'arrangeait désormais pour être toujours sur son chemin afin de le narguer. Il lui était presque aussi déplaisant que M. Emile Ollivier lui-même.

Hélas ! les événements marchaient d'un train d'enfer. Survinrent la guerre de 1870 et nos inénarrables revers, Sedan, la chute de Napoléon III, la troisième République, le siège de Paris, la Commune, l'Assemblée Nationale à Bordeaux, d'abord ; puis à Versailles. Il va sans dire que M. Guyot-Monpayroux, réélu, était revenu au Parlement, où il s'escrimait avec la majorité républicaine. Etant de ceux qui frayaient avec Emile de Girardin, ce fauteur de tous les casse-cous, il s'était remis à faire l'homme de presse et écrivait dans les journaux. Pas très brillamment, ainsi qu'on peut bien le supposer, mais avec emportement et en dépensant une bonne dose de passion. Un moment, on lui avait confié la rédaction en chef du *Courrier de France*, une feuille du soir, fondée par M. Hubert Debrousse, l'archimillionnaire.

Un soir que je le rencontrai à l'imprimerie de ce journal, où j'avais à corriger des épreuves, nous nous mîmes naturellement à remuer les souvenirs du café Saint-Roch. A ce sujet je lui dis que, par bonheur, il n'avait plus la guigne, la fameuse guigne noire.

— Eh bien, c'est ce qui vous trompe, me dit-il en se remuant comme un diable dans un bénitier. La guigne, je l'ai aujourd'hui plus que jamais. Est-ce que vous ne savez pas que cette détestable affaire du Livret de l'Exposition de 1867 va m'appeler devant les Tribunaux, où l'on me donnera, contrairement à la vérité, la figure d'un homme vénal? Ah! la guigne!

Le pauvre garçon ne disait que trop vrai. Il y eut un procès et un procès scandaleux. Cet homme qui se flattait d'être coulé en bronze ne put affronter ces débats sans se déferrer. La crainte des cancans du boulevard l'effraya au point de lui troubler la cervelle. Un matin, en se réveillant, il n'avait plus que le langage d'un insensé. Il était emporté par la folie des grandeurs. Une de ses marottes, c'était de fonder chez nous un journal qui fût l'équivalent du *Times*. Cinq millions de francs pour commencer, rien que ça. On dut le conduire dans une maison de santé d'où il ne sortit que cinq ans après, les pieds par devant, pour aller au cimetière dormir son dernier sommeil.

V

Un souper de Carnaval. — Pour et contre les truffes. — L'abbé Morellet et Esménard. — Xavier Aubryet. — Son vrai nom. — Un y grec. — Arsène Houssaye. — Contre les bourgeois. — Un roman d'amour. — Haine à F. Ponsard. — La vie facile. — Monologue en plein vent. — Contre les voyous. — Ce qu'on fait. — Ce qu'on devrait faire. — Les gavroches ne peuvent pas être reformés. — Il n'y a que la colonisation. — Encore les truffes. — Sainte-Beuve II. — Paul de Saint-Victor. — Un *Nielleur*. — Aurélien Scholl et Clément Laurier. — Amis et parasites. — Un sceptique. — 1870. — La délégation de la Défense Nationale. — L'emprunt Morgan. — Brusque conversion à l'orléanisme. — Visite des électeurs du Var. — Le mot sur les arbustes. — Deux catégories de républicains. — Pincé par la Muse. — Métromamie. — Une satire contre l'argent. — Mort subite. — Un échantillon d'élégie.

En 1865, un soir de Carnaval, pendant la nuit du Mardi Gras, s'il vous plaît, le café de Robespierre avait usé d'une licence qui lui permettait de ne point fermer ses volets. Il était donc éclairé à deux heures de l'après minuit comme à dix heures de l'après-midi. Quinze habitués, au plus, vidaient leurs choppes.

A notre table du fond se tenait une élite de buveurs, Grenier en tête. Deux autres anciens sybarites de la Normale ; La Foulhouze, le peintre, Paul Bocage et moi complétaient le groupe. On avait décidé de ne point démarrer de l'endroit avant la venue du petit jour.

— Nous souperons, n'est-ce pas, Messieurs ? avait dit Dottain, qui, décidément, était quelque chose comme un Paladin de la fourchette.

Il s'agissait donc d'un petit *fritchi* de carnaval, mais un peu à la manière des bourgeois. Seulement on ne devait pas faire de crêpes, ainsi que la chose a lieu d'ordinaire au Marais ou dans la rue du Sentier. On ferait beaucoup mieux ; on sacrifierait un faisan aux truffes, un vrai faisan des Ardennes, lequel serait servi, sur le coup d'une heure et demie, avec sa tête altière et sa superbe queue aux plumes chatoyantes, arrondie et intacte. Il va sans dire que l'auguste volatile aurait le ventre bourré des meilleurs truffes du Périgord. Quant au vin, c'était un joli petit Grave qui avait un goût prononcé de pierre à fusil.

— Le Saint-Perray est peut-être plus agréable, avait dit Dottain, mais réflexion faite, nous le rejetons comme étant un breuvage surtout fait pour les femmes. Il a le tort d'être trop sucré. Je l'accuse de vouloir parodier le champagne.

On venait de servir. Depuis dix minutes, un officier de bouche avait ouvert avec un coutelas le ventre au merveilleux faisan. Les truffes, chaudes et fumantes, désormais décoiffées, embaumaient d'une senteur délicieuse la partie de la salle dans laquelle nous nous trouvions. Admirable et incomparable tubercule, la truffe, un diamant pour les gastrosophes et que, sous la Restauration, à cause de l'aide qu'elle prêtait au système de M. de Villèle, les petits journaux satiriques d'alors appelaient « le poison de la liberté. » Nous les mangions à belles dents, je vous prie de le croire, et avec un enthousiasme presque lyrique.

On a certainement deviné que les joyeux propos accompagnaient ce labeur de gourmands, uniquement préoccupés du soin de se remplir la panse. Grenier, à cheval sur l'archéologie, faisait voir par de savantes citations comme quoi les Grecs, pourtant nos maîtres en toutes choses, n'ont rien compris au grand art de la cuisine et n'ont jamais su vivre; Dottain ne sonnait mot afin de n'avoir pas à perdre un coup de dent; la Foulhouze s'interrompait parfois pour faire entendre le tronçon d'un air bachique; un autre entremêlait la causerie d'anecdotes et rappelait, par exemple, ce trait de mœurs littéraires et gastronomiques du premier empire. Esménard, le poète, passait, à tort ou à raison, pour être un mouchard à la solde du duc de Rovigo, alors ministre de la police. Une telle imputation faisait que les mem bres de l'Académie française hésitaient à admettre parmi eux l'auteur du poème de la *Navigation*, une œuvre des plus ennuyeuses à lire, soit dit entre nous. Non, ni le vieux Ducis, encore républicain, ni Marie-Joseph Chénier, ce survivant de la Convention Nationale, ni Jacques Delille, non plus, ne le voulaient. Parmi ces récalcitrants figurait aussi l'abbé Morellet, un défroqué influent, mais très porté sur sa bouche. Or, toute cette opposition déplaisait fort à Napoléon qui tenait à avoir un peu partout de ses créatures, et Esménard en était une. Que faire donc pour qu'on arrivât à apaiser César ? Le duc de Rovigo organisa un dîner auquel l'abbé Morellet serait invité et où abonderaient les truffes. Quand vint la dinde qui les récélait, on servit l'ex-abbé, mais chichement. « — Eh bien, et ces truffes, Morellet, « demanda tout à coup le ministre. — Excellentes, « monsieur le duc, excellentes ! riposta l'ex-prêtre ; « et, en tendant son assiette, pour qu'on la remplît. « — D'autres truffes ! d'autres truffes ! reprit-il : « Esménard aura ma voix ! » Et ce fut, en effet, ce qui arriva.

Nous en étions là, mangeant, buvant et devisant dans un mode tout à fait rabelaisien quand la porte qui donnait sur la rue Saint-Roch s'ouvrit précipitamment et non sans quelque fracas. En même temps, nous vîmes entrer un homme d'une certaine élégance, ayant le chapeau fortement enfoncé sur les yeux, le cache-nez de cachemire rouge enroulé sur la moitié du visage et la main ganté de gris-perle. Comme il neigeait un peu au dehors, il était légèrement moucheté de blanc, ce qui, au premier aspect, lui donnait une physionomie ne manquant pas de comique.

Il s'avança résolument au milieu de la salle, se secoua à la manière d'un chien mouillé et laissa bientôt voir une figure connue. Ce nouveau-venu n'était autre que Xavier Aubryet, un critique à tous crins, pas mal mâtiné d'un poète et d'un fantaisiste. Au total, un des excentriques du temps.

Pauvre Xavier Aubryet ! En ce temps-là, n'ayant pas encore, comme on dit, brûlé la chandelle par les deux bouts, maigre, fluet, pas fort riche, il n'était pas tout à fait sorti de Bohême, mais encore très vert, fort agile, très volubile, il paraissait réellement avoir le diable au corps. Sans doute les cheveux bruns de ses tempes commençaient à grisonner ; par moments, sa main était froide comme le marbre, mais l'œil ne cessait point d'être plein d'éclairs et la bouche, à la vérité, tourmenté par un sourire amer, était toujours sonore et quelquefois éloquente.

Qui eût jamais supposé, qu'avant dix ans écoulés, cette organisation exubérante de véhémence et d'ironie présenterait le désolant spectacle d'un pauvre homme enroulé sur lui-même en colimaçon et cent fois plus gémissant sur sa couche que ne l'a été Paul Scarron le cul-de-jatte ! Un mal d'une cruauté sans pareille, l'ataxie locomotrice, devait, un matin, foudroyer ce garçon si bien habitué aux libres allures et le peletonner sur un lit de douleur, où, de 1875 à 1882, il a enduré, en présence de ses amis, d'indescriptibles tortures. Pauvre Xavier Aubryet, le plus disert, le plus intarissable des péripatéticiens du boulevard !

Pour le quart d'heure, il sortait, je crois, d'un bal masqué qu'on avait donné au théâtre des Variétés et, se sentant en appétit, avant de regagner son domicile, sis de l'autre côté de l'eau, il était entré, à tout hasard, dans ce cabaret encore ouvert à ces heures indues. Histoire de sécher un peu ses habits et de manger un morceau.

Je l'appelai, tout haut, par son nom, en lui offrant une place à côté de nous.

— Oui, à la table la plus voisine de la vôtre, dit-il, mais pas à votre table même.

— La raison ?

— La raison est des plus simples : c'est que vous mangez des truffes et que cet affreux tubercule, rugueux, chevelu, noueux et d'une si horrible couleur est ce qu'il y a de plus opposé à mes principes politiques et d'art.

Pauvre Aubryet ! Venu, fort jeune, de Saint-Quentin à Paris, au lendemain de la révolution de

Février, il s'étais mis à faire des vers et, bien entendu, suivant la prosodie des Romantiques. Arsène Houssaye, son presque compatriote, lui ouvrait, toutes grandes, les portes de l'*Artiste*, cette Revue qui a servi de gymnase à tant de célébrités contemporaines ; mais, dès le premier jour, il lui imposait une condition bizarre. Le débutant, s'appelant Aubriet de son vrai nom, le rédacteur en chef, fort ami de l'Y grec, en avait introduit un à la place de l'i simple dans ce nom du débutant et il s'était efforcé de lui démontrer que ce changement ferait bien mieux à l'œil. — « Signez donc de cette façon et pour toujours. » Aubriet, ça pouvait avoir la tournure d'une appellation touchant la vieille bourgeoisie historique, et, justement, le jeune poète professait la plus vive antipathie pour les bourgeois, quoique ou parce qu'il procédait d'eux. Aubryet lui semblait être pourvu d'un petit chic aristocratique. Après avoir grogné un peu, d'abord, en guise de protestation, car, au bout du compte, admettre l'y grec, c'était renier son origine, c'était cracher sur son acte de naissance, il finit par se laisser faire. Et voilà pourquoi, pendant près de trente ans, il a vécu dans le monde des lettres sous ce travesti.

Où donc avait-il pris la haine de la bourgeoisie, ce jeune bourgeois, issu de bourgeois ? On se le demande sans pouvoir se répondre. Il était le fils d'un négociant d'Epernay, mais qui ne devait lui laisser que peu de fortune. Pour commencer, avant de s'essayer dans les lettres, il était entré dans l'administration, j'ignore dans quel ministère. Mais s'asseoir trente ans de suite sur un rond de cuir peint en vert ne pouvait convenir à ce volontaire de la presse et il s'en échappa pour faire l'école buissonnière dans les journaux. Ça été un peu l'histoire de tout le monde.

La chronique, indiscrète par métier, a raconté un épisode de cette existence de Bohême. Un moment, il y eut place pour un véritable petit roman d'amour. Xavier Aubryet s'était épris de sa cousine, Mlle Rondil, fille d'un des grands banquiers de Marseille. Des obstacles empêchèrent le mariage et le refus de sa cousine, (qui ne s'est d'ailleurs pas mariée,) lui laissa au cœur une inguérissable blessure. Au surplus, c'est à Marseille qu'il s'était fait transporter au début de sa maladie et ce fut dans un moment de mieux passager qu'il revint à Paris pour y mourir... après cinq ans de torture.

J'ai dit qu'il était à ranger parmi les excentiques de la fin de notre dix-neuvième siècle, et rien n'est plus vrai. Dès les débuts, il s'étudiait à se singulariser. Après les vers, qui pour les gens de lettres, sont une sorte de bégaiement, il s'était essayé dans la prose et n'y avait pas réussi du premier coup. Ne disposant que d'un très petit dictionnaire, panaché d'argot, ce qui était fort de mode au commencement du second empire, il croyait échapper à la vulgarité en se faisant précieux. Ressource de cocodette littéraire, et rien de plus. Au fond, il n'a fait montre d'aucune idée neuve ni d'aucune audace, ni de rien d'original. Son dédain des classiques et son mépris pour les bourgeois auront seuls constitué son bagage de critique. Mais à la longue, ses clameurs de haro lâchées dans les restaurants et dans les foyers de théâtre ; ses monologues, assaisonnés de gros sel, jetés parfois au nez des passants, le faisaient passer pour un téméraire. Un soir d'été, sur les boulevards, chez le glacier napolitain, après s'être hissé sur un tabouret, il interpellait la foule. « — Messieurs et « Mesdames, s'écriait-il, apprenez une chose : c'est « que les œuvres complètes de M. François Ponsard « sentent le renfermé » Et tous ceux qui étaient présents de trouver qu'il y avait dans ce fait une très belle dose de crânerie.

Cela se passait au temps où Ponsard faisait *florès* au Théâtre Français avec le *Lion Amoureux.*

Suivant l'expression consacrée, Xavier Aubryet chercha à vivre de sa plume. Y réussit-il ? Pas précisément. Il se lança dans le roman avec l'espoir un peu fol de gagner des tonnes d'or. Il publia donc, par exemple, la *Femme de vingt-cinq ans*, d'abord, et, par la suite, *Robinsonne et Vendredine*. Ces deux récits, peu dramatiques, n'abondaient pas non plus en observations phychologiques et n'eurent aucun succès. La critique quasi-mondaine, pas du tout savante, un peu aigre, une critique de chien de boudoir, toujours jappant après les nouveau-venus, convenait cent fois mieux à cette nature de mécontent, et le natif d'Epernay s'y adonna sans mesure, étant romantique en littérature et ultra-réactionnaire en politique. Petits ou grands, très peu d'hommes du jour trouvaient grâce devant cet analyste viveur. Si les vers du dieu Ponsard lui faisaient l'effet d'être rances, la prose de Gustave Flaubert lui paraissait être sèche comme la merluche qu'on expose chez les épiciers. De George Sand il n'aimait rien, ni de Lamartine non plus. Ceux qui venaient à la suite lui semblaient à peine mériter une mention. Bref, la plume à la main, il prenait des airs de capitaine Fracasse, mais, en réalité, cet innocent massacreur n'a jamais tué personne. Les meilleurs articles qu'il ait publiés ont paru dans le *Moniteur Universel* et il les a réunis sous ce titre, passablement ambitieux : Les *Jugements nouveaux*. On sait qu'ils ne devaient produire que peu d'effet.

Mettre du noir sur du blanc n'a jamais été un métier bien lucratif, excepté pour cinq ou six écrivains par siècle, de ceux dont le vent du succès se plaît à gonfler la voile. Xavier Aubryet n'a jamais été de ceux-là. Il ne gagnait guère que de quoi pouvoir tirer le diable par la queue. Pourtant il aimait à bien vivre, à se vêtir suivant la mode, à s'attabler aux bons endroits et aussi, comme il le disait, « à cueillir des myrtes. » Sous-entendez à se laisser aller aux amours faciles. Or, pour adopter un tel train de vie, il lui fallait de l'argent, un billet de mille francs par mois, au bas mot, et ce subside, il le trouvait dans un expédient commercial. Sans déserter le journal, il s'était mis à placer des vins de Champagne pour le compte d'une des grandes maison de Reims, ce qui, vu ses idées d'artiste, était évidemment déroger. Quand on attirait son attention sur cette légère déchéance, il s'emportait en répliquant qu'il n'avait affaire pour ses placements qu'aux hôtels armoiriés du faubourg Saint-Germain ou bien aux palais d'ambassade du faubourg Saint-Honoré. La distinction ne laissait pas de faire sourire. Il avait beau faire, il avait beau dire : une chose certaine, il passait à l'état de Gaudissart. Un homme qui vend du diamant aux duchesses est-il bien autre qu'un homme qui vend de la verroterie aux filles du carrefour ? Cet ardent contempteur de la bourgeoisie était convaincu d'être un bourgeois.

Il ne sera que juste de dire qu'il aura été un très beau diseur, souvent fort agréable à entendre. Le monologue était son fort. Animé d'une verve toute picarde, doué d'une voix sonore, aisément vibrante, il s'emportait volontiers en couplets épigrammatiques et en amusantes prosopopées, surtout après boire. Mais, un peu comparable au rossignol des bois, il ne souffrait pas qu'on l'interrompît. Nul ne se complaisait plus que lui dans un long récitatif; nul ne s'est jamais écouté avec autant de plaisir. Ça été parfois un sujet de querelle avec H. de Villemessant, très grand parleur aussi ; et qui n'aimait point qu'on tînt trop longtemps « le crachoir, » autour de lui. Un soir, au perron de Tortoni, aux approches du 4 septembre, je l'ai entendu s'escrimer avec force, et non sans éloquence, sur ce triste produit de l'incubation parisienne qu'Auguste Barbier appelle « le pâle voyou » et que Victor Hugo a, depuis lors, surnommé « le Gavroche. » On faisait cercle pour l'entendre et jamais empressement ne fut mieux justifié.

— Voilà une chose étrange ! s'écriait-il en achevant une glace à la framboise. Toute la société française est haletante de peur et de colère à cause du gamin de Paris, un être bizarre appartenant à peine à l'anthropologie, une espèce de monstre. Qu'est-ce que ce sujet, s'il vous plaît ? D'où vient-il ? La statistique nous apprend, qu'en général, il résulte d'accouplements illégitimes entre la faim et la soif, de ces horribles rapprochements de concubins qu'on désigne sous le nom de collage. Regardez-le, conçu dans une nuit d'ivresse produite par le vin bleu, il est petit, efflanqué, maigre, jaune, rachitique, phtisique, avec des yeux luisants comme deux charbons, la bouche largement fendue, la dent de bonne heure mauvaise, le cheveu pauvre. On devine qu'il ne vivra pas de longues années, mais qu'i fera beaucoup de mal pendant ce peu de temps. Produit de la débauche ou du désœuvrement, il sera fatalement emporté par l'atavisme à être paresseux, gouailleur et plein d'envie. Comme il n'a pas eu de famille et, par conséquent, pas d'enfance, il n'a jamais bu la morale à aucune source sacrée. Dans la personne d'un prêtre, il ne voit que l'habit, et cette robe noire lui déplaît en ce qu'elle lui indique vaguement l'idée du devoir. On l'a envoyé aux écoles gratuites, mais il s'en est échappé pour aller jouer au bouchon sur les boulevards ou pour chipper des pommes et des poires aux Halles. Il ne sait guère que deux cents mots de la langue usuelle et, le plus souvent, il les mélange d'argot, vous savez, de cette horrible grammaire des maisons de filles ou des bagnes. Toutes les fois que le ciel de la politique devient noir, dès qu'il y a un peu de houle dans la rue, il apparaît le premier pour ameuter les masses; c'est lui, le premier, qui siffle les sergents de ville, insulte les voitures de luxe et casse les reverbères. S'il parvient à grouper une vingtaine de ses congénères, il leur donne le ton, non point pour chanter, mais pour hurler la *Marseillaise*, dont il n'a jamais su et dont il ne saura jamais que le premier couplet, et à grand'peine. Que l'émeute se forme, qu'on dresse des barricades, que la guerre civile s'engage, il devient ingénieux et féroce, regardant les soldats, de vrais paysans, de vrais Français, comme des ennemis dont il faut se défaire sur l'heure et sans pitié. Voulez-vous l'envisager ailleurs que dans les troubles civils ? Il est servile et bas, faisant la courbette devant les riches qu'il a en horreur, ouvrant la portière des voitures, chose qu'il trouve répréhensible chez les valets en livrée, et tout cela pour recevoir l'aumône d'un sou. Que ne travaille-t-il, ce nourrisson des théories socialistes dans lesquelles des sycophantes s'évertuent à mettre toujours le labeur en avant ? Travailler, c'est le vieux jeu ; cela ne se dit même plus ; on dit de nos jours, chez les Gavroches, *turbiner*. « — Je vais à mon *turbin* » et ils n'y vont qu'en grognant. Mais, lui, le gamin de Paris, il n'a pas d'état propre ; il exerce cent métiers qui n'en sont pas, des exercices de fainéant ; c'est lui qui se réjouit quand il voit un cheval glisser sur le pavé et rouler à terre, parce qu'en cherchant à le relever, il aura la pièce ronde ; c'est lui qui vole les chiens pour pouvoir les revendre ou pour obtenir « la récompense honnête. » Il dévalise aussi la devanture des marchands, la *Gazette dès Tribunaux* nous le raconte assez par le compte-rendu des procès en police correctionnelle. De quinze à dix-neuf ans, on l'envoie souvent dans une colonie pénitentiaire. Les moralistes assurent qu'il en revient encore plus mauvais qu'il n'y était entré. Toujours est-il qu'il ne sera jamais facile de faire de lui un citoyen. Considérez ce qui se passe et voyez de quelle influence il dispose au milieu de notre civilisation démâtée! Mon Dieu, oui, convenons-en, c'est pour lui, c'est pour cet excrément social que nos législateurs sont sans cesse sur les dents. Si maître Jules Favre, un maître rhéteur, un Isocrate, prononce à la tribune un discours embaumé de toutes les fleurs de l'art, c'est pour stipuler en faveur de cette gênante individualité. Napoléon III et Emile Ollivier, deux de nos beaux toqués, viennent de s'associer pour consacrer le droit de coalition chez les ouvriers, c'est-à-dire la grève. Les mêmes se proposent de rouvrir les réunions publiques où le peuple sera admis à discourir sur ses droits. Ne vous y trompez pas, c'est la résurrection des clubs. Nous verrons ce qui sortira de ce revenez-y : un branle-bas de tous les diables; le Napoléoncule y sombrera, et, nous aussi, peut-être nous serons emportés. Mais, qu'y faire? Depuis 1830, le gamin de Paris est le seigneur et maître de ce pays. Il faut aller au-devant des *desiderata* de cette Altesse du ruisseau. Inclinons-nous quand passe le Gavroche, le rejeton des profonds philosophes de l'Encyclopédie!

Cette longue tirade, Xavier Aubryet l'avait débitée tout d'une haleine et sans s'arrêter une seconde. Des quinze ou vingt auditeurs qui étaient assis autour de lui, prenant aussi des glaces, les trois quarts, épousant sa pensée, applaudissaient soit par des ricanements flatteurs, soit par des bravos; mais quelques autres protestaient avec vivacité. Sans doute le voyou est un être peu intéressant. Il ressemble à une tache étendue sur notre civilisation. A qui la faute, si ce n'est à une mauvaise organisation sociale? Dans la tourbe confuse des grandes villes, à Paris autant qu'à Londres, il y a des accouplements qui se forment sans la sanction de la loi et dont les produits deviennent une surcharge pour la société. Ces enfants chétifs font que vous avez charge d'âmes. Tant pis pour vous, s'ils tournent mal; c'est que vous n'aurez pas assez compris le principe de la solidarité. Puisque vous ne pouvez pas les supprimer, changez-les et changez-les en bien. Ils errent dans l'abandon : créez-leur une famille. Ils sont rongés par la crasse de l'ignorance : instruisez-les. Ils sont insoumis, tendus à la paresse, faits *à la gouâpe*, assujettissez-les à la discipline du travail, et, en fin d'un compte, d'un élément vicieux faites un corps sain; c'est autant votre devoir que votre intérêt.

Voilà ce que, pour mon compte, je répliquais au réquisitoire du critique; mais, lui, impatient et fougueux comme à l'ordinaire, n'entendait pas qu'on se permît de lui répondre autrement que par deux ou trois monosyllabes. En d'autres termes, il s'arrangeait pour n'être jamais que seul en scène. Je n'avais pas fini d'argumenter qu'il se redressait sur son tabouret comme une vipère sur sa queue et donnait à la causerie une autre tournure.

— Je vous vois venir, reprit-il : des réformes ! Oui, c'est le grand mot des Révolutionnaires, une panacée, l'onguent qui guérit toutes les brûlures. Moi, je vous réponds que c'est de la philosophie ou de la couillonnade en bouteilles, c'est-à-dire moins que rien. On ne réforme rien ni personne. Le Gavroche est incurable et indestructible, mais, dieu merci, il peut être transporté d'une résidence dans une autre. Eh bien, faisons-en un colon par force. En cela, ce sera imiter les Anglais. Qui nous empêche de pratiquer la presse ? Tous les cinq ans, une bonne râfle dans les faubourgs. On en enlève trois mille d'un coup de filet ; on dirige ce stock sur Marseille et de là sur notre Afrique. Le grand malheur : l'un des compartiments de l'Algérie étant attribué, en toute propriété, à ces jeunes chenapans qui ont plus de poux que de sous ! Une zone enchantée, un ciel bleu, de l'eau qui coule dans l'herbe, des orangers, des figuiers, des dattiers, des jujubiers et du gibier à bouche que veux-tu. Seulement une fois qu'ils seraient là, il ne s'agirait plus de jouer au bouchon ni de blaguer l'autorité : il faudrait retourner la terre, reboiser les cantons chauves, écraser les scorpions, arracher les palmiers-nains, dessécher les marais, tuer les chacals et, en un mot, rendre la région habitable. On ne deviendrait propriétaire d'un champ qu'après cinq années de cette vie active. Ainsi ça se passerait comme ça été, originairement, en Australie, cette heureuse contrée, qui, dans cent ans sera à la tête de la civilisation. Je le répète, c'est la seule chose qu'il y ait à faire ; mais faire la presse anglaise à Paris, enlever dans une rafle nos seigneurs les voyous, ce serait commettre un attentat contre la liberté individuelle ; maître Jules Favre tonnerait là-dessus pendant une heure et le gros Ernest Picard, une manière de Falstaff, lancerait à la tête de l'honorable M. Schneider une poignée de concetti, que le *Journal Officiel* propagerait, le lendemain à 20,000 exemplaires. Tous les songes roses de la bourgeoisie française en seraient dérangés, je veux dire rembrunis. En fin de compte, il n'y a donc qu'à subir le despotisme des Gavroches.

Revenons au souper du Mardi Gras, la nuit où nous mangions à six un faisan truffé.

Tout en vidant son assiette, l'un de nous fredonnait les vers d'Achille Ozanne, un poète d'élite.

Sur la chair blanche et rose,
(Exquise volupté !)
La truffe se repose,
Comme un grain de beauté.

Il n'en fallait pas plus pour que Xavier Aubryet sautât en l'air comme un bouchon de son champagne et s'emportât en un de ses monologues enfiévrés.

— Qu'on mange des truffes, puisqu'on a ce vilain goût, s'écrie-t-il, je le conçois ; qu'on les chante, c'est-ce que je ne comprends plus. Des vers sur cet indigeste tubercule ! Ah ! je sais ! c'était la mode chez les râcleurs de lyre, il y a quarante ans, mais on était fondé à espérer que cette mode ne reparaîtrait plus. Qu'est-ce que la truffe, d'abord ? Une maladie du chêne, une verrue, un bubon, quelque chose de hideux. Ce qu'il y a d'inexplicable, c'est que, pour la déterrer, on se donne autant de mal que pour trouver un filon d'or. Et l'on me demande pourquoi je la hais ? Pourquoi ? Parce que, cette excroissance est horrible à voir. Parce qu'elle est découverte par le nez des cochons, ces orpailleurs du Perigord. Parce qu'elle est le régal des grues de Mabille et des vieux diplomates qui ont besoin d'excitants. Parce qu'elle est pour les grands restaurants un prétexte à doubler le chiffre de leurs cartes. Parce que, malade en naissant, elle renferme un suc mêlé de venin et qui donne la mort !

Et, pour agir conformément aux principes qu'il venait de déduire, non-seulement il ne voulut pas qu'on lui en servît une seule, mais encore il se fit apporter quelque chose de tout opposé : une assiettée de choucroute et un pot de bière. — Pressé de rentrer chez lui, il se hâta d'en finir avec ce mince repas, nous donna à tous une poignée de main, salua et partit.

Pauvre Xavier Aubryet! Les bourgeois et même les Bohêmes qui l'entendaient émettre ses paradoxes étincelants, ses dires audacieux étalés avec une tranquillité superbe, s'enfuyaient à tire-d'ailes, en se voilant la face; mais les dialecticiens, les dilettanti, les amateurs de logomachie admiraient ce langage souple, ce brio nerveux, ces idées toujours opposées à celles du vulgaire. Incontestablement ce Picard, croisé de Champenois, n'était pas coulé dans le moule banal d'où sortent presque tous nos contemporains.

On ne doit pas chercher à le mettre sur un piédestal; il y serait mal à l'aise. De lui, peut-être, il restera quelques feuilles volantes, deux ou trois spirituelles boutades, mais que la postérité, cette déesse capricieuse comme la Fortune, a déjà éparpillées aux quatre vents. Ah! ce n'était pas ce qu'il supposait, car, il faut le dire, il avait une certaine tendance à se prendre pour le premier moutardier du pape. Sainte-Beuve étant mort en 1869, je ne sais plus quel flatteur de bas étage, après la lecture d'un de ses articles du *Moniteur Universel*, s'était mis à lui dire: « — Xavier, vous pouvez nous rendre « Sainte-Beuve. » Ce n'était sans doute qu'un de ces compliments qu'on prodigue sans y attacher aucune importance, mais il l'avait pris pour argent comptant. Il se donnait donc pour un Sainte-Beuve, 2me du nom.

Ce qui prouve que ce que je dis là est bien vrai, c'est que, dans l'espoir d'arriver au premier rang, il déchiquetait à belles dents ses émules de la critique. A côté de lui, au même *Moniteur*, se tenait Paul de Saint-Victor, dont le feuilleton était toujours remarqué et à bon droit. Ces douze colonnes d'une prose irréprochable pouvaient être comparées à un fleuve d'Amérique charriant sans cesse des perles, de l'or et des diamants. Xavier Aubryet souffrait impatiemment qu'on fît en sa présence l'éloge de pages qui étaient plus une œuvre d'imagination qu'un examen sérieux, une analyse.

— Qu'est-ce qu'on demande à Saint-Victor ? disait-il. Un travail de dissection. Drame ou comédie, il aurait à prendre la pièce d'hier au soir et à la dépecer, scène par scène, afin de nous faire voir quelle en est l'âme et sur quels nerfs, c'est-à-dire sur quels ressorts d'acier ou de caoutchouc elle se meut. Eh bien, pas du tout ; l'opérateur se dérobe. Il lui parait plus conforme à sa mission d'étudier les décors, de nous dire si l'actrice qui joue est brune ou blonde, et de nous dire en quoi sont faites, au juste, les robes de ces dames. Accessoirement il s'étend avec complaisance sur leurs colliers, sur leurs bracelets et sur leurs bagues. Une fois là, il fait de la bijouterie comme pas un. En résumé, ce grand feuilletonniste n'est qu'un *nielleur*.

Très peu de temps après la chute de l'empire,

Xavier Aubryet a commencé à ressentir les premières atteintes de l'horrible mal auquel il devait succomber. J'ai dit que c'était l'ataxie locomotrice. Couché sur le flanc, pelotonné sur lui-même, endurant mille morts en un seul jour, il avait fini par n'avoir plus forme humaine. Quelques amis, se dévouant jusqu'à la dernière heure, entouraient son chevet et l'ont aidé ainsi à traverser cinq années d'une indescriptible souffrance. De sa personne il n'était resté que la tête d'intacte ; l'œil était toujours vif, la langue toujours prompte à la riposte. Il causait donc encore, mais il ne pouvait plus pérorer que sur le passé. Le jour où il a exhalé le dernier souffle, le médecin des morts ne s'est plus trouvé qu'en face d'un tronc informe, profondément contaminé par le passage de la douleur et, pour l'ensevelir, il a fallu faire une bière d'une structure inusitée. On l'a inhumé au Mont-Parnasse.

Après cette agonie de tant d'années, il eût fallu pour ce sybarite de Paris d'autres funérailles ; le feu des obsèques antiques aurait dû être employé pour écarter plus complétement le souvenir des déformations causées par le mal. Les anciens aimaient la vie, et suivaient la mort sans terreur et sans dégoût ; c'est qu'ils ne voulaient pas voir le squelette ni les ossements épars ; ils brûlaient le corps ; il en recueillaient les cendres dans une urne d'albâtre, et ceux qu'ils avaient perdu conservaient pour eux la forme qu'ils avaient revêtue sur la terre.

Aurélien Scholl, intrépide amateur de dominos, nous amena, un soir d'hiver, un jeune avocat dont le nom commençait à faire quelque bruit au Palais de Justice. Ce n'était autre que Clément Laurier, le futur secrétaire général du gouvernement de la Défense nationale, à Tours. En lui, je retrouvai bien vite les traits un peu aigus d'un Berrichon de l'Indre. Qu'on imagine un homme de trente-cinq ans, plus long que grand. Sur un buste assez mince, mais très droit, il portait une tête incorrecte dans laquelle il y avait très visiblement du renard. C'est dire que la finesse, l'esprit et l'astuce y éclataient d'un bout du visage à l'autre bout. Si le front, large et bombé, disait l'intelligence du sujet, la double étincelle qui sortait des yeux faisait comprendre la rapidité de ses conceptions. La bouche était armée pour le sarcasme. Quand il parlait, quand il voulait se dépenser en ironie ou en épigrammes, il paraissait en sortir toute une volée de guêpes.

Clément Laurier avait le menton pointu et fuyant. Suivant la science Lavatérienne, c'est un indice qu'on n'a pas de volonté et qu'on manquera de caractère.

Sur la fin de l'empire, vu ses succès au barreau et dans les affaires, le jeune avocat, décidément lancé, prenait de plus en plus la posture d'un personnage. Camarade de Gambetta, dont il avait, le premier, deviné le talent et entrevu le grand avenir, il était devenu le centre de dix ou douze jeunes politiciens, tribuns et journalistes, qui, plus d'une fois, eurent à voir en lui un Mécène, on dirait de nos jours un bâilleur de fond. Il avait l'esprit railleur d'un satiriste, d'accord, mais, autour de lui, au Palais et dans la presse, un mot circulait, sans être jamais touché du moindre démenti.

— Messieurs, Clément Laurier est un cœur d'or.

Traduction libre, cela signifiait qu'il avait toujours la bourse et la main ouvertes. Ayant fait une rapide fortune, à propos de je ne sais quelle opération financière organisée à Constantinople, il prenait plaisir à voir la vie en rose et s'arrangeait surtout pour qu'aucun de ses amis n'eût à endurer de trop rudes privations. Sous ce rapport-là, on cite de lui des traits d'une délicatesse exquise. Le fait est qu'il donnait avec la même prodigalité son temps, sa parole et ses conseils. Chez Bignon, sur les boulevards, il avait souvent à ses frais une tablée de quinze convives, tous friands du Moët.

C'était se donner des allures de grand seigneur.

Si, en fait de gaieté, il n'avait pas la rondeur aimable de Labiche, il pouvait user à l'aise de l'esprit de repartie si fameux chez Chamfort. Ces aptitudes l'avaient rendu redoutable au Palais, où il était déjà regardé comme le successeur présomptif de Léon Duval, le sarcasme fait homme. Dans le monde, on ne le craignait pas moins. Né dans une province essentiellement littéraire, celle qui a vu naître, entr'autres beaux génies, George Sand et H. de Latouche, il ne s'arrêtait pas à l'art de bien dire ; il écrivait aussi des articles de journaux ; il faisait aussi des vers et il en a laissé un recueil de fort jolis, tous conçus dans un sens fort moderne.

Etait-il républicain ? Oui, pour commencer. La suite des temps a fait voir que ses opinions radicales n'avaient été qu'une fantaisie passagère et sans doute la conséquence d'un entraînement. Dans le fond des choses, Clément Laurier, mettant l'esprit au-dessus de tout, n'était et ne pouvait être qu'un sceptique. Sur la fin de l'empire, la mode exigeait d'ailleurs qu'un homme de distinction fît la guerre à un gouvernement d'aventuriers, tous opposés à l'expansion de la pensée. On n'a pas oublié que les hommes les plus hostiles au système napoléonien se trouvaient surtout à l'Académie française et au Palais. C'était ainsi qu'il s'était jeté à corps perdu dans l'extrême gauche et cela jusqu'à devenir l'avocat de Victor Noir contre Pierre Bonaparte.

Un peu plus tard, lorsque la troisième république a été proclamée, à la suite de la lamentable journée de Sedan, comme Gambetta, député de Paris, faisait partie du gouvernement de la Défense et qu'il s'en allait organiser une annexe à Tours, Clément Laurier l'y suivit, en continuant d'être son *alter ego*. Tous deux mirent vaillamment en commun leurs efforts pour empêcher cet effondrement de la patrie française que l'impéritie de l'empereur, la trahison de Bazaine et la folle imprévoyance de la nation entière avaient rendu inévitable. On se rappelle l'emprunt Morgan. Un moment la mauvaise foi des réactionnaires a cherché à faire planer à ce sujet des soupçons de péculat sur l'un et sur l'autre des deux amis. Après enquête, il a été reconnu, haut la main, que le côté droit avait usé de calomnie envers le côté gauche.

— Il paraît, décidément, que Gambetta et moi nous ne sommes pas des voleurs.

Comment et pourquoi Clément Laurier s'est-il brusquement converti à la monarchie constitutionnelle, en déclarant, sans pose, à Versailles, qu'il voterait à l'avenir dans l'intérêt des d'Orléans? C'est là une question à laquelle il ne serait pas facile de répondre. On l'a résolue, cette question, de trois ou quatre manières, et, ainsi que cela ne manque jamais d'arriver en pareille circonstance, on s'est jeté tour à tour dans les *on dit* et dans les contes bleus. Premier point, des compagnons d'enfance, les meilleurs camarades du petit avocat du Blanc, ont raconté que, dans son avril, alors qu'il n'avait pas encore fait la remontre de Gambetta au Pays Latin, il se disait orléaniste. Dès lors, cette acclamation des princes à l'Assemblée Nationale n'aurait été que le retour à un premier vomissement, ou, si le mot vous blesse, une recurrence d'opinion. D'autres, mettant en leurs commentaires plus de malice, ont cherché à découvrir dans cette soudaine conversion, la révolte un peu tardive mais très accentuée d'un mari se repentant d'avoir trop aidé à la fortune du bouillant tribun, son bras droit, pas assez respectueux de l'alcôve d'autrui. Il y a une autre interprétation qui me semble, à moi, infiniment plus plausible, vu l'esprit mobile et les idées excentriques du personnage. Ce brusque revirement aurait été la suite d'un très vif amour pour la fantaisie. Il faut avoir vu l'avocat de Victor Noir jouer aux dominos au café de Robespierre, il faut l'avoir entendu s'épancher, à côté d'Aurélien Scholl, dans des monologues à la manière d'Henri Monnier, il faut savoir qu'il tenait grandement à être pris par nous autre pour un habile faiseur de petits vers après boire, il faut tout cela pour comprendre le sens de sa soudaine évolution sur la pente royaliste que nous venons d'indiquer.

Au surplus, dès qu'il était devenu riche, il s'était jeté dans les mœurs du jour et, en portant ses lèvres à la coupe des financiers, toujours pleine de mousse d'Aï, il y avait bu le sophisme à longs traits. Très peu porté à la crédulité au milieu d'une société où tout change sans cesse du soir au matin et du matin au soir, le secrétaire général de la délégation de Tours, après le territoire purgé de la présence des Prussiens, ne faisait, d'ailleurs, aucune difficulté de se laisser aller à des accès de gaminerie politique ; seulement, en sybarite qni n'aime point les plis de feuille rose à son oreiller, il désirait que ce petit scandale fît le moins de bruit possible. Et puis, pourquoi donc n'en pas convenir, poète et causeur de salon, habitué à vivre avec des délicats et à se frotter, tous les jours, à l'élite des boulevardiers, la grossièreté des démagogues le brusquait autant que leurs idées, si souvent saugrenues lui répugnaient. On s'était affranchi du despotisme napoléonien ; fallait-il accepter la tyrannie de ces ânes rouges, tristes célébrités de la Commune ou de la salle Favié ? La rusticité vraie ou jouée des intransigeants, leur pose hypocrite touchant la sévérité des mœurs, leur grammaire toute panachée d'argot choquaient au plus haut point ce Berrichon, ami du luxe et des belles manières. Que de fois ne s'est-il pas élancé dans de violents accès de raillerie à la vue des ridicules copistes de Marat et d'Hébert ! Il passait presque toutes ses soirées à faire des épigrammes sur les radicaux.

Puisque nous en sommes au fait qu'on a appelé son apostasie, on trouvera tout simple que nous rappelions ici un de ses mots les plus piquants et, si vous le voulez, le plus cynique, peut-être. Elu par le Var en qualité de républicain, il venait donc de se révéler tout à coup comme partisan de la monarchie constitutionnelle, faisant volontiers le premier pas pour se rapprocher des princes. A cette nouvelle, qui les avait fait sortir des gonds, des électeurs de son arrondissement étaient accourus du fond du Midi afin de le redresser. Notons que ces zélés étaient les mêmes, qui, naguère, avaient envoyé, au Corps Législatif, M. Emile Ollivier, aussi républicain de la veille, mais, le lendemain, ministre de Napoléon III.

— Citoyen, disaient-ils, nous avions cru à l'intégrité de son républicanisme comme nous avons ajouté foi à la sincérité du vôtre.

— Eh bien, Messieurs, répliqua-t-il vivement en relevant sa tête de renard, Ollivier et Laurier désertant, ça prouve que vous n'avez décidément pas de chance avec les arbustes.

Encore une fois, le mot est piquant sans doute, mais on y trouve la même allure que dans les mots de Fouché, le duc d'Otronte, et que, dans les saillies de Talleyrand, prince de Bénévent, ces deux hommes de la première Révolution qui étaient passés maîtres dans l'art de retourner leurs casaques et qui s'en faisaient gloire.

Le soir où Aurélien Scholl nous l'avait amené, ainsi que je l'ai dit plus haut, Clément Laurier, tout en mâchonnant un cigare et en vidant une chope, jouait aux dominos, mais en maître. De temps en temps, dans l'entr'acte de la partie, il affutait ses mots. A Pipe-en-bois, assis tout près de lui, il envoyait de vives reparties qui, par moments, déconcertaient tout à coup l'ancien élève de l'école polytechnique. Comme ce dernier lui demandait de quelle manière il classait les républicains du jour, le railleur lui répondit :

— Mon cher, il y a deux catégories. Il y a ceux qui croient que Louis XIV était « un muffle, » et ceux qui ne le croient pas. Je suis de la seconde, et la seconde me fera, quelque jour, retourner ma veste.

En ce qui concerne ses vers, il n'y a pas grand'-chose à dire, si ce n'est qu'on les a fait paraître après sa mort. Lui vivant, ils ne pouvaient être connus que d'un petit nombre d'amis, car très bon cheval de trompette pour tout le reste, c'est-à-dire craignant peu le bruit, la contradiction ou la moquerie, il redoutait au plus haut point le persifflage à propos de ses essais poétiques. S'il se fût entendu traiter de grimaud en public ou, s'il eût pu lire dans la dernière des feuilles de chou qu'il n'y avait en lui qu'un bâtard ou qu'un avorton de la Muse, il en aurait fait une maladie. On suppose bien qu'il avait commencé à rimer dans le Berry à l'époque où il faisait ses classes.

— Pardieu, disait-il plaisamment, sous forme d'excuse, j'ai fait des vers à seize ans, en rhétorique, comme on joue au soldat, à sept ans, lorsqu'on décline *Rosa*, la rose.

Des vers, il en avait un plein tiroir, chez lui, de toute dimension et de toutes les couleurs ; il en avait apporté du fond de sa province comme un Brésilien apporterait de son pays des diamants en grume, mais ce n'est qu'à Paris qu'il a osé faire imprimer ses premières inspirations. Notons qu'il s'est d'abord posé en Juvénal. En ce temps-là, l'orgie des affaires véreuses battait son plein. Une satire d'un ton assez vif, intitulée l'*Argent*, dirigée contre les Juifs, écumeurs de la Bourse, a paru en plaquette, sous son nom. Ce poème était violent, mais peu neuf. Il a passé inaperçu.

Plus tard, Clément Laurier, devenant d'avocat homme de finance, était le premier à hausser les épaules de pitié au souvenir de cette brochure enfantine qui n'a été et qui ne pouvait être qu'un coup d'épée dans l'eau. Un plus sérieux examen des choses et le besoin de devenir capitaliste en peu de temps lui faisaient comprendre que ses couplets satiriques n'étaient qu'un accès de vertu pour rire. Si Paris moderne a encore une grande figure, n'est-ce pas parce que, depuis quarante ans, il est le marché de l'argent ? Et n'est-ce pas tant mieux qu'il y ait des dupés et des dupeurs, puisque, malgré toutes les objurgations des philosophes, on s'obstine à jouer en Bourse ?

— Étais-je assez naïf ! disait-il en s'adressant à Adolphe Goüfte. Voyez-vous un fils d'huissier, arrivant en wagon du fond du Berri pour lancer deux cents alexandrins poussifs contre l'argent, ce ciment de la civilisation !

Vite acclimaté à l'air de la grande ville, il baissa de ton et mit son luth ou sa guitare, comme on voudra, sur des thèmes plus aimables. Il va sans dire que tout cela n'allait pas sans la prosodie moderne, celle des Romantiques mitigée par celle des Parnassiens. Autrement dit, il évoluait de Victor Hugo à François Coppée. Là-dedans il chantait l'amour, je veux dire le Cupidon à col cassé du pays Bréda, les soupers d'hiver, le baccara, Mabille, la vie de la Gomme. Au fond, vous le voyez, ça ne ressemblait pas mal à ce qu'on trouve dans les soixante-cinq volumes de l'*Almanach des Muses*. C'était le même poisson, accommodé à la sauce à la bordelaise.

A la fin, ces stances sautillantes s'étaient accumulées en assez grande quantité et avaient de quoi former un volume. Petit in-18 d'amateur. Et précisément cette qualification de simple dilettante était ce que Clément Laurier ne voulait pas qu'on lui appliquât. Il entendait qu'on fît de lui un auteur réel, figurant sur les catalogues de la librairie et vendant ses œuvres au public comme ceux qui en vivent. Bien mieux, la secrète ambition de ce rapsode par à peu près était d'avoir un peu la figure auréolée que l'histoire de l'art et la critique prêtaient déjà à l'auteur de *Mardoche*.

— Ah ! si je pouvais tenir le rang même de cousin d'Alfred de Musset !

Tel était le cri, à demi étouffé par le doute, qu'il faisait entendre de temps en temps au milieu de ses intimes. Ses vers couronnés, à lui, avocat, si plaisant à entendre dans une plaidoirie, c'était l'équivalent des dessins à la plume pour Victor Hugo et des soli de violon pour le père Ingres. Il rêvait ainsi d'une chimérique branche de laurier, soit dit sans jeu de mots. Mais au moment où il faisait ce songe, la mort l'a saisi subitement à la gorge et l'a étouffé. Pour notre Paris si oublieux, l'évènement a été tout au plus le sujet d'une nécrologie de cinq lignes. D'ordinaire il avait à sa table une trentaine d'amis et il en avait obligé trente autres en leur ouvrant largement sa bourse. A la messe du bout de l'an, à l'église Notre-Dame-de-Lorette, ils n'étaient plus que seize.

En guise d'échantillons, voici quelques vers de lui ; c'est extrait d'une pièce intitulée : *les Merles.*

Un jour je fus épouvanté :
Le buisson n'avait pas chanté,
Plus de poète érotique !
Où trouver la voix
D'autrefois ?
Comme on était en République,
Je crus qu'il s'était compromis.
Les merles sont nos amis.

Mais non, le tendre ménestrel,
Esclave d'un enfant cruel,
  Gémissait dans une cage,
    Pauvre chansonnier,
      Prisonnier,
Privé d'amour et de feuillage,
Il ne chantait plus ! J'en frémis.
  Les merles sont nos amis.

Railleur jusqu'à l'impossible, il avait jeté sur le papier des notes propres à l'aider dans la conception d'une comédie politique, sous ce titre : *La Girouette.*

VI

À propos de la Société des gens de lettres. — On ne doit plus être pauvre ni mourir à l'hôpital. — Un souvenir de 1855. — Une fantaisie de Mécène. — Le docteur Louis Véron. — Gloriole d'un parvenu. — Médecin des Musées. — Directeur de l'Opéra. — 10,000 francs pour les blessés de Juillet. — Le Bourgeois de Paris. — Une orgie. — Rohain. — Fausse noce. — Le *Furet*. — Un duel. — Roger de Beauvoir, Henri V et les écrouelles. — Auguste Lireux. — Thiers. — Les Commensaux. — Un prix. — Le Conservatoire de magique. — Roger, de l'Opéra. — Un mot de Gustave Courbet. — Louis Lurine. — Un discours. — Quelques allusions. — M. Prosper Mérimée. — Deux grands noms acclamés. — Mal noté. — Mme Marie Cabel. — Vers de Philoxène Boyer. — Mme Plessis. — Arnauld. — Une assemblée générale de la Société des gens de lettres. — Le foyer du Vaudeville. — Ce qu'en a dit le *Figaro*. — Le docteur, L. Véron, conspué. — Une épitaphe à faire.

En ces dernières années, la Société des gens de lettres a fait grandement parler d'elle. Cela vient de ce qu'elle a cessé d'être une pauvresse. Enrichie tout à coup par des legs et par une loterie, elle a pris des allures de millionnaire. Après avoir quitté le quatrième étage de la rue Geoffroy-Marie, elle s'est installée, non sans un certain apparat, dans la Chaussée-d'Antin, ce quartier des gens *qui ont le sac*, comme on dit de nos jours sur les boulevards. Ceux qui tiennent pour le vieux jeu, je veux dire pour la mansarde de Denis Diderot et pour la misère de Chatterton, s'indignent au spectacle de ce luxe ; mais, reconnaissons-le, ce n'est plus là que le petit nombre. L'esprit du siècle nous a tous touchés, plus ou moins. En 1888, les artistes de l'écritoire aiment le confortable, et ils ne font aucune difficulté d'en convenir. Même chez les Parnassiens qui marchent à la suite de François Coppée, on rit de la théorie surannée en vertu de laquelle il n'y a de génie que pour les meurt-de-faim. L'ombre plaintive d'Hégésippe Moreau n'excite plus qu'un reste de pitié muette. On se dit que Virgile avait un domaine à lui dans le Mantouan ; on se rappelle qu'Horace buvait des vins fins, à Tibur, entre les murs d'une belle villa qui lui appartenait ; et, de ces faits, on tire cette conclusion, que tous deux, l'épique et le lyrique, n'en ont pas moins fait des vers qui ne mourront jamais. Sans remonter si haut, on exhume un souvenir d'hier, celui du chantre de *Mardoche*. Il fallait à Alfred de Musset 1,000 francs par mois, douze fois ce que Malfillâtre demandait par an, et, sans ce billet de banque, nous n'aurions probablement ni les *Nuits* ni les *Caprices de Marianne*.

Mais, ainsi que je le disais tout à l'heure, la Société des gens de lettres n'a pas toujours roulé sur l'or. Ce n'est un mystère pour personne qu'elle a commencé sans un sou en caisse. En raison des secousses politiques qui ont ébranlé le sol de Paris, elle a été deux fois sur le point de se dissoudre. La Révolution de Février et les Journées de Juin l'avaient presque réduite à la besace. A la fin de 1851, à l'époque du 2 Décembre, la source de ses revenus s'était tarie, puisqu'un décret de Louis Bonaparte supprimait, d'un trait de plume, trois cents journaux, tant à Paris que dans les départements. Ajoutons qu'une trentaine de ses membres étaient envoyés en exil, Victor Hugo en tête.

Un matin, en 1855, la situation étant plate de plus en plus, on eut peur de trop de silence, et l'on se prit à dire qu'il fallait revenir aux lettres. D'abord, ça amuserait les masses, et, en second lieu, ce serait un moyen de réagir contre l'orgie des affaires véreuses dont la Bourse était le théâtre. D'ailleurs, puisque le victorieux d'alors jouait au neveu de César, la raison historique lui imposait le devoir de ressembler à Auguste le plus possible. — « Il y a « deux morales, s'écriait M. Désiré Nisard au Collège « de France: la grande et la petite. » — « Sire, on « peut étrangler la liberté de la presse et protéger « sous main l'art d'écrire, » disait de son côté M. de Morny, le frère adultérin, le même qui s'exerçait déjà à faire des opérettes que Jacques Offenbach mettrait en musique. Au nouvel empereur, on rappelait aussi les premières traditions de la cour impériale. Le lendemain du sacre, Napoléon Ier avait tendu à Baour-Lormian, son poète favori, une tabatière en argent pleine de pièces d'or. Noble et touchant exemple à suivre !

Ce fut afin de seconder ce mouvement qu'un des favoris du jour imagina l'idée enfantine d'un concours entre gens de lettres.

On me permettra d'introduire ici une parenthèse en l'honneur du Dr Louis Véron. Lui-même s'est donné, dans ses *Mémoires*, le titre de « Bourgeois de Paris, » et quelques biographes se sont appliqués à ne voir en sa personne qu'un tome second de M. Jourdain. Entre nous, ce ne serait pas assez dire. Ce gros homme a été quelque chose de plus. Si elle analysait ce parvenu, la micrographie n'aurait pas de peine à signaler en lui le Glorieux tel que l'ont fait les temps modernes.

Au commencement du second Empire, le docteur touchait à la soixantaine. De haute taille, portant au-devant de lui l'abdomen arrondi des frélons, il était surtout visé par l'observateur, pour les airs pleins de cette naïve impertinence que portent en eux ceux qu'accompagne toujours le succès. Par malheur, le haut contentement qu'il professait pour lui-même était forcément corrigé par l'aspect de son cou, frappé de scrofule, circonstance qui lui faisait une loi de porter toujours, en dépit des changements de la mode, la haute et monumentale cravate blanche du Directoire. Il faut bien insister sur cet appendice de sa toilette, puisque cette cravate si fameuse avait fini par devenir une des curiosités de Paris. Mais, après tout, le reste de l'habillement ne cessant jamais d'être d'une scrupuleuse correction et le nouveau millionnaire portant très haut la tête, il ne se défendait pas de faire le viveur et même le bon compagnon. Ces écrouelles, maculature si repoussante, ne l'ont point empêché d'arriver à la réputation, aux honneurs et à la fortune. A la vérité, il mêlait à beaucoup d'activité un esprit d'une souplesse que rien n'aurait été de force à rebuter. Sous les Bourbons de la branche aînée, c'est-à-dire à l'époque où il faisait son entrée dans le monde, flairant l'air d'alors, il posait en royaliste, portait à sa boutonnière l'ordre du Lys et se faisait attribuer une sinécure dont les humoristes se sont longtemps amusés. Sur la présentation de M. Corbière, Louis XVIII l'avait nommé médecin des musées royaux, » ce qui, disait Alphonse Rabbe, le mettait à même de tâter le pouls aux statues. »

Vint la Révolution de Juillet. Il fut l'un des premiers à souscrire pour les combattants des barricades. Vous voyez qu'on commençait à être loin de l'ordre du Lys... Juillet ! Il adora cet autre soleil levant, et Louis-Philippe le nomma directeur de l'Opéra. Grande situation pour un voluptueux doublé d'un manieur d'argent ! Là, il fut un homme heureux. Le sort lui amena tour à tour *Robert le Diable, la Juive, la Révolte au sérail*, trois mines d'or. Il put donc faire ses orges, comme on dit. Réunissant alors le grand lucre du théâtre aux produits d'une pâte béchique contre la toux, dont il avait acheté la formule à un pauvre diable, il se réveilla, un matin, à l'état de millionnaire. Millionnaire, voilà cinquante ans, c'était encore une chose peu commune. Ayant cent mille francs de rente, il posa en Dioclétien, et il abdiqua, en étonnant Paris par sa sage modération. Mais planter des choux, vivre à l'ombre et sans bruit ne pouvant pas suffire à son bonheur, il céda au besoin de rentrer dans le mouvement. Ce fut alors qu'il acheta le *Constitutionnel*, vieux journal libérâtre qui mourait d'anémie. En homme habile, il parvint à faire renaître cet antique carré de papier en infusant dans ses veines les romans socialistes d'Eugène Süe. Sur ces entrefaites, arriva le 24 Février, orage qu'il n'attendait guère. Dans le premier moment, tous les monarchistes étaient saisis d'épouvante. Quant à lui, loin de perdre la carte, il reprenait ses pratiques de 1830, et envoyait 10.000 francs pour acheter de la charpie aux blessés de la Révolution nouvelle. On sait que l'établissement républicain dura peu à cause du sang des Journées de Juin. L'élection du 10 décembre mit vite Louis-Napoléon en relief. C'était de ce côté que soufflait le vent ; il y alla. On refit l'Empire. Il y travailla, se fit élire député de Sceaux, et siégea, en qualité d'ami de la première heure, au Corps législatif, cette Chambre qui, dans l'origine, n'était qu'une assemblée de muets.

Telle était la situation en 1855, lorsqu'on s'arrêta au beau projet de faire quelque chose pour s'attirer l'adhésion des gens de presse. Le lecteur peut bien comprendre que l'opinion publique, surexcitée d'ailleurs par un état-major d'esprit d'élites, ne se sentait pas disposée à applaudir aux suggestions du Bourgeois de Paris. L'Académie française marchait à la tête de l'opposition littéraire la plus décidée, d'abord, et ensuite on ne pouvaient accepter pour protagoniste le député de Sceaux. Il circulait, en effet, dans l'air plus d'une légende sur la vie, sur les prouesses domestiques du personnage, et ces *on-dit*, rassemblés en faisceau, ne pouvait faire de lui qu'une figure odieuse ou grotesque. Ainsi, les échos racontaient que, vers les premiers temps de sa direction à l'Opéra, étant vite devenu riche, il s'était mis à singer les roués. Par exemple, à la suite d'un étrange compromis avec le mari, il aurait alors soufflé à H. Bohain, le boiteux, sa jeune femme, très belle personne blonde et rose, et, par un raffinement de cynisme, le premier soir du rapprochement, s'évertuant à simuler des noces, il aurait fait costumer cette belle maîtresse en mariée, avec la robe immaculée des vierges et la couronne de fleurs d'oranger. Pour donner plus de force à ses illusions d'épouseur, il l'avait installée ensuite, dans cet accoutrement d'emprunt, à une table délicatement servie et qu'entouraient dix convives de son choix, l'élite des beaux esprits et des libertins d'alors. Une autre fantaisie du même genre a défrayé aussi les chroniques du règne de Louis-Philippe. On sait que, dans le festin de Trimalcyon, afin de pousser ses invités à bien jouir de la vie, le maître de la maison fait d'abord servir sous leurs yeux un squelette en argent. Le Dr Louis Véron a fait mieux. A cette époque, où il était le souverain incontesté des coulisses, ce sultan de l'Académie royale de musique avait fait choix d'une très jeune et très jolie fille du corps de ballet. Cette belle esclave, on l'avait mise nue, sans gaze, comme un ver et étendue sur un long plat d'argent. Cette fois-ci encore, les dix convives, si bien triés sur le volet, étant assis autour d'une table en fer à cheval, le docteur avait fait un signe de la main, et un maître-queux de forte corpulence avait apporté la nymphe, qui s'était montrée alors entre des branches de persil et de cresson, absolument comme s'il se fût agi d'un bar ou d'un cabillot. Il va sans dire que de si belles audaces ne pouvaient avoir que beaucoup de succès auprès des viveurs du temps, sceptiques réputés charmants parce qu'ils se flattaient de ne croire à rien, surtout en fait de morale : mais les Catons, et il en restait encore quelques-uns dans l'école républicaine, n'avaient pas manqué de protester en montrant au doigt le satrape de l'Opéra.

Conséquence inévitable : à la suite de ces plaintes de la vertu indignée étaient venues les épigrammes. Nous savons que Paris n'épargne jamais les brocards à ceux qui ont le bonheur insolent. En 1834, M. Charles Romey, le futur auteur de l'*Histoire d'Espagne*, alors directeur d'un petit journal de théâtre intitulé *le Furet*, avait persiflé le docteur, puis il s'était battu en duel avec lui. Benjamin, un jeune caricaturiste, mort trop tôt, s'était emparé de la tête du gros jouisseur, et, bouleversant à dessein l'ordre anatomique de son individu, il avait placé le... derrière sur les épaules et la tête en bas des reins, manœuvre originale dont la galerie s'était beaucoup amusée. Un autre jour, en été, en prenant des glaces à Tortoni, l'ancien directeur de l'Opéra, vers 1849, faisant l'homme d'importance, racontait avec emphase qu'au cours d'un voyage en Allemagne, il avait poussé jusqu'au château de Frohsdorff, résidence des Bourbons proscrits. Là, il avait eu une audience et aussi une poignée de main d'Henri V. Roger de Beauvoir, présent à ce récit, l'interrompit brusquement. — « Comment ! s'écria

« le plaisantin en montrant ironiquement les « écrouelles du conteur, le roi vous a reçu ? Le roi « vous a touché?... Eh bien ! en ce cas, vous êtes « guéri !... » La moquerie était cruelle. — Il y en eut d'autres. Auguste Lireux en remplit les colonnes du *Charivari*. Dans les mêmes temps, lorsque la réunion de la rue de Poitiers préparait ses petites brochures réactionnaires, destinées à médicamenter l'esprit des villes et des campagnes, comme les royalistes, toujours fort *liardeurs*, ne voulaient pas dénouer les cordons de leurs bourses, M. Thiers, qui était dans l'affaire, leur indiquait le coffre-fort du docteur. — « M. Véron, disait-il, eh ! c'est le *père aux écus !* » Et le mot, ayant des ailes, faisait le tour de Paris au milieu des éclats de rire de la foule.

Tout cela et vingt épisodes encore avaient fait au gros homme une popularité étrange et pour ainsi dire macaronique. Très certainement, on ne tenait pas le millionnaire pour un sot ; en mainte occasion, il s'était révélé en habile compère. Comment et pourquoi donc donnait-il si bien prise à la satire, à la caricature, à l'épigramme et, en définitive, au mépris public ? Tant d'excentricités culinaires et érotiques, tant de hardiesses, qui eussent peut-être été fort applaudies sous la Régence et du temps de Barras, détonnaient désormais, vu l'infirmité et la décrépitude sénile du galant, et finissaient par provoquer chez les auditeurs une sorte de frisson qui n'avait rien de l'enthousiasme, au contraire. Pourtant, dix ou douze hommes d'esprit patentés, des membres de l'Institut, des députés, des écrivains, des artistes, gastronomes nullement bégueules, les derniers représentants de la vieille espèce des parasites, narguant le qu'en-dira-t-on, ne redoutaient pas d'assister à ses dîners. Ah ! ces dîners du docteur !... Une vieille servante, Sophie, son cordon-bleu, en faisait, paraît-il, des chefs-d'œuvre ; c'était, du moins, ce que proclamèrent Nestor Roqueplan, Prosper Mérimée, Arsène Houssaye, le Dr Ricord et aussi Sainte-Beuve, cet étrange Joseph Delorme, qui écrivait si bien en papelard et qui vivait, même usé par l'âge, en malandrin fieffé. Je ne citerai pas d'autres noms, ce serait trop nous attarder. Je ne m'arrêterai pas non plus à narrer les amours mercenaires du vieux Mondor avec Rachel, car la grande tragédienne, hélas ! a appartenu plus d'une fois à ce bizarre triomphateur ; non, j'ai hâte de fermer cette parenthèse, et d'arriver sans plus de préambule à la conception du député de Sceaux.

En 1855, donc, sur la fin de l'hiver, on vint nous apprendre que, dans le désir de relever la tonique en matière de littérature, le docteur L. Véron s'érigeait maintenant en Mécène, et tirait de ses coffres dix billets de 1,000 francs afin d'encourager les pauvres diables vivant ou plutôt mourant de leur plume. Naturellement, il y eut un chœur de complaisants pour applaudir à la noble pensée de ce médecin de la pâte bachique ; mais, je m'empresse de le dire, les gens de cœur et les gros bataillons de l'armée littéraire haussèrent les épaules avec dédain. On n'avait pas mis grand temps, vous le devinez bien, à discerner les motifs de cette philanthropie d'un homme qui, trente ans durant, n'avait travaillé que pour son ventre et pour les sept péchés capitaux qui y étaient enfermés. D'abord, il cherchait à donner de l'éclat au régime napoléonien, expédient que les gens de presse ne pouvaient aimer et que presque tous avaient à bon droit en horreur. En second lieu, nous nous disions que, se voyant vieillir, il s'étudiait à imiter feu M. de Monthyon en créant l'équivalent des prix de vertu. Le diable se faisait ermite.

Il me reste à noter que, cédant à un mouvement de pudeur dont aucun littérateur n'était dupe, ce protecteur de notre métier stipulait qu'on ne le nommerait pas en toutes lettres. S'il donnait les fameux 10,000 francs à la prose et aux vers, c'était évangéliquement, en ne se présentant que comme un Anonyme. La belle comédie ! La jolie ruse, cousue de fil blanc, et comme ce jeu était bien fait pour capter les cœurs !

Au fond, ce n'était que fort peu de chose, on en conviendra, que cette sportule de 10.000 francs.

Que de bruit on a fait dans Landerneau pour ce don si mesquin ! Et ajoutez, s'il vous plaît, que le concert des réclames n'a pas duré moins de douze mois. Il a fallu un an, en effet, pour préparer ce concours. Paris et la province étaient conviés. Toutes les Muses au salon ! Ainsi qu'on avait lieu de s'y attendre, il arriva au bureau de la Société des gens de lettres des ballots d'Essais. Finalement, il y eut à lire tout cela. Qu'en est-il résulté ? Dix ou douze opthalmies chez les examinateurs, et ça été l'effet le plus certain, car il ne faut compter que pour un jeu d'enfant ou pour une plaisanterie le couronnement d'une manière d'Élégie sociale et la proclamation de deux ou trois Nouvelles ne manquant pas de parenté avec les contes de Berquin.

Mais racontons comment la chose s'est passée. Que voulez-vous ? cela est devenu de l'histoire ou à peu près.

En 1856, dans le mois des poissons d'avril, on a organisé au Conservatoire de la rue Bergère, une cérémonie ayant pour programme de proclamer les lauréats.

Entre nous, lauréat est un mot classique qu'il serait bien temps de rayer du langage usuel. Cette qualification suppose un grand benêt ayant une branche de laurier, soit à la main, soit autour du front. Mais cette image avait fait sourire l'esprit de l'Anonyme et enchanté le cœur de notre comité. Il n'y avait donc plus qu'à s'incliner.

On avait tenu à ce que cette affaire ressemblât le plus possible à une solennité. Dans cette bonbonnière du Conservatoire, où l'on aperçoit les vieux petits Amours de la mythologie voltigeant, tout nus, parmi des guirlandes de fleurs, la flûte à la main, le bon public était ébloui « des rayons de la Gloire. » En d'autres termes, les célébrités abondaient au milieu de ce local. Indépendamment de M. le Ministre de l'instruction publique, il y avait là des membres de l'Institut, des musiciens fameux, le Comité redoublé, c'est-à-dire celui de l'année dernière et celui de cette année-ci. Il y avait encore des rédacteurs en chef de journaux. Que de grands hommes pour l'époque! Entre autres, dans son costume de marchand de vulnéraire suisse, une longue cravate rouge, un veston de velours noir, de longues chaînes d'or, beaucoup de bagues voyantes aux doigts et une incomparable tignasse, assez mal peignée, Léo Lespès, le futur Timothée Trimm. Je ne dois pas oublier, dans le fond de la salle, au parterre, les petits romanciers, les petits journalistes: le commun des martyrs, ce que Varron appelle *la populace des dieux.*

N'oublions pas l'Anonyme, le véritable héros de la fête. Le fulgurant Anonyme se tenait avec une modestie comique dans le fond du théâtre, en ayant l'air de s'enfuir dans les coulisses, sous les saules, comme une Galathée qui se sauve, mais qui n'est pas fâchée de savoir qu'on l'a lorgnée.

Pour obéir à la coutume, on a préludé par un peu de musique. Une ouverture, c'était de rigueur. O musiciens! fils du ciel, lèvres toujours inspirées, vous êtes de toutes les fêtes dans notre XIXe siècle, et rien n'est plus juste! Que devenir sans vous? Vos violons, vos harpes, vos cornets à pistons et vos tambours nous aident, nous simples mortels, à supporter, sans être foudroyés, la présence des dieux. Roger, de l'Opéra, Roger, pas encore manchot par suite d'un accident de chasse, en habit de ville, un petit cahier à la main, s'est avancé sur le milieu de la scène. Ce Roger, quoi qu'en pût dire l'envie, était, en ce temps-là, un merveilleux artiste. Il avait la taille et la légitime assurance de Néron chanteur. Sa voix était pleine, riche, harmonieuse. Ce qu'il disait était nettement accentué. Il chantait une cantate, et d'instant en instant, les élèves du Conservatoire, les jeunes gens à droite, les jeunes filles habillées de blanc à gauche, répondaient en chœur. La musique du morceau était de M. F. Halévy, l'illustre auteur de la *Juive*. Chanteurs et maëstro ont été justement et chaudement applaudis. Mais les vers! Ah! juste ciel, les vers en sucre de pomme de l'excellent Émile Deschamps, ce poète qui était chef de bureau au ministère des finances! Comme le cœur de l'Anonyme a dû saigner quand ce vieillard s'est dit : « C'est pourtant moi qui suis cause qu'on a scandé ces vers-là. »

Figurez-vous qu'il y est question de vainqueurs qu'on vient chercher avec des *palmes dans la main*. Des palmes ! Mais où trouver des palmes dans cette salle ? J'avais rencontré Gustave Courbet en entrant, le grand Courbet, le peintre réaliste. Nous nous étions dit un mot à la dérobée. Je le cherchais maintenant pour savoir si son œil de lynx découvrait des palmes. Hélas ! il y avait sans doute, dans quelque coin, un balai de crin, des plumeaux ; mais des palmes, pas l'ombre d'une. Nous ne sommes point en Orient. Nous ne sommes plus à Memphis, ni chez Cambyse, ni à Jérusalem, ni même à Athènes. Laissez donc là les palmes, une fois pour toutes. C'est à remiser dans le bric-à-bric du vieil art, cela.

Par bonheur, un membre du comité des gens de lettres s'est levé et, en feuilletant un cahier, a pris la parole ; c'était un écrivain de distinction, bien qu'un peu précieux ; c'était aussi un orateur du pays, et de la trempe de Vergniaud, et, dans tous les cas, un volontaire, un homme original. J'ai nommé Louis Lurine, un Espagnol d'origine, né de parents naturalisés Français. De taille moyenne, très brun, un peu pâle, pas très beau, mais ayant une figure des plus animées ; il a laissé cent petites Nouvelles, aujourd'hui entièrement oubliées, et un livre humoristique sur les forçats de l'amour à Paris, *le XIII*e *arrondissement*. (N'oublions pas qu'en ce temps-là. Paris n'était divisé qu'en douze circonscriptions.) Pauvre Louis Lurine ! Dans le cours d'une carrière des plus agitées, il avait essayé de tout sans réussir réellement en rien. Romancier, auteur dramatique, journaliste, poète même, il avait du renom et il ne pouvait sortir de la misère noire. M. de Salvandy lui avait donné le ruban rouge, mais le pauvre garçon n'en tirait pas moins le diable par la queue. Collaborateur et ami de Félix Solar, ce dernier lui avait fait avoir la direction du Vaudeville, et le pauvre diable en est mort, ainsi que l'a dit Mme Anaïs Fargueil à ses obsèques. Mais, en 1856, il n'était toujours qu'un ouvrier de littérature, ayant grand'peine à gagner sa journée. Pour l'aider à se mettre plus en évidence, on l'avait chargé de prononcer un grand discours écrit ; c'était donc ce qu'il faisait, mais avec une digression à la Simonide ; il s'arrêtait longtemps à parler, d'abord de Gérard de Nerval, dont le suicide venait de faire du bruit, et ensuite d'H. de Balzac, qui, mort en 1850, avait l'air d'être encore en vie pour les contemporains.

En commençant, l'orateur a préludé par dire que la Société des gens de lettres n'est pas une académie. « Elle n'en sera jamais une, » a-t-il ajouté avec une légère pointe d'ironie, qui aurait fait sourire M. Villemain lui-même, le secrétaire perpétuel de ce temps-là. Après ce premier trait, prenant du sel attique à pleines mains, il se mettait à le jeter autour de lui avec une profusion et une abondance qui étonnaient les auditeurs, mais qui ne pouvaient surprendre ses amis. — « Nous sommes la République des lettres, » disait-il, et, ce seul mot, très téméraire au commencement de l'Empire, faisait que l'assemblée applaudissait. Pendant ce mouvement-là, je regardais le président. Eh ! pardieu ! j'ai oublié de vous dire que la cérémonie était présidée par M. Prosper Mérimée, le favori de la cour, membre du Sénat impérial, digne jusqu'à la roideur, taciturne comme un pythagoricien, ayant bien soin de ne pas laisser faire un pli à sa majestueuse cravate blanche. M. Prosper Mérimée, qui s'est tant moqué des autres toute sa vie, avait l'air, cette fois, de se railler un peu lui-même. Quoi ! l'auteur du *Théâtre de Clara Gazul* et de la brochure intitulée : *H*** B**** (HENRY BEYLE), l'athée, le sceptique par excellence, présidait une solennité où l'on devait couronner de la prose et des vers ! Mais il fallait bien payer en une monnaie quelconque son écot aux fameux dîners du docteur, je veux dire de l'Anonyme.

Revenons au discours de Louis Lurine.

Des petites phrases frondeuses, lancées aux Nestors de l'Académie française, l'orateur passait soudainement, mais pourtant par une transition ingénieuse, à l'Étude sur H. de Balzac, un des thèmes proposés aux concurrents et que ceux-ci avaient *raté*. Notre discoureur, lui, en avait tiré, au contraire, merveilleusement parti. Le prodigieux observateur qui a créé la *Comédie humaine* a été l'objet de bien des analyses et d'un nombre inouï de critiques. Je ne crois pas qu'il ait jamais été découpé, tailladé, inspecté, étudié, analysé avec tant d'art ni de savoir. La *Presse*, dès le lendemain, a imprimé que la véritable pièce à couronner sur H. de Balzac, c'était ce discours. Ç'aurait été aussi mon sentiment, si j'avais été jury ou tribunal, mais à Dieu ne plaise que je m'ingère jamais du soin arrogant de juger les autres !

Pourtant, dans ce discours de Louis Lurine, que j'ai applaudi à vingt reprises, j'ai trouvé une chose à redire. Quand notre ami a fait un cortège à H. de Balzac en plaçant à côté de lui George Sand, Alexandre Dumas père, Frédéric Soulié et Eugène Süe, je me disais : « Louis Lurine érige une statue à l'auteur « d'*Eugénie Grandet ;* il ne fait que des médaillons « pour Lélia, pour d'Artagnan et pour Rodolphe ; « mais n'en oublie-t-il point de ces médaillons char- « mants ou illustres ? Pourquoi passer sous silence « le chatoyant écrivain qui a, le premier, combattu « dans un livre ironique, jeune même après trente « ans, les exagérations de l'école romantique ? Est-ce « que l'*Ane mort* n'est pas un chef-d'œuvre de verve

« et d'esprit ? Et Méry, l'auteur d'*Héva*, de la *Floride*, « de la *Guerre du Nizam* et de tant d'adorables « contes parisiens ! Et Léon Gozlan, qui a tiré de son « inépuisable carton le *Notaire de Chantilly* et les « mille petites Nouvelles qui forment un écrin de « diamants ! Et Alphonse Karr, proche parent de « Jean-Paul Richter et petit-fils de Lucien de Samo- « sate ! et Jules Sandeau et deux ou trois autres ! » Mais si Louis Lurine avait omis ces noms, il n'avait pas oublié de rendre un public hommage à deux autres, les deux plus grands de cet âge : Lamartine et Victor Hugo. Les circonstances politiques au milieu desquelles nous vivions faisaient que cette affirmation devenait un acte de courage civique. Lamartine, pauvre, abreuvé de dégoûts, écarté du maniement des affaires de cette France qu'il avait illustrée et sauvée ! Victor Hugo, le plus grand rayonnement de notre gloire poétique, banni sous peine de mort ! Une triple salve de bravos avait accueilli cet alinéa du discours. Pour mon compte, en opposant enragé de l'Empire, j'applaudisssais des mains, et aussi en frappant le plancher du cep de vigne qui me servait de canne. — Comme je dirigeais à cette même époque la *Gazette de Paris*, un journal littéraire, un des employés du ministère de l'intérieur est venu le lendemain, dans les bureaux, me dire que je m'étais fait *mal noter !* — « Eh ! pardieu ! Monsieur, vous « ne pouviez rien me dire qui me fût plus agréable. »

— Et le limier de M. Rouher s'en est allé l'oreille basse.

Mais finissons-en avec la fête du docteur. Après Louis Lurine, on a vu venir Mme Marie Cabel. Ah ! si cette *prima donna* du Lyrique eût voulu chanter l'air des *Fraises*, tiré du *Bijou perdu*, son triomphe ! Mais non, le programme voulait que ce fût encore une cantate. Toujours le pâté d'anguilles, voyez-vous ! Cette blonde affriolante était en robe bleue, mais pas beaucoup en voix. Sa robe a été saluée de quelques applaudissements, comme la charmante musique d'Auber, et ça été fini pour le chant.

Après la cantatrice, on avait à exhiber Sainte-Beuve, souverain rapporteur de la journée. Feu Joseph Delorme n'était pas encore sénateur, mais il grillait de l'être, ce qui faisait de lui, pour Napoléon III et pour toute sa bande, le plus zélé des préconiseurs. Sainte-Beuve, l'ami d'Armand Carrel, Sainte-Beuve, l'athée, celui que M. Guizot avait surnommé : *le jacobin-carabin !* Il apportait sur ce théâtre une figure de dogue et le ton d'un accusateur qui prononce un réquisitoire. Mais cet air courroucé lui allait mal. Une femme du monde, assise à côté de ma stalle, disait tout haut : « N'est-ce pas Henri « Monnier dans le costume de Joseph Prudhomme ? » O sacrilège ! Hippolyte Babou, de l'ancienne *Revue de Paris*, qui se trouvait là aussi, m'interpellait. —

« Avez-vous vu le portrait du comédien Poisson au « vieux foyer du Théâtre-Français ? Ah ! comme il « lui ressemble ! » Un impie, cet Hippolyte Babou. Il devait mal finir. — Sainte-Beuve a donc donné lecture de son rapport, mais de quel ton ! — Il allait tambour battant, mèche allumée. — Il nous faisait l'effet d'un curé qui est pressé de dire sa messe et qui mange la moitié des versets. Dans son ton aigre-doux, on a distingué de l'ironie comme toujours. N'a-t-il pas mordillonné légèrement Prosper Mérimée, son ami, à propos des « écrivains qui écrivent « peu ? » Il a proclamé les prix, vivement, sous le pouce, comme un homme que cette corvée ennuyait très fort, et il s'est retiré, en ayant l'air de dire : — « C'est bon ! Quand on m'y repincera !... »

Dans son rapport, très habilement troussé, qui en doute ? Sainte-Beuve passe en revue les diverses pièces de vers qui ont été envoyées au concours. On voit nécessairement reparaître alors la vieille tendresse de feu Joseph Delorme pour la beauté des formes lyriques. Quand il arrive à une ode-satire faite en collaboration par MM. Philoxène Boyer et Théodore de Banville, il constate avec regret que cette œuvre n'a pas obtenu le prix, mais en confessant qu'on y trouve de belles parties. Il ne peut même s'empêcher d'en citer une strophe, qui, à la vérité, est d'une allure tout à fait magistrale.

Pour mieux s'escrimer contre la soif de l'or qui

travaille tout notre siècle, les deux poètes évoquent les ombres illustres d'autrefois.

Généreuse aristocratie
Des grands cœurs sur terre envoyés.
O Caton ! ô La Boëtie !
Fiers de vos indigents foyers !
O laboureurs qui sauviez Rome !
O Bayard, pauvre gentilhomme,
De tout, fors de sang, économe !
O Kléber ! ô Marceau ! vous tous
Dont la misère fut féconde
Et sans trêve sema le monde
Des vertus sur qui tout se fonde,
En les voyant, que diriez-vous ?

Soyons juste, un tonnerre d'applaudissements a salué la lecture de ces beaux vers.

Pour dernier épisode, on a vu arriver, conduite par un maître des cérémonies très frisé, une plaintive Élégie en robe de gaze, coiffée mélancoliquement avec des anglaises ; c'était Mme Arnould Plessis, de la Comédie-Française. Jadis, avant sa fugue en Russie, cette belle personne avait été, à bon droit, la coqueluche de la Maison de Molière. Ah ! les beaux et charmants débuts de cette Célimène de 1836 ! Mais 1836 était loin de nous en 1856 ! Pourtant elle ne cessait pas d'être belle, et elle était autant écoutée. Elle a lu, d'un ton dolent, la pièce des *Chercheurs d'or*, de M. Karl Daclin, laquelle a obtenu le premier prix. — Il y avait de mon côté un enfant de sept ans, en costume d'Ecossais que ces vers faisaient pleurer, quoiqu'il mangeât un massepain. — Enfin, Mme Arnould Plessis est parvenue au dernier hémistiche, et Prosper Mérimée a dit en souriant : « La séance est levée. »

Au sortir de la salle, on considérait une belle voiture : c'était l'Anonyme qui se retirait, en se supposant rajeuni par un bain de considération et de popularité. — Bonne chance, gros Mécène !

Cette journée homérique devait avoir un épilogue. A trois mois de là, comme la Société des Gens de Lettres avait à tenir son assemblée générale annuelle, la réunion eut lieu dans le foyer du Vaudeville, qui, à cette époque, était situé place de la Bourse. Entr'autres choses, l'ordre du jour indiquait des félicitacions à voter au docteur L. Véron à propos des 10,000 francs. Des félicitations, tout un groupe s'y opposait et j'ose dire que je n'étais pas le moins actif parmi ces récalcitrants. Nous fîmes si bien les choses, en effet, mes amis et moi, que le député de Sceaux, au lieu d'être applaudi par la majorité, fut conspué et dut se retirer de cette assemblée d'ingrats, tout stupéfait, tout gonflé de soupirs. Tant d'or, tant de couronnes, et des sifflets ! Il n'y était plus, ce gros homme, et il ne comprenait pas que nous battions l'empire et l'empereur sur son dos.

Le lendemain dans le *Figaro*, Jules Viard, faisant le compte-rendu de cette séance, me mettait particulièrement en scène. « A la tête de ces oppo-« sants endiablés, disait-il, se voyait un grand jeune « homme maigre, pâle, nerveux, sans pitié ; c'était « Philibert Audebrand, le rédacteur en chef de la « *Gazette de Paris*. Non-seulement il ne voulait pas « qu'on votât des félicitations au docteur, mais en-« core il protestait avec véhémence toutes les fois que « M. Francis Wey, le président, prononçait le nom « de ce dernier. Des gestes il passait à l'apostrophe, « des cris à de forts coups de canne appliquées sur « le parquet avec ce célèbre cep de vigne qu'il a tou-« jours à la main. Certainement il a beaucoup influé « sur le vote et pour presque tout. » Ces assertions étaient vraies, mais j'avais eu de nombreux et très hardis auxiliaires et, entr'autres, MM. Mary-Lafon et Frédéric Thomas.

Pour en finir avec le docteur L. Véron, ce personnage est mort peu après ce tapage, obscurément, sans que Paris s'occupât de lui en rien. En s'en allant dans l'autre monde, il laissait deux millions et demi. Un bel argent, gagné en grande partie avec les jambes des danseuses. Ce qui prouve bien que l'homme n'était qu'un Monthyon pour rire et un protecteur de papier mâché, c'est qu'il n'a pas laissé un centime à cette Société des Gens de lettres qu'il disait chérir. Je sais bien que notre algarade d'opposants n'était pas de nature à lui plaire, mais un médecin de bonne pâte, — pas de la pâte Regnault, — eût été au-dessus d'une mesquine rancune ; il nous eût laissé un milion pour nous aider à élever un Hôtel des Invalides en faveur des nôtres. Tout au contraire, sa fortune, paraît-il, est allée à des collatéraux qui ont dû bien rire le jour de son décès. Je pense qu'il aurait été juste de graver sur sa tombe ces mots, en style lapidaire :

CI-GIT UN FAUX MÉCÈNE.

VII

Un correspondant des journaux italiens. — Autre figure. — M. Pétraccelli de la Gattina. — Ce farceur ! — Chez Jules Simon. — Chez Pierre Bonaparte. — La cantate d'Émile Deschamps. Un conseil de Dottain. — Le règne des bâtards. — Victor-Emmanuel. — Un portrait de roi. — Le mot à Brofferio. — Le roi galant-homme à Paris. — A l'Opéra. — Les queues de poireaux. — Un diable à qua tre. — Un cadeau de roi. — La belle Mme de Castiglione. — Un cri de Cora Pearl. — M. de Vieil-Castel. — Portrait de l'Italienne. — Scène de Saint-Cloud. — L'Impératrice et la Favorite. — Une scène de Vaudeville. — Toujours les Carnets de M. de Vieil-Castel. — Dîner chez la princesse Mathilde. — Indiscrétions de lord Hortford. — Un million pour une nuit. — Un mot de Napoléon III. — Marguerite Bellanger. — La politique de Victor-Emmanuel.

— *Viva l'Italia! Viva la liberta!*

Celui-là, c'était l'un des cinquante correspondants de la presse étrangère. Nous avions à coudoyer des Anglais, des Hongrois, des Russes, surtout des Allemands. Celui-là se donnait pour un Italien. Le fait est qu'il baragouinait le toscan avec un accent provençal des plus marqués, mais de savants philologues nous ont affirmé que la langue romane a été le premier tissu de l'idiôme dans lequel sont écrits les vers du Dante. D'où l'on pouvait inférer à la rigueur que l'homme était bien un natif d'Ausonie. Nous l'avons donc tous pris pour un écrivain envoyé en France par une gazette de Milan pour apprendre aux arrières-petits cousins de Virgile ce qui se passait alors à Paris. Je ne dirai pas son nom, attendu, d'abord, que ce nom n'a aucune célébrité et, en second lieu, parce que je suis porté à croire que c'était un pseudonyme, c'est-à-dire un masque. L'étranger était de taille moyenne. Cheveux noirs bouclés, grands yeux, bouche assez incorrecte, mais d'où sortaient sans efforts des flots de paroles après qu'il avait vidé deux verres de bière. Il disait travailler au *Fanfulla*, journal mi-sérieux, mi-satirique. J'ai mieux aimé y croire qu'y aller voir.

J'avais déjà eu à rencontrer ailleurs un autre réfugié italien, très désinvolte, et ce n'était autre que le fameux Petruccelli de la Gattina, le même, qui, après le 4 septembre, ayant repassé les monts, a été député de Naples au parlement de Rome. Je l'avais vu, une fois, dans une soirée, chez Jules Simon, et deux ou trois autres fois, dans un bureau de journal où il apportait des articles. » — Ce far-« ceur de Petruccelli ! m'avait dit le rédacteur en

« chef, un vrai produit du Latium : il dit toujours « le contraire de ce qu'il pense. » Imaginez un grand garçon d'une quarantaine d'années, maigre, pâle, indolent, ayant le verbe toujours amer. Ce mécontentement, on pouvait, à la vérité, le mettre sur le compte de l'exil. Pour le moment, Petruccelli de la Gattina venait de composer en collaboration avec Jules Claretie un drame qui n'avait eu que peu de succès. Autre chose. Comme Napoléon III faisait une guerre sourde à la papauté, c'est-à-dire à l'Eglise, le proscrit napolitain, emboîtant le pas au chef de l'Etat, venait de publier sous ce titre : *Judas*, un livre qu'on se transmettait sous le manteau et qu'on disait être rempli des idées les plus audacieuses. Cela venait en même temps que le *Jésus* d'Ernest Renan et l'emportait de beaucoup en témérité sur cette œuvre de l'ancien séminariste. « — « Judas ! me disait l'un de ceux qui ont lu ce *factum*, « c'était le vrai fondateur du christianisme, le vrai « chef de la secte nazaréenne : Jésus n'a été, histori- « quement, que l'obéissant serviteur de cet inspira- « teur, depuis sacrifié. » Jamais, en effet, paradoxe ne s'est plus effrontément étalé au soleil de la publicité que celui-là ; aussi *Judas*, le livre de Petruccelli de la Gattina, a-t-il été enlevé en quinze jours et ne peut-on le rencontrer nulle part. Mais, en même temps, qu'il se mêlait aux hommes du parti républicain, l'auteur de cet étrange pamphlet se montrait assidu, à Auteuil, chez ce prince Pierre Bonaparte auquel le meurtre de Victor Noir devait, très prochainement, donner une famosité si grande. Non-seulement il y allait en visite, mais encore il ne se faisait pas faute de célébrer la vie intime de cette étrange Altesse. « — Si l'on veut avoir une idée de « ce qu'était la vie des princes italiens pendant la « Renaissance, il faut aller à Auteuil, chez le prince « Pierre Bonaparte. Là aussi, comme chez les d'Este, « les Sforze et les Médicis, il y a un charmant laisser-« aller, des festins, des leçons d'escrime et des violes « d'amour. » Naïf que j'étais encore à cette époque-— là, je me demandais comment le même Petruccelli de la Gattina pouvait jouir du privilége de s'asseoir chez les chefs de la gauche et d'aller prendre sa part des festins d'un membre de la famille impériale, mais la duplicité du caractère italien m'a bien vite sauté aux yeux. Jadis, j'avais vu Pier-Angelo Fiorentino soutenir, le même jour, le blanc et le noir. En ce moment, je voyais l'auteur de *Judas*, proscrit par le roi Bomba, à ce qu'il disait, jeter feu et flamme contre les porte-couronnes et festoyer chez un prince. Et je n'étais pas au bout de mes désillusions à cet égard. Quand il parlait de notre France, ce Napolitain avait presque les larmes aux yeux tant il professait de tendresse pour elle. Après 1870, lorsque notre grand pays, délaissé par l'Europe entière, a été écrasé par la Prusse, le même

Petruccelli de la Gattina, oublieux de l'hospitalité reçue chez nous, montait, un jour, à la tribune du Parlement italien et applaudissait à nos défaites, si profitables à l'Italie. « — Ce farceur de Petruccelli ! » ces mots du rédacteur en chef d'un journal parisien m'étaient alors revenus à l'esprit. — Et ceux de ma génération qui s'étaient habitués à vénérer comme des martyrs de notre cause Silvio Pellico, Cyro Menotti, Galotti et les frères Bandiera !

— Oui, me disais-je, mais ce correspondant du *Fanfulla* a l'air d'un si bon garçon !

Au surplus, en reportant ma pensée sur les temps romantiques, je ne pouvais me défendre d'aimer l'Italie en tout et partout, me rappelant sans cesse la cantate d'Emile Deschamps que nous avions tant chantée au Quartier Latin.

C'est l'Italie et la Sicile,
Où vivre est doux, vivre est facile.
. . . .
Terre des femmes et des anges,
Des Dantes et des Michel-Anges
Où soupira
Cimarosa.

Trois ou quatre fois, Ernest Dottain, plus positif, me tirant à part, m'avait dit :

— Mon cher ami, un bon conseil à vous donner, c'est de ne pas trop vous laisser aller avec les étrangers qui viennent rôder autour de nous, à ce café.

Ces gens-là, on ne sait jamais au juste d'où ça vient ni où ça va. De la prudence, donc. Ce bavard transalpin paraît être de votre goût. Premièrement, il a la langue bien pendue, ce qui, j'en conviens, est bien fait pour amuser ceux qui l'écoutent. Second point, il est délié dans les principes et dans la critique ainsi que doit l'être un congénère de Machiavel, et un tel fait a toujours du piquant. Prêtez donc l'oreille à ce qu'il dira, soit, mais ne vous abandonnez pas.

Pour un peu, le rédacteur du *Journal des Débats* eut poussé ce mouvement de franchise jusqu'à me dire que l'Italien pouvait être quelque espion de chancellerie. Mais quand cela aurait été, que pouvait-il en résulter pour moi ? On savait assez qui j'étais, ce que je voulais et ce que je réprouvais. Un rapport de police sur mon compte n'eût fait ni froid ni chaud.

— Je vous demande bien pardon, répliquait Dottain. N'oubliez pas que, pour le quart d'heure, les Italiens, qui après tout ont toujours un peu de sang romain dans les veines, sont plus particulièrement à l'index. Napoléon III a été carbonaro dans sa jeunesse ; il s'est insurgé à Forli, il a pris avec eux des engagements de conspirateur et comme il ne peut les tenir, il est menacé sans cesse. Les preuves de cet état de choses se voient assez dans le révolver de Pianori et dans les bombes d'Orsini. Notre préfet de police, M. Piétri, qui est corse, connaît la race qui a sucé le lait de la Louve et il ne perd de vue aucun de ses agissements. Un bon conseil, je le répète, c'est de tenir les Brutus, les Scœvola, et les Gracques à distance. Ne soyez pas bouche cousue, soit, mais ne dites pas non plus tout ce que vous pensez, à moins qu'il ne vous plaise d'être en passe d'aller, l'un de ces jours, planter du poivre à Cayenne. J'ai dit. Voyez maintenant ce que vous avez à faire.

Sous son épaisse enveloppe, Ernest Dottain avait beaucoup de finesse et disposait d'un vif esprit d'observation. Le sang-froid m'étant revenu, je le remerciai en ami.

— Au fait, repris-je, votre conseil a du bon et je vais me mettre en mesure de le suivre de point en point.

Presque tous les soirs, l'Italien faisait grand fracas autour de lui, causant de mille choses à tort à et travers. Nous l'écoutions, mais le plus souvent sans lui donner la réplique. Après tout, répondre à ce qu'il disait n'était pas nécessaire pour qu'il continuât à parcourir le chapelet de ses babillages. Le mouton bêle, l'oiseau vole, le chien jappe, le cheval hennit; un Italien de Pise ou de Florence est organisé pour causer sans s'arrêter. Et le correspondant du *Fanfulla* ne se faisait point faute de remuer sa glotte au fond de son palais. Il avait de l'esprit, cela va sans dire, de cet esprit volatil qu'on voit s'étendre parfois en versiculets au bas de la statue de Pasquin, sur la place Navone, à Rome. Rien ne l'embarrassait lorsqu'il prenait son élan pour se jeter dans ses digressions, ni les convenances touchant la vie privée, ni la majesté de certains noms propres, ni la crudité des mots à employer. Aussi parvenait-il assez fréquemment à émettre des pensées ou des images qui forçaient les plus graves à se délecter dans un long éclat de rire.

Un soir, en passant en revue notre monde social, il se mit à parfiler une longue tirade à laquelle il donnait une allure tout à fait aristophanique.

— Buveurs de bière, disait-il, savez-vous une chose? Eh! mais, c'est, qu'en ce moment, votre France touche à l'âge d'or des Bâtards. Ce n'est pas sans raison que les orgues de Barbarie jouent l'air du jeune et beau Dunois. Les bâtards sont partout et à la tête de tout. Qu'est-ce que Napoléon III, l'empereur des Français? Une protestation du roi Louis de Hollande, publiée le jour même de sa naissance, l'a dit assez : un bâtard de la reine Hortense et de l'amiral Wœrhuel. Qu'est-ce que la belle et blanche impératrice? origine du même genre, à ce que disent les Espagnols. M. le duc de Morny, bâtard avéré. Même chose pour la duchesse sa femme; est-ce que ce n'est pas de notoriété publique? Et le comte Lehon! et M. Jérôme David! et le comte

Walewski ! et M. Emile de Girardin ! et le docteur Cabarrus ! et ce journaliste si brillant ! et cet auteur dramatique si souvent applaudi ! et ce peintre qui jette sur sa toile de si jolis rats ! et cet amuseur public que l'on donne pour le petit-fils de Voltaire ! et vingt autres ! et cent autres ! Tous bâtards, vous dis-je !

— Ah ça, dites donc, *signor*, s'écria Dottain impatienté, vous oubliez le chef actuel de la Maison de Savoie ?

— Je ne l'oublie en aucune façon, répondit l'Italien sans se déferrer, Victor-Emmanuel est issu d'un mariage de la main gauche ; qui ne sait ce détail ? Il a été légitimé par l'auguste Charles-Albert ; mais, en bon chien qui chasse de race, il a fait à son tour des bâtards en veux-tû, en voilà.

Cela étant bien dit, il s'étendit avec une volubilité de moulin-à-vent sur les mérites du galant homme, grand voleur de territoire, mais bon prince. La haute noblesse du pays lui fait la moue, et à cause de l'endroit d'où il sort, et à cause de ses instincts populaires. Mais cette aristocratie bigarrée, sortie des aventuriers du temps des Borgia et aussi du ventre des cardinaux, n'est plus une caste dont on ait à se soucier. Pour Victor-Emmanuel, ce qu'il y avait de plus important, c'était de plaire au petit peuple d'au-delà des Alpes. Batailleur, chasseur, bon buveur, amateur du beau sexe, il y avait en lui une forte parcelle d'Henri IV, la tendance à l'ingratitude comprise, car si l'un a méconnu ses amis les Réformés, l'autre a tourné le dos à la France, sa bienfaitrice vaincue. Mais en ce temps-là, on ne prévoyait pas encore les désastres de 1870. Bénéficiaire de la bataille de Soférino, beau-père du prince Jérôme, Victor Emmanuel, aux yeux de l'Europe, paraissait être une sentinelle du palais des Tuileries. De temps en temps il se montrait à Paris, souriant et dégagé, et il y était fêté à grand orchestre par cette cour de Compiègne, qui, au bout du compte, n'était qu'un ramas de parvenus. Va pour Compiègne, mais les jolies bégueules de l'endroit n'occupaient guère sa pensée. Une Margoton rose et bien en chair faisait bien mieux l'affaire de ce soudard couronné. Aussi les chambellans de César, en parlant de cet allobroge, raillaient la rondeur de ses manières. On se moquait à cause de son dédain pour l'étiquette et les petites dames déployaient les lames de leurs éventails toutes les fois qu'on avait à parler de la rudesse de son langage.

Quand il était en Piémont ou en Toscane, *il re galantuomo* ne vivait guère qu'avec des piqueurs ou des chevriers, d'où il résultait qu'il n'y avait presque jamais de madrigal dans son discours. A ce sujet notre Italien nous rapportait un mot que Victor Emmanuel aurait dit à l'avocat Brofferio, l'un des chefs de l'opposition libérale de Turin. Il paraît, qu'un soir, le tribun faisait au monarque des reproches sur la trop grande facilité de ses mœurs.

— Mon cher Brofferio, aurait répliqué vivement le roi, sachez que je me flatte d'être le premier cochon (*il primo porco*), de mon royaume.

En français, le mot a quelque chose de pimenté; en italien, il est plus mordant encore.

Hélas ! tout passe et tout passe vite ! En janvier 1878, le roi mourut à Rome, presque subitement à la suite d'une fièvre miliaire. Ce coup inattendu a fait naître chez nous d'unanimes regrets. Victor-Emmanuel avait été notre hôte à plusieurs reprises; Paris, qui n'est pourtant pas tendre aux princes, l'aimait d'une vive affection. Tout le monde se rappelle encore ce cavalier qu'on voyait caracoler, il y a vingt cinq ans, avec tant de sûreté, de la place de la Concorde à l'Arc-de-Triomphe. Le roi, galant homme, n'avait rien d'un bellâtre; il était court, gros, inélégant, les traits peu corrects, les yeux à fleur de tête, de très grandes moustaches; il ressemblait à un Goth ou à un Hun; mais tout cela ne l'empêchait pas d'avoir bonne mine. Du reste, il agissait avec tant de rondeur et il parlait avec une franchise si peu commune chez ceux de son rang, qu'on ne pouvait s'empêcher de s'attacher à lui.

Durant son séjour à Paris, il avait voulu tout voir à loisir. C'est pour cette raison qu'on le rencontrait souvent, sans escorte, tantôt dans les musées, tantôt sur les promenades. Le Bois de Boulologne lui souriait particulièrement, parce que c'était, disait-il, le seul endroit où on ne lorgnât pas. Il le parcourait à peu près tous les jours, une fois à pied, une autre fois à cheval. Un de ses grands plaisirs, et cela se conçoit sans peine, c'était de jeter des pièces blanches aux petits ramoneurs qui se trouvaient sur son chemin.

— Ils ne se doutent pas, disait-il, que je suis peut-être plus Savoyard qu'eux.

En politique, au point de vue de l'Italie, il aura fait de grandes choses, mais ce n'est pas, en ce moment, mon affaire de parler de cette matière-là. Laissons-la donc de côté. Tout ce qu'on peut dire c'est qu'en enfant du XIXe siècle qu'il se flattait d'être, il avait l'esprit éminemment libéral. Au besoin, il savait exprimer ses prédilections à cet égard par un mot rapide ou par une répartie trempée de belle humeur. On sait que, de Turin à Florence, de Rome à Naples, les Italiens sont vifs, gais, bruyants, surtout en public. Causer tout haut, sans nulle contrainte, est pour eux le plus grand signe de liberté. Or, sous l'empire, quand Victor-Emmanuel vint à Paris, il se trouva tout à coup en face d'un peuple qui avait l'air d'être muet. Un soir qu'on l'avait conduit à l'Opéra, à une représentation de la *Juive*, il avait été naturellement placé dans la loge impériale. Un peu avant le lever du rideau, Napoléon III, qui était assis à côté de lui, le voyant fort attentif, lui demanda ce qui excitait ainsi son étonnement.

— Sire, c'est de voir ces deux mille spectateurs silencieux, répondit-il.

Peut-être cette réplique n'était-elle que naïve; peut-être le roi galant-homme, n'y avait-il mis aucune intention de critique. Cependant, dès qu'elle fut connue, on s'appliqua à y trouver de la malice; on soutenait même qu'il y avait un grain d'ironie préconçue, quelque chose comme le blâme du régime qui était en vigueur en ce temps-là.

Fort sympathique à cette nation, surtout depuis Solférino, Victor-Emmanuel s'amusait grandement d'un des travers des Français modernes. Nous voulons parler de l'amour immodéré des rubans. Du premier jour où il était monté sur le trône, il avait pu voir qu'à tout propos on lui demandait, de Paris, des brevets de chevalier et de commandeur de ses ordres. Tout le monde s'en mêlait. Le premier venu s'y trouvait des droits. Pour un oui, pour un non, une requête arrivait à la fin de laquelle le postulant n'hésitait pas à se jeter aux pieds de Sa Majesté à l'effet d'être décoré. Tel peintre pour un mauvais tableau qui avait trait aux Alpes, tel métromane pour un sonnet, tel journaliste pour un paquet d'articles, et les médecins, et les ingénieurs, et le tiers et le quart. La pratique était de règle et elle a duré plus de vingt-cinq ans. Sur l'ordre précis du monarque qui, répétons-le, prenait cette manie gaiement, il n'y avait presque jamais de refus. C'est pour cette raison qu'on a pu rencontrer si souvent dans le monde des boutonnières françaises par milliers portant le ruban vert foncé de l'ordre des Saints-Maurice et Lazare.

De là un mot du prince à M. Ricasoli, alors premier ministre :

— Mon cher baron, les Français me prennent décidément pour un distributeur de *poireaux*.

Il paraît que le mot est charmant, dit en Italien. Ce qu'il y a de certain, c'est qu'il a fait fortune. Chez nous, sur la ligne des boulevards, théâtre de tant de moqueries, on a appelé des décorés de Victor-Emmanuel : *Les queues de poireaux*.

Qu'on me permette de le répéter : en ce qui touche le chapitre des mœurs, le fils de Charles-Albert était un diable-à-quatre d'au-delà des monts. Il nous est arrivé à ce sujet vingt histoires plus scabreuses les unes que les autres. En allant à la chasse, cet Esaü savoyard courait surtout un gibier qui était le même que celui des Œgypans et des Satyres. La première venue, et il se tenait pour content. Il aurait ainsi annobli par ses rapprochements bon nombre de paysannes du Piémont et de l'Ombrie. Pourquoi non ?

Puisque nous en sommes à cette délicate question de l'amour sans voile, le moment est venu de dire quelques mots d'un cadeau international que le roi d'Italie a voulu faire, un jour, et a fait effectivement, il y a une trentaine d'années, à l'empereur des Français, son compère. Vous avez déjà deviné de quoi il s'agit, car, grâce aux petits carnets du comte H. de Vieil-Castel, cette histoire de harem n'est plus depuis longtemps que le secret de Polichinelle. Un soir d'hiver, on vit apparaître, tout à coup à l'Opéra, dans une loge de face, une créature superbe, venant du pays de la Joconde. Adorablement blonde, merveilleusement blanche, avec des yeux incomparables, elle eût été, en chair et en os, une Cypris qu'on aurait dite avoir été sculptée par le ciseau grec. Toutes les lorgnettes furent bientôt braquées sur l'étrangère. La prestigieuse personne était couverte de diamants, de plumes d'autruche, de fleurs et de dentelles. — Son nom? — Ah! c'était un nom titré d'Italie et aussi un nom de victoire de la République française, remportée par Augereau. De tous côtés s'élançait la même question : « — D'où vient-elle ? » — Eh ! pardieu la belle Castiglione venait du pays du Titien ou à peu près. Pour remercier Napoléon III des services rendus, disaient les uns, ou, comme disaient les autres, pour faire résoudre dans un sens italien une affaire pendante, Victor-Emmanuel, n'hésitant point à se changer en ruffian, prenait l'homme du 2 décembre par son faible, et sous couleur de diplomatie, lui expédiait le plus magnifique échantillon de la race latine qu'il eût pu trouver dans les terres italiques. Le colis soigneusement envoyé, sous la garde même d'un mari, le rusé Savoyard n'a pas manqué de se frotter les mains d'aise.

— A présent, je le tiens ! disait-il à M. Urbain Rattazzi, son premier ministre.

A distance, après trente ans et tant d'événements d'une sinistre grandeur, l'envoi d'une belle femme fait par un roi à un empereur ne saurait plus être qu'une vieille chronique, tout à fait fanée. Au temps où l'aventure se passait, Paris, fait aux allures d'une cour fort décolletée, en était remué de fond en comble. Tout le monde ne parlait que de l'étrangère. — Est-ce que ce voyou de Victor-Emmanuel va nous envoyer des concurrences ? s'écriait Cora Pearl, en frappant du pied. On racontait aussi que l'Impératrice Eugénie, se laissant aller à des courroux à la Junon, faisait des scènes de jalousie véritablement homériques. Enfin, pour achever de rendre piquant ce roman à la manière de Boccace, le mari de la dame se répandait en naïvetés qui rappelaient la candeur de Calino.

— Voyez donc le beau train de maison que ma femme s'entend à avoir avec 10,000 francs par mois !

Et il s'agissait, s'il vous plaît, d'une dépense de 300,000 francs, au bas mot.

Quant à la belle des belles, elle riait sous cape, bien entendu, et c'était le peuple français, c'était Jacques Bonhomme ou Jean Baudet, comme il vous plaira de le nommer, qui payait ce caprice impérial, et sans se plaindre.

Il paraît, du reste, que, pour obéir à une mode d'aujourd'hui, la comtesse de Castiglione songe à prendre la parole, en publiant ou en laissant après elle quatre volumes de *Mémoires*. En mars 1885, l'éblouissante étrangère était revenue à Paris, où elle menait une vie retirée et discrète. Elle habitait alors un petit appartement de la place Vendôme. Abritée derrière deux volets toujours clos, elle regardait du matin au soir, elle guettait cette ville dont elle fut, un jour, l'ornement et la quasi-souveraine.

— Je ne joue plus sur le grand théâtre avec le principal acteur, puisqu'il est pour toujours rentré dans les coulisses. Mais rien ne m'empêche de regarder le spectacle.

On a bien deviné que de Napoléon III elle n'avait jamais aimé que la cassette. Un autre Hollandais, et plus grand, et plus fort, et plus beau l'avait subjuguée rien qu'en se montrant à elle. Mais ce qui lui plaisait avant tout, c'était le luxe poussé à l'excès et aussi l'attirait de la domination sur ceux et sur celles qui l'entouraient. Toute sa vie, au surplus, a été celle d'un rongeur. Chez les Grecs du temps de Périclès, on l'aurait probablement surnommée *La Grugeuse*, sobriquet qu'on avait donné à une célèbre courtisane d'alors. Fille du marquis Oldoïno, ancien attaché d'ambassade d'Espagne, elle épousa le comte Verasis de Castiglione, eut un fils, mort aujourd'hui comme son père, ruina le comte très rapidement, puis entra en relations avec l'empereur, — qu'elle eût épousé, — elle l'a écrit elle-même — si elle l'eût plus tôt rencontré. Ceci se passait vers 1855 ; la comtesse habitait rue de Castiglione ; elle avait, en outre, une petite maison rue de la Pompe à Passy, où elle recevait les visites de son souverain. Plus tard, elle le vit, avenue de Montaigne.

Maniaque comme personne, elle tenait surtout à se cacher ; jamais on ne l'a vue à pied dans la rue, et toujours les stores de sa voiture étaient baissés ; on conte que souvent, après quelque dîner à la cour ou ailleurs, elle sortait du salon, passait dans une pièce voisine où sa femme de chambre l'attendait ; elle changeait de robe et apparaissait de nouveau dans une toilette d'effet opposé à la première.

Il va sans dire que l'impératrice ne pouvait pas la voir en peinture.

Révélations de M. de Vieil-Castel à ce sujet.

Un jour, à Saint-Cloud, l'impératrice entre dans un salon où plusieurs dames d'honneur l'attendaient. Celles-ci se lèvent ; seule, la comtesse reste comme étendue dans son fauteuil et regarde sa souveraine d'un air de défi. L'impératrice sort aussitôt, va chez l'empereur, lui fait « une scène » et déclare qu'elle part pour l'Ecosse. L'empereur s'excuse tant bien que mal et la soirée s'achève sans autre incident. Le lendemain, l'impératrice fait prévenir son époux, alors en conseil, qu'elle va descendre expliquer aux ministres les causes de son départ. L'empereur envoie aussitôt l'un de ses chambellans, peut-être M. T. de la P., avec ordre de s'opposer par quelque moyen que ce soit au projet de l'impératrice. Après avoir inutilement usé et abusé de son éloquence, la plus persuasive, le chambellan prit son parti, enferma la souveraine à clef et demeura devant la porte, après s'être excusé sur l'ordre donné par Napoléon.

Ici se place une scène de vaudeville, à la manière de Scribe.

L'impératrice prit dans un chiffonnier un paquet de dentelles qu'elle venait de recevoir, les jeta dans la cheminée avec des journaux, des papiers, les alluma, déclarant qu'elle allait mettre le feu si l'on n'ouvrait pas, mais le conseil étant terminé, l'empereur arriva, félicita le chambellan de sa fermeté et consola l'impératrice ; mal, cependant, car celle-ci partit rejoindre en Ecosse sa cousine, la duchesse d'Hamilton, et ne revint que sur la promesse formelle que l'empereur éloignerait la comtesse de Castiglione, — ce qui fut fait.

La comtesse voyagea, puis revint à Paris, se mit au couvent comme autrefois La Vallière ; seulement, l'Empereur ne l'y alla pas chercher. C'est alors que la comtesse, qui avait aimé M. de Nieuwerkeke, fit la connaissance de M. Charles Laffitte, le banquier, puis de quelques aimables étrangers auxquels elle accorda les restes de sa beauté.

Il y a dans les carnets du comte de Vieil-Castel bien d'autres détails, bien d'autres *potins*, comme on dit. Lisez-les, si vous voulez avoir une idée exacte de ce qu'étaient les mœurs de la haute societé, sous le second empire. Mais, après tout, pourquoi ne ferais-je pas ici, moi-même, quelques emprunts à ces révélations venant d'un homme de cour ? — Tenez, voici le récit d'un bal au ministère des affaires étrangères ; c'etait le 18 février 1857.

La comtesse de Castiglione, que chacun dit être du dernier bien avec l'empereur, avait adopté le costume le plus fantaisiste et le plus hardi qui se puisse imaginer.

Ce costume, moitié Louis XV, moitié actuel, portait pour titre : *Dame des cœurs*. Les jupes retroussées sur le jupon de dessous ainsi que le corsage se trouvaient enlacés de chaînes formant de gros cœurs. La merveilleuse chevelure de la comtesse ruisselait autour de ses tempes, de son front et retombait en cascades sur son cou. Le costume éblouissant d'or était magnifique, et quelques bons béotiens admiraient le talent de la comtesse pour subvenir avec quinze mille francs de rente à une vie de luxe et de plaisir.

Les sages murmuraient : « Il n'y a d'empereur que l'empereur, et la Castiglione est son prophète ! »

Plus d'une femme laissait éclater sa jalousie ; les hommes impartiaux ne pensaient qu'une chose, qu'ils ne disaient pas : *Je voudrais être à la place de l'empereur !*

Quant à la comtesse, elle portait avec insolence le poids de sa beauté ; elle en étalait les preuves avec ostentation ; nous ne saurions dire qu'elle fût décolletée, mais nous pouvons affirmer la nudité de sa gorge qu'entourait à peine une gaze zéphyr ; l'œil en suivait le contour et les moindres détails ; enfin, la partie que la gorge elle-même laissait complétement à découvert s'étendait jusqu'au bout du sein.

La fière comtesse n'a pas de corset ; elle poserait volontiers devant quelque Phidias s'il s'en trouvait un par le temps qui court, et elle poserait parée de sa seule beauté. Sa gorge est vraiment admirable, elle se dresse fièrement comme la gorge des jeunes Mauresques ; les attaches n'ont pas un pli ; en un mot, les deux seins semblent jeter un défi à toutes les femmes.

La Castiglione est une courtisane comme les Aspasies ; elle est fière de sa beauté et ne la voile qu'autant qu'il le faut pour être reçue dans un salon.

Puis, M. de Vieil-Castel raconte qu'un des invités lança à la comtesse un compliment salé et galant à la fois. « Cela, ajoute-t-il, était plus que leste ; ce-« pendant le propos n'a pas déplu à la favorite. » — A la date du 6 mai, dans ces mêmes *Mémoires*, tant honnis par les bonapartistes, on trouve encore de curieux renseignements sur l'étrangère et sur ses fantaisies.

Citons donc de nouveau :

Hier la comtesse de Castiglione est venue seule chez Nieuwerkerke passer deux heures, prendre le thé, manger des gâteaux, etc., etc.

Nieuwerkerke a pris la peine de me dire, ce matin, que, quoiqu'il n'y eût rien entre la comtesse et lui, il n'avait pas raconté à la princesse Mathilde la visite de la Pompadour impériale.

Nieuwerkerke raconte même qu'il n'a aucune envie d'être son amant, que ce serait à lui une faute énorme que de compromettre, pour cette petite satisfaction, sa position auprès de la princesse Mathilde et de l'empereur.

Quoi qu'il en dise, il existe des relations d'une intimité quelconque entre la comtesse Castiglione et lui et son imprudence est grande de la recevoir au Louvre.

. . . .

Ne nous lassons pas de citer.

La Castiglione annonce son intention de venir, un soir, à minuit sur le toit du Louvre entendre sonner les cloches de toutes les paroisses de Paris ! Je sais quelles matines seront chantées au bruit de ces cloches. Hier, la folle comtesse parcourait avec Nieuwerkerke cette immense toiture, elle gravissait les pentes des frontons et tout le monde en levant la tête pouvait l'apercevoir accompagnée de M. le surintendant des beaux-arts de Sa Majesté.

. . . .

Lundi, 11 mai.

Hier, chez la princesse Mathilde, j'ai dîné avec la comtesse Castiglione et son mari ; je lui ai offert mon bras pour passer dans la salle à manger et, tout naturellement, je me suis trouvé placé à côté d'elle à table.

Il est impossible de voir une plus séduisante créature, plus parfaitement belle ; de beaux yeux, un nez fin, une bouche petite, des cheveux admirables, une gorge et des épaules ravissantes, et des bras, des mains, d'un contour irréprochable. La conversation de la comtesse est vive et légère ; on peut lui dire des choses graveleuses et elle ne fait point la prude. . . . .

Après ces anecdotes, pas mal croustillantes, M. de Vieil-Castel raconte que lord Hertfort a payé d'un million l'*honneur de...* passer la nuit avec la comtesse. Il ajoute, si j'ai bien compris, — et il est facile de comprendre, l'auteur des carnets ne mâchant pas des mots, — que lord Hertfort, en Anglais positif, dicta ses lois et en eut pour son argent.

Telle est cette silhouette d'une incomparable Italienne. On l'a donc grandement dénigrée, mais elle a le droit de réplique et c'est probablement pour l'exercer qu'elle prépare ses *Mémoires*, elle, aussi. — Ces *Mémoires*, on les attend avec impatience. Les amateurs voudraient surtout savoir ce qu'elle pourra dire du triste sire de Sedan, son premier lanceur. L'ancienne favorite, toujours à ce que disent les échos du palais, a longtemps eu sur le cœur deux petites phrases de Napoléon III sur elle-même.

— *J'ai la dame du premier*, (la comtesse de Castiglione), *qui est sans doute fort belle, mais elle est insignifiante et insipide. Elle m'assomme !*

Ce blâsé lui préférait de beaucoup une fille du peuple, qu'il nommait Margot. Le lecteur a compris qu'il s'agit de Marguerite Bellanger, celle qui se moquait si bien de lui, en l'appelant : *cher seigneur*. La même dont il est question dans le pot-aux-roses qu'on appelle les *Papiers trouvés aux Tuileries*. — Mais assez sur cet imbroglio de la comédie napoléonienne.

Oui, c'en est assez, mais quelle charmante politique, lecteur, que celle de ce Victor-Emmanuel qui envoie un colis si étrange à son compère ! Moralistes de l'Institut, que dites-vous de ça ? Prêtres de Rome et de Paris, qu'en dites-vous ? Qu'en dis-tu, peuple, toi, qui, en dépit de cent mille leçons, es toujours prêt à revenir à l'autorité d'un seul ?

VIII

Eugène Vermersch. — Était-ce un vrai poète ? — Croquis. — Baudelaire. — Un groupe de rapsodes. — Les Parnassiens. — Un coup de pistolet en l'air. — Ce que c'était que l'*Athée*. — Un insuccès. — Collaboration au *Paris-Caprice*. — Vers d'amour. — Sur une robe de satin blanc. — Un dessin de F. Régamey. — Autre scène d'intérieur. — Deux femmes dans un château pauvre. — Le grand Testament d'Eugène Vermersch. — Une réminiscence des temps romantiques. — Sainte-Beuve et Charles Lassailly. — Villanelle. — La Nuit dans la forêt. — D'un oiseau envolé de sa cage — Henry Murger. — A celle qui est partie. — Un mot de Pope. — Fin du second empire. — Révolution du 4 septembre. — Le *Père Duchêne*. — La langue d'Hébert en 1870. — Contre le gouvernement de La Défense nationale. — Contre les avocats. — A propos des souffrances du siège. — La Commune de Paris. — Toujours le *Père Duchêne*. — La semaine sanglante. — Eugène Vermersch à Londres. — Dénuement. — A la solde de Napoléon III. — La sportule. — Une *Septentrionale* en vingt-deux couplets. — M. Thiers et la potence. — Derniers vers.

— « Ça, un poète ? — Eh ! oui, sans doute, et un » vrai poète encore. — Laissez donc ! Ce gros gar- » çon sans grâce, sans tournure, sans beauté ! —

» Tout ce qu'il vous plaira. L'homme est inélégant
» jusqu'à l'impossible, je vous le concède; accordez-
» moi que c'est un poète. — Eh ! voyez donc : un
» chapeau crasseux ! — Il n'y aurait pas à redire qu'au
» chapeau, allez. La tête est broussailleuse ; la
» figure glabre, jaunie ; elle n'est pas vieille et elle
» est sans jeunesse. Le pardessus est râpé. Bon,
» mais ça ne compterait pas, l'habit, s'il y avait du
» feu dans le regard, de la sonorité dans la voix,
» de la vivacité dans le geste, bref, un indice quel-
» conque de noblesse dans l'ensemble de cette sta-
» tue. Encore un coup, rien de tout cela n'est fait
» pour indiquer une nature d'élite. Mais ainsi
» qu'Esope le disait, il y a trois mille ans à ceux de
» Samos qui le raillaient parce qu'il était bossu :
» — *Qu'importe la forme du flacon, s'il renferme*
» *un vin généreux ?* Je vous soutiens, moi, que
» c'est un poète et un vrai poète. »

Nous parlions d'Eugène Vermersch qui venait de se faire servir une chope, à dix pas de nous, tout près de Baudelaire, lequel le contemplait de haut, à peu près comme un superbe Terre-Neuve le ferait pour un Havane, petit chien de manchon. Le nouveau venu, du reste, avait l'air de se contenter de ce sourire dont l'illustre confrère des *Fleurs du mal* voulait bien lui faire l'aumône. Aussitôt servi, il bourrait sa pipe, un brûle-gueule déjà à demi culotté, y empilait le tabac de caporal qui rapporte tant de millions au budget, y mettait le feu, l'approchait de sa bouche, fumait et bientôt après semblait s'endormir d'aise, au milieu d'un nuage de fumée, à la manière d'un musulman de Tunis ou de Djeddah.

J'avais appuyé sur ce mot qu'Eugène Vermersch était un poète, et cependant il est bon de s'entendre là-dessus. N'exagérons rien. Il n'aurait pas eu assez de souffle pour emboucher le clairon de l'épopée, ni assez de force pour se nouer derrière le cou l'un des deux grands masques du théâtre, ni celui d'Eschyle, ni celui d'Aristophane ; il n'aurait pas eu non plus d'ailes assez puissantes, s'il avait fallu s'élever dans l'éther à la hauteur des cimes azurées où plane l'ode. Pour ne pas mentir, il ne me paraissait propre qu'à soupirer les petites strophes d'une élégie. Ce serait donc un artisan de chansons d'amour, tout à la fois sensualistes et plaintives. Ainsi nous ne devions voir en lui qu'un citharède de la décadence, quelque chose comme un Tibulle d'alcôve et, disons-le bien vite, d'alcôve des mauvais lieux. C'est, du reste, ce que je vous ferai voir tout à l'heure, en égrenant sous vos yeux quelques-uns de ses meilleurs vers.

En ce temps-là, c'était en 1868. Eugène Vermersch tirait sur ses trente ans et peut-être sa toilette fanée aurait-elle pu donner à croire qu'il était plus âgé encore. D'où venait-il ? Probablement du Nord de la

France, ainsi que son nom paraissait l'annoncer. Ainsi, suivant toute apparence, il y avait en lui du flamand et, probablement, un alliage de sang ou de métal espagnol, comme on voudra, puisque le duc d'Albe avait occupé son pays avec ses reîtres et que tant de jolis couplets semblables à ceux du Romancero, s'échappaient de ses lèvres comme une envolée d'abeilles.

Tout ce qu'on sait de positif sur son origine, c'est qu'il a commencé par être un habitant du Pays Latin. On a déjà deviné qu'il ne pouvait être qu'un citoyen nomade, résidant en hôtel garni. Un moment il s'était approché d'un groupe de Bohêmes, tous s'adonnant à faire des vers. « Voilà une denrée qui n'est jamais rare, les vers ! » s'est écrié, un jour, Jules Janin avec courroux, voyant en cela une sorte de maladie mentale, une peste qui atrophie la jeunesse française. Dans je ne sais quel coin ténébreux du quartier des Ecoles, entre un litre de châtaignes grillées et un pot de cidre, ils se réunissaient en une sorte de Sainte-Wehme près d'une douzaine ; Charles Coligny, Albert Glatigny, Ernest d'Hervilly, Etienne Eggis, Carle Ledhuy, fils, Jehan Walter, Marc Bayeux et quatre ou cinq autres, tous révolutionnaires de la prosodie et qui traitaient déjà de Burgraves de l'art les Parnassiens de l'éditeur Alphonse Lemerre. Des hommes demi-mûrs aux trois quarts arrivés, est-ce qu'il n'était pas temps de les mettre au rancart, en criant : « Place aux Jeunes? » Le groupe a donc passé ses jours et ses nuits à pousser son cri. Et c'est à peu près tout ce qu'il a fait. Pendant ce temps-là, les Parnassiens étudiaient, travaillaient, chantaient, grandissaient et deux des leurs entraient à l'Académie française. Quant aux autres, à part un ou deux, cherchez-les ou plutôt ne les cherchez pas. Ils ont disparu et pour toujours.

Dès les premiers moments, Eugène Vermersch vit bien que la concurrence était trop rude et qu'il ne lui serait pas facile de se faire un nom. Il imagina alors d'avoir recours à un coup d'éclat. Faire du bruit, même au prix d'un scandale, ce procédé se nommait déjà un pétard. Ce gros garçon, qui ne possédait rien, pas même la chaise de paille sur laquelle il s'asseyait pour accoupler ses rimes, eut l'audace de créer un journal. A la vérité, c'était une feuille hebdomadaire. Cent francs de crédit, et le premier numéro paraissait dans le garni du poète. Cela se nommait : l'*Athée*. On voit que c'était dans le titre que se trouvait le pétard.

Sur la fin de l'empire, la jeunesse des Ecoles, désabusée de tout, faisait de ses négations un corps de doctrine, les uns allant au Positivisme de Charles Comte et de Littré, les autres se jetant dans le Panthéisme de Spinosa. On disait publiquement : « Je suis pour la liberté de conscience » ou : « Je suis

« pour la Libre Pensée, » et cela voulait dire très nettement qu'on avait secoué toutes les vieilles croyances religieuses et philosophiques. En bon français, on professait l'athéisme ainsi que cela avait lieu, le siècle dernier, chez le baron d'Holbach, toutes les fois que Denis Diderot prenait la parole. Mais pourtant on n'osait pas dire cruement qu'on fût athée. Le Journal de Vermersch le disait, lui, sans berguiner et l'audacieux comptait bien sur cet acte de témérité pour que les yeux de Paris entier se fixassent sur sa mansarde. En cela, il se trompait. On regarda la publication de l'*Athée* comme une fantaisie de jeune homme, et le journal mort-né n'alla pas au-delà de deux numéros. Le pétard avait fait long feu.

— Remettons-nous donc à faire des vers d'amour, se dit Vermersch.

A cette même époque, concurrement avec la *Vie Parisienne* de Marcellin, paraissait, rue de Fleurus, un charmant petit illustré, intitulé *Paris Caprice*. Ce cahier de tous les huit jours avait pour fondateur M. Fernand de Rodays, l'un des trois hommes du *Figaro* actuel, et pour rédacteur en chef M. Eugène Schnerb, aujourd'hui préfet de Meurthe-et-Moselle, à Nancy. Les gravures venaient de crayons d'élite. Entr'autres je citerai Cham, Grévin, Régamey et Robida. Quant au texte, nous étions une demi-douzaine à le fournir, mais avec des pseudonymes, parce que, pour nous conformer au programme, cette prose, destinée aux cafés militaires et aux jolies recluses du Pays-Bréda, devait être assez décolletée. Parmi les rédacteurs assidus je citerai MM. Henri de Pène, Paul Féval, Ernest d'Hervilly, Paul Lafarge, Gustave Bourdin, Gabriel Guillemot, Arthur Arnould, Oscar de Poli, un philosophe austère, du nom de Bougeart; plus, moi-même. Eugène Vermersch, l'*Athée* ayant disparu, y apportait des vers par brassées.

Je le répète mordicus, beaucoup de ces vers sont charmants. Signés par Emile Deschamps ou par Alfred de Muset, ils eussent été aux nues. En voici un bouquet, tenez, qui ne manquent point d'allure. Chose très curieuse venant d'un démagogue qui devait être, avant deux ans, l'un des porte-paroles de la Commune, ils sont empreints d'un parfum aristocratique des plus prononcés. L'image, œuvre de Régamey, représente, en été, une vieille marquise, étendue de son long sur son fauteuil, au milieu d'un jardin, tapissé d'œillets et de roses. Un chien fidèle se roule aux pieds de la vieille dame, tandis q'uelle-même passe en revue les souvenirs de sa vie de jeune femme.

Lisez et jugez.

SUR UNE ROBE DE SATIN BLANC

Au fond d'un grenier ténébreux
Dans une armoire abandonnée,
Suspendue à des clous poudreux,
Rongée aux vers, toute fanée

Une robe gît dans un coin,
Veuve de son odeur exquise
D'ambre, d'iris et de benjoin ;
C'est la robe de la Marquise ;

Une robe de satin blanc,
Jadis lumineuse et fleurie,
Etalant à chaque volant
La dentelle et la broderie,

Et laissant entrevoir le sein
Par l'échancrure du corsage
Mais le temps vieillit le dessin
De ces robes de mariage.

Et la robe alors apparaît
Par les ais mal joints de l'armoire
Dans le clair obscur du retrait
Avec ses tons de vieil ivoire.

Une araiguée aux jeux hardis
Pend à la dentelle poudreuse
Dont le caprice blanc jadis
Tremblait sur la gorge neigeuse.

Ce n'est plus le temps des amants
Des baisers et des fanfreluches ;
La Marquise a des cheveux blancs
Sous son bonnet à grandes ruches.

Son vieux corps est enseveli
Dans une robe feuille-morte ;
Son cœur est en proie à l'oubli,
Et, dans un fauteuil on la porte.

Elle n'aime plus à présent
Que son jardin, fouillis de roses ;
Elle trouve satisfaisant
Le langage muet des choses,

Et suit de son œil vague et mort
Sur la bouche des fleurs vermeilles
Le bal d'azur, de pourpre et d'or.
Des papillons et des abeilles.

Ceux qui exigent que toute pièce de vers soit un enseignement diront peut-être que ce n'est là que de l'art pour l'art, des rimes pour des rimes, mais imaginez-vous rien de plus doux ni rien de plus jeune.

Au reste, ce même thème des douairières rêveuses ou repentantes plaisait au plus haut point à ce joueur de vielle. Voilà donc un autre tableau de la vie aristocratique. Dans un château pauvre, — et il y en a — deux femmes vivent ensemble, la mère et la fille, et, comme il n'y a pas de dot à donner à la belle enfant, nul ne vient troubler leur solitude. Vous allez voir quel parti le poète tire de cette situation.

Suivant la gravure de Régamey, la scène représente une châtelaine de cinquante ans endormie dans son fauteuil et une jeune fille de dix-neuf ans, entr'ouvrant mélancoliquement la fenêtre qui donne sur la grand'route.

Dans une province éloignée,
La vieille dame aux yeux pâlis
Retient, clémente et résignée,
Sa fille, blanche comme un lis.

Avec deux mille francs de rentes
Elles vivent dans un château
Qu'assiègent les plantes grimpantes,
Qu'entourent des fossés sans eau.

Dans les chênes de l'avenue
Se sont établis des corbeaux,
Qui guettent la jeune inconue
Brodant derrière les vitraux.

Pour saluer la Solitaire
Il faut se détourner exprès ;
Nul ne vient plus la voir. Le père
Dort près de là, sous les cyprès.

Maintenant elles restent seules,
Dans un accord silencieux,
Avec le calme des aïeules
En ne se parlant que des yeux.

Dans les chambres supérieures
Nul bruit. Le choc aux lourds dressoirs
D'un verre va durant des heures
Se répéter dans les couloirs.

Le jardin aux vagues allées
Par les ronces est envahi ;
Le sein des nymphes désolées
Sous la mousse froide verdit.

Le lierre noir, la bourrache
Dérobent mal les murs blafards
Et l'étang, assoupi, se cache
Sous des nappes de nénuphars.

Vers le crépuscule, en automne,
La mère s'endort, l'œil mi-clos,
Et son haleine monotone
Et faible, siffle à temps égaux.

Parfois la vierge aux tresses blondes
Abandonne alors son travail
Et rêve aux épouses fécondes ;
Elle pousse un peu le vitrail.

Et, contemplant ce paysage
De solitude et de langueur,
Tout bas, elle pleure à l'image
De ce qu'un jour sera son cœur.

Sérieusement je ne crois pas qu'il y ait rien de plus parfait comme expression de mélancolie chez les lackistes de l'école de Wordsvorth. Tout un drame de sacrifice et de tristesse se déroule dans un cadre restreint de quarante vers.

Ces couplets et beaucoup d'autres du même ton pouvaient être du goût des raffinés, mais que vous dire? *on chatouillait tant la Muse, à cette époque-là* (style du jour), on faisait tant et tant de vers que personne ne prenait plus la peine de s'étonner ni d'applaudir. Faire cent jolis vers ou en faire cent mille, cela revenait absolument au même. C'était sans doute ce que se disait Eugène Vermersch et, voyant qu'il n'avançait pas, il songea à un nouveau pétard afin de forcer la main à la Renommée. Cette fois, l'ancien rédacteur de l'*Athée* fit paraître, avec l'accompagnement d'un grand luxe, une brochure sous ce titre :

LE GRAND TESTAMENT DU SIEUR VERMERSCH

Il y a de tout dans le factum en grands vers carrés du journaliste, des chants d'amour, des injures aux bourgeois et l'étrange prophétie d'un homme qui dit au lecteur : « Vous verrez qu'on me fusillera, un jour, sur une barricade. » Peu s'en est fallu que la prédiction n'ait reçu son accomplissement, et pourtant Eugène Vermersch, condamné à mort par les conseills de guerre, a fini dans son lit, mais fort lamentablement, en exil, à Londres. Pour en revenir à ce testament, l'idée n'avait rien de précisément original, venant après le Joseph Delorme de Sainte-Beuve et l'œuvre fameuse de Charles Lassailly : *Les Roueries de Trialph, notre contemporain avant son suicide*. Ainsi ce n'était qu'une manifestation funèbre, renouvelée des Romantiques.

Du reste, le nouveau pétard ne produisit non plus aucun résultat.

Force lui fut de se remettre à ses chansons. Il en fit de débraillées, et de licencieuses, car, en 1868, l'amour de la pornographie arrivait à grands pas. De ces couplets qui auraient besoin d'être décorés d'une feuille de vigne, je n'en citerai aucun. Mais, par bonheur, vu l'abondance de ses productions, on peut en trouver de plus chastes, et, par exemple, voyez cette jolie villanelle, visiblement imitée du grand Ronsard.

LA NUIT DANS LA FORÊT

Tais-toi, mon Ame et ma Sœur !...
La douceur
De la lune met aux branches
Des frêles bouleaux neigeux
Les tons bleus
Et délicats des pervenches !

On n'entend rien dans les bois :
Ni la voix
Mystérieuse des fées,
Ni le bruit obscur des nids
Assoupis
Ni les plaintes étouffées

Des papillons, sous les cieux
Somptueux,
Ni la frugale fourmie,
Ni même les derniers sons
Des chansons
De la cigale endormie !...

Pas un seul chardonneret
N'oserait
Maintenant se faire entendre ;

Nul oiseau de la forêt
Ne saurait
Composer rien d'aussi tendre

Que ce doux silence aimé,
Bien rythmé,
Pour notre extase amoureuse,
Par les très chers et très lents
Battements
De ta gorge langoureuse...

Oh !... le rossignol s'est tu!...
Et, vois-tu,
Je sens tout mon cœur se fondre !...
Ne parle point, même bas !...
Ne prends pas
La peine de me répondre !

Rien, Mignonne, ne dis rien :
Je sais bien
Tout ce que tu pourrais dire !...
Écoute, petite Fleur :
Dans mon cœur
Toute la forêt soupire !...

Ces extases de tendresse sous la feuillée, cet amour pur pour une femme, qui est autant une sœur qu'une maîtresse, ne dureront pas, puisque rien ne dure ici-bas. Un jour, la porte de la mansarde étant ouverte, la bien-aimée s'échappe. Dieu sait où elle s'envole ? Attendez, le soupirant va nous dire la chose et sans ménagement. Ah ! c'est triste, cette fugue ! Nous pouvons, au surplus, nous rappeler que semblable mésaventure est arrivée autrefois à Henry Murger qui a raconté en prose cette défaillance de Musette, la Muse de l'Infidélité.

Eugène Vermersch aussi rencontre, à la nuit tombante, celle qu'il a déifiée dans sa mansarde et qui, après s'être envolée, vend son amour à tout venant. Ainsi, c'est donc comme dans les récits qu'on peut lire chez l'auteur de la *Vie de Bohême*, des pleurs pour une fille. On trouve là deux ou trois strophes des plus émues.

A CELLE QUI EST PARTIE

Puisque, fière et parée,
Je vous ai rencontrée
  Hier au soir ;
Et que je t'ai heurtée
Dans ta robe effrontée
  Sur le trottoir ;

Et que j'ai bu la lie
De la mélancolie
  Dans tes yeux bleus,
Je me rends ! Oui, je t'aime.
Je suis toujours le même,
  Ton amoureux !

Le grand jaloux farouche
Qui ne veut que ta bouche
  Et les baisers
De tes lèvres de fraise !
Et dont le rêve baise
  Tes doigts rosés !

O ma petite blonde !
Je sais bien que le monde
Rira très fort
De ce naïf dont l'âme
Jette aux pieds d'une femme
Ses perles d'or!

Car, ô méchante belle.
Tu me fus infidèle
Insolemment ;
De ma lâche faiblesse
Tu profitais sans cesse
Cruellement ;

Et plus d'une semaine
Tu me promis, vilaine,
Que tu viendrais ;
Tu ne vins point, mignonne !
Et (que cela t'étonne)
Moi, je pleurais.

Moi que souvent on nomme
(Oh ! bien à tort) un homme
Rude et méchant !
O la souffrance noire !...
C'est difficile à croire :
C'est vrai pourtant !

O ma pauvre amoureuse !
La route douloureuse,
J'y fus longtemps;
Maintenant pourtant j'aime
Nos trois mois de Bohème
Et ces instants

Où, fraîchement écloses,
J'ai pu cueillir des roses
Dans ton cher cœur
Et baiser tes soyeuses
Paupières langoureuses
Avec fureur !

Et voici que j'oublie
Ce que ma vieille vie
A d'attristant ;
Je me refais une âme
Neuve pour vous, Madame !...
On vous attend!

« — Tantôt tu chantes l'amour, joyeusement, sur « les branches, et tantôt tu gémis dans le creux « d'un arbre. Es-tu un rossignol ou un chat-« huant ? » demande Pope à un poète de son temps. Cette même question, semblable à une flèche barbelée, on aurait été en droit de la faire à cet irrégulier de la prosodie qui passait sans cesse des trilles au trémolo. Encore un petit bout de temps, et il allait se transformer tout à coup. L'amour tient sans doute une grande place dans la vie d'un jeune homme, mais au milieu des temps troublés que nous traversons, l'amour n'est pas tout. Sous le coup d'événements brusques, l'étoile de Napoléon III pâlissait ; l'empire, fort entamé par l'invasion des idées libérales, penchait peu à peu vers sa ruine. Le meurtre de Victor Noir, œuvre de Pierre Bonaparte, devenait un nouveau sujet de mort pour l'établissement napoléonien. Afin d'empêcher la chûte du trône, l'Impératrice avait obtenu, et comme une diversion, et comme une occasion de redorer la couronne, que l'on fit la guerre à la Prusse. On sait ce qui est arrivé. Après la lamentable journée de Sedan, le 4 septembre était inévitable. Une fois la République proclamée, Eugène Vermersch sortit tout à coup de son atelier de poésie. Athée, socialiste et reportant sur les principes révolutionnaires la fougue de sa névrôse lyrique, il devint logiquement l'un des chefs de la jeunesse turbulente. Voilà comment il fut l'un de ceux qui ressuscitèrent le *Père Duchêne*.

Une chose à noter, c'est que la Révolution de 1789, si originale à tous les points de vue, soit devenue à la longue ce que les peintres appelleraient un *thème à ponsifs*. En effet, ses trois filles, les Révolutions de 1830, de 1848 et de 1870 ne sont plus, en face de leur mère, que de serviles imitatrices, disons des plagiaires. Ce serait à faire croire que, le 9 thermidor venu, la nation française ait perdu la faculté d'inventer. Langage, idées, hymnes, clubs, journaux, votation, harangues, il n'y a plus rien de neuf : on a tout repris sans cesse dans le bric-à-brac du lendemain du 14 juillet. Tant d'efforts pour n'arriver qu'à l'imitation indignait P.-J. Proudhon. « Est-ce que nous ne savons penser que par les ancêtres? » se demandait le Franc-comtois à bon droit irrité. Et il n'a pas vu le mouvement de 1870, lequel a encore plus copié 89 et 93 que ne l'avaient fait 1830 et 1848. Pour ne pas sortir de cet ordre d'idées, rappelons la réapparition du *Père Duchêne*, la vieille feuille d'Hébert. Il y avait là-dedans quelque chose comme une troisième incarnation.

On sait que ce n'était pas seulement le titre du pamphlet qu'on faisait reparaître ; ceux qui le composaient avaient bien soin aussi de remettre en relief la forme de 92, les jurons dont elle était émaillée, les b..., les f..., les tonnerres de Dieu, la mélasse, surtout la mélasse, cette locution que les générations modernes ne comprenaient plus, mais dont on ne voulait pas se séparer. « Ah ça, nom de Dieu, « Trochu se fout de nous ; est-ce qu'il va laisser « Paris dans la mélasse ? » Qui ne se rappelle cette interjection, si souvent répétée pendant le siège ? Suivant une légende qui doit être à peu près exacte, ils s'étaient mis à trois pour composer, chaque jour, le numéro du *Père Duchêne*. On nommait les citoyens Humbert, Villiaume et Eugène Vermersch, mais ce dernier passait pour celui qui a tenu le plus souvent la plume.

Vous pouvez bien penser que, pour le coup, c'en était fait des inspirations poétiques. Il était passé le temps où le joueur de mandoline modulait ses chants d'amour à la fenêtre de sa mansarde ou dans la clairière des bois en fleur. La grammaire des carrefours devenait son seul truchement, l'affreuse Euménide des guerres civiles sa seule Muse. Est-ce de lui ou est-ce de ses collaborateurs ce que je vais citer? Je ne sais au juste, mais comme il était toujours d'accord avec eux, toujours solidaire, il y a lieu de penser qu'il est bien pour quelque chose dans l'émission de cette littérature.

Ah ça, voyons, nom de Dieu, est-ce que ça ne va pas finir, dites, citoyens jean-foutres, qui siégez à l'Hôtel-de-Ville? Des discours! des discours! des discours! voilà tout ce que vous savez faire, tas de mauvais avocats que vous êtes! Jules Favre, avocat; Ernest Picard, avocat; Jules Ferry, avocat! Il y avait tant d'avocats à nous faire avaler qu'ils ont compris que c'était trop et qu'ils en ont expédié la moitié en province. Gambetta est à Tours et aussi le vieux maître Crémieux, nom de Dieu! Mais, avec tout ça, sortons-nous de la mélasse? Comment donc tous ces beaux parleurs ne voient-ils pas qu'il faut un grand coup de collier pour défoncer les lignes prussiennes? Et foutre de foutre, qu'ils se mettent à la tête des bataillons de marche, prêts à se faire casser la gueule, patriotiquement, et le peuple les suivra, et, nom de Dieu, on viendra à bout de la prussiennerie du vieux Guillaume, c'est moi qui vous le dis en bon français, tonnerre de Dieu!

Une autre fois, le *Père Duchêne*, énumérant les privations et les souffrances qu'avait à endurer la population parisienne interpellait plus directement le général Trochu, gouverneur de la ville.

Dis donc, nom de Dieu, nos femmes et nos enfants n'ont déjà plus de boudin de cheval; on ne leur donne à manger, foutre, que du pain dont les chiens ne voudraient pas, du pain fait avec du son et de la paille hachée, et voilà, sacré mille bombes, que pour ne pas mourir de faim, on se met à faire la chasse aux rats, la nuit, près de la bouche des égoûts. Hein, dis donc, est-ce que ça va durer ce train-là ? Sommes-nous assez dans la mélasse? Eh bien, ou tu es un sale Jocrisse ou tu es un sauveur? Voyons, nom de Dieu, de la poigne, du zinc! C'est ton devoir de nous tirer de là ou bien va-t-en pour laisser la place à un moins poltron, nom de Dieu! Le premier sous-off venu fera mieux que toi, foutre de foutre!

Après cette sinistre journée du 18 mars 1871 à la fin de laquelle ont été massacrés, rue des Rosiers, les généraux Lecomte et Clément Thomas, les quérimonies populaires prennent un ton encore plus aigu. Je n'ai pas à faire ici l'histoire des soixante jours qu'a duré la Commune. Ce que je veux dire c'est qu'Eugène Vermersch était de plus en plus au rang des démagogues de cette triste époque. A l'avenir, lui et les siens ne s'escrimeront plus contre les Prussiens, qui, pourtant ne cessent point de serrer Paris à la gorge; ils n'ont plus en vue que Versailles. Ils ont lâché Trochu pour se jeter sur Thiers. Du président de la République, ils font plus qu'une bête noire. L'historien de la Révolution française est une sorte de Saint-Sébastien, attaché nu à un arbre, comme celui d'Ingres, et sur lequel ils font tomber du matin au soir une nuée de flèches. Thiers est le monstre des monstres, un vampire, un traître, le dernier des scélérats. On va jusqu'à rendre un décret en vertu duquel sa maison de la place Saint-Georges est démolie jusqu'à la dernière pierre. Il est vrai que les brutes qui renversent cet immeuble seront probablement les mêmes qui, six mois après, seront appelés à le reconstruire. Mon Dieu ! même chose s'était passée à Rome, deux mille avant pour Cicéron consul. Vico nous a dit que l'histoire est un serpent qui se mord la queue.

J'ai hâte de passer vite sur les épisodes de cette lutte fratricide. Jamais les mains françaises ne se sont autant trempées dans le sang français. Jamais les rues de Paris n'auront été le théâtre d'un carnage aussi sacrilége. La vérité exige de noter que l'acharnement et le mépris des lois de la justice éternelle ont été les mêmes chez les vainqueurs et chez les vaincus. Si les communards ont mis le feu à la ville, les Versaillais aussi ont incendié la ville avec leurs bombes. Si les insurgés ont fusillé sans jugement l'archevêque de Paris, les otages et Gustave Chaudey, les soldats dits de l'ordre ont tué aussi à tort et à travers et aussi sans jugement, et des fédérés, et leurs femmes et aussi des innocents. Habitant alors un quartier voisin du parc de Monceaux, j'ai été témoin d'attentats sans nom, commis tour à tour par les hommes du drapeau rouge et par les hommes du drapeau tricolore. Un jour, à la veille des journées de juin 1848, Victor Hugo, parlant à la tribune de la Constituante, a comparé la guerre civile à un tigre. L'image n'était pas encore assez forte. C'est à cent tigres déchaînés que doit être assimilée la guerre des rues, entre citoyens d'une même nation.

Que devint Eugène Vermersch pendant la sanglante bagarre ? On prétend que, durant la Commune, les bureaux du *Père Duchêne* étaient placés à la Préfecture de police, sous la protection immédiate de Raoul Rigault. C'est un fait qu'il ne m'a pas été possible de vérifier et, après tout, il n'y aurait là-dedans que peu d'importance. La seule chose à constater, c'est que, comme presque tous ceux qui ont marqué dans le mouvement communaliste, le poète qui faisait de si jolis couplets sur les grisettes du Pays Latin et sur le murmure des forêts, a trouvé moyen de s'échapper. Il a donc été à même de quitter Paris sans qu'on sache comment. Dès le mois de juin, il vivait en réfugié à Londres et pour y trouver un gagne-pain, il y publiait un journal, mais, bien entendu, une feuille de petite envergure, composée en français.

Si l'anglo-saxon aime les maîtres de notre littérature, s'il pille nos romanciers, s'il adapte pour son théâtre les chefs-d'œuvre de nos auteurs dramatiques, s'il prend plaisir, non à parler, mais à ânonner notre langue, néanmoins il se montre toujours hostile à notre presse dont le ton léger ne saurait cadrer avec ses goûts. Il est sans exemple qu'un journal français, même d'une mince périodicité, ait jamais réussi au-delà du détroit. Eugène Vermersch eut beau s'évertuer, faire le bel esprit, en prose et en vers, la petite feuille qu'il avait créée se mourait, faute d'abonnés. Quant à lui, conséquemment, il tirait le diable par la queue.

Ici se place le dernier acte de la vie du Bohême. D'abord artisan de folles rimes, puis propagateur des colères de la libre pensée, déposée dans l'*Athée*, puis redevenant pifferaro pour chanter l'amour au clair de lune, il se jette à corps perdu dans le tourbillon de la politique courante. Dès lors comme il est du nombre des implacables qui accusent avec le plus de sévérité les hommes du 4 septembre, on est en droit de supposer qu'il y a en lui un de ces jeunes Catons qui ne fléchiront jamais à aucun prix même en exil, même devant la mort, et l'on se méprendra au plus haut point. Cette barre de fer ne sera qu'un roseau pliant au premier vent. Eugène Vermersch a peur de la faim. Ce rédacteur du *Père Duchêne* fléchit. On sait qu'en revenant de Wilhelmsohë, Napoléon III s'est réfugié à Chislehurst, dans la banlieue de Londres. Eh bien, l'ex-intransigeant négocie avec les agents de l'ex-empereur. Il reçoit la sportule des mains de celui dont il a demandé la déchéance et réclamé la mort !

Ce que nous disons là n'est un secret pour personne. A la nouvelle d'un tel fait, les débris de la Commune se sont émus. Une enquête a été ouverte.

De l'examen des pièces il est résulté cette certitude qu'Eugène Vermersch était un traître. Ceux de ses anciens co-religionnaires politiques qui le rencontrent lui crachent au visage. La belle avance ! Le voilà à l'index. — « Tu aurais mieux fait de te faire loger une balle dans la tête par les Versaillais » lui dit-on. A dater de ce moment-là, sa vie n'est plus faite que d'opprobre. Par bonheur pour lui, un matin, il tomba malade et s'endormit du dernier sommeil, enveloppé par les brouillards de la Tamise comme par un linceul. On le voit, la Mort a été clémente pour lui. Plus tard, s'il eût vécu, il n'aurait pu profiter de l'amnistie, à moins d'avoir cent couleuvres à avaler, chaque jour.

Pendant son séjour à Londres, s'imaginant charmer les Anglais, il s'était remis à faire des vers, mais il ne s'agissait plus d'idylles ni de bavardages. Non, ce qu'il célébrait d'avance, c'était le retour des gens de la Commune et leur revanche. Pour exprimer ses sentiments à cet égard, il avait amassé des flots de bile et il s'arrangea pour faire passer dans ces strophes le trop plein de son amer. Une figure avait le privilège d'allumer sa fureur ; c'était celle de M. Thiers, car, en ce moment, il était de mode d'attribuer à cet homme d'état tout ce qui s'était fait d'impitoyable pendant la répression. Eugène Vermersch, cherchant à parodier l'auteur des *Orientales*, publia dans Pall-Mal une longue pièce, gonflée de rancune, sous ce titre : *La Septentrionale*. Vingt-deux couplets formaient le tissu de cette effroyable cantate, et voici, mot pour mot, l'un des premiers.

J'aime Sara la baigneuse
Qui se balance, rieuse,
Au-dessus de l'Ilyssus.
Mais un Thiers qui se balance
Au sommet d'une potence
Me plaît plus.

De ces vers ils ne reste plus trace. A dater de 1874, il n'a plus été question de l'ancien rédacteur du *Père Duchêne* dont les restes n'ont pas été ramenés en France.

IX

Ponson du Terrail. — Un homme trop blagué. — M. Roulland, gouverneur de la Banque de France. — M. Guizot. — Un mot de Marie Aycard. — Un mot de Théophile Gautier. — *Rocambole.* — Etait-il de famille noble ? — Un fabricant de cuillères de bois. — Pataquès littéraires. — Une conversation avec Adolphe Guéroult. — Quels sont les véritables goûts du peuple en littérature ? — Les débuts. — 1848. — La garde mobile. — Un journal de l'abbé Migne. — La *Nonne Sanglante.* — Succès sur succès. — Un peu de luxe. — Le panier. — Proposé pour la croix. — Effacé par Napoléon III... lui-même ! — Mariage. — Changement de front. — 10,000 francs en or et une maison à Auteuil. — L'année terrible. — Une compagnie de francs-tireurs dans le Loiret. — Tours et Bordeaux. — La variole noire. — Mort. — Rappel des cendres à Paris. — Émile Gaboriau. — Une jeunesse orageuse. — De hussard bureaucrate. — De l'influence du *Tintamarre.* — Un mot de Commerson. — Le parti des *Je-m'en-foutistes.* — Julien Lemer. — *Jean Diable.* — Un premier roman. — *L'affaire Lerouge.* — Une méthode de composition : toujours le même ouvrage. — Plus heureux que H. de Balzac. — Une boîte en carton. — Un nez tombé. — Aux bains de mer. — Mort. — Ce qu'est devenue Mélie.

— Comment ! voilà que les demi-dieux daignent venir boire de la bière par ici ! s'écriait Grenier. Tenez, voilà votre ami, le grand romancier, qui vous salue de la main !

Le grand romancier, c'était Ponson.

Mon Dieu, oui, Ponson du Terrail,le vicomte Ponson du Terrail, ce nom-là, en effet s'élevait par l'effet d'une gradation. Ayant à aller à Auteuil, à pied, en longeant les quais de la Seine, il s'était arrêté, un moment, au café de Robespierre afin de s'y rafraîchir.

De taille moyenne, fluet, mais bien planté sur ses jambes, la figure assez vulgaire, si vous voulez, mais pourtant bien dessinée, assez fine, Ponson était encore jeune ou, du moins, il paraissait toujours l'être. Tout vicomte qu'il eût la prétention d'être, il était d'une mise commune, ni élégante ni négligée. Un pardessus vert-russe, un gilet noir quelque peu défraîchi, un pantalon quadrillé. Le chapeau était-il brossé avec soin et, chaque jour ? On aurait pu en douter. Notre gentilhomme, très grand fumeur, avait presque constamment un cigare à la bouche, mais un cigare de cinq sous.

A tout prendre, on ne pouvait s'empêcher de voir en lui un très bon garçon,fort tolérant,avenant et ne *bêchant* pas trop les gens de son métier, chose assez rare. J'ajoute que, malgré sa vogue, il s'arrangeait pour nêtre jamais ce qu'on appelle un poseur.Il causait peu, surtout il ne voulait point parler journaux. D'autres prédilections paraissaient préoccuper son esprit, par exemple, les chevaux, les chiens, la chasse, tout ce qui se rapportait à la vie cynégétique.

S'il faut le dire nettement, je pense et j'ai toujours pensé qu'on avait trop blagué Ponson du Terrail. Qu'il n'ait pas été un grand romancier, mais seulement un gros faiseur de romans, d'accord. Que son œuvre témoigne d'une ignorance intolérable chez un écrivain de race, je ne le nierai pas davantage. Mais faut-il lui dénier tout mérite, ainsi que se sont plu à le faire d'acerbes critiques ? Une chose qui est hors de doute, c'est qu'il aura eu autant que qui que ce soit chez nous la faculté d'inventer et, qu'en second lieu, il a souvent le droit de prendre rang parmi les observateurs les plus clairvoyants de notre littérature. Au surplus si les *fruits secs*, tous doublés d'envieux, dans les cafés Littéraires, faisaient profession de japper sans cesse contre sa manière d'écrire, c'était moins en vue de son style qu'à cause de son prodigieux succès. De 1855 à 1870, l'auteur du *Gant de Diane* a été celui des conteurs qui allait le plus aux instincts de la foule. Je sais bien que ce ne serait là qu'un *criterium* défectueux et je ne prétends point en induire qu'il faille amnistier le diseur de fariboles, en raison de cet assentiment des masses. Pourtant il faut bien, bon gré, mal gré, donner le fait pour un bon point, car, au bout du compte ne charme pas la foule qui veut. Les lions sont difficiles à dompter et les buses aussi. J'ai vu plus d'une fois, au Palais-Royal, dans la librairie E. Dentu, de beaux messieurs et de belles dames, descendre de leurs carrosses, venir en personne acheter, le jour même de leur apparition, les romans de Ponson du Terrail. J'ai vu mieux que ça, j'ai vu le groom de M. Roulland, alors gouverneur de la banque de France, venir faire le pied de grue au nom de son maître pour avoir le premier exemplaire du dernier volume tiré. J'ai à faire la même remarque pour le valet de M. Guizot,portant un billet du grand personnage, réclamant le même privilège. L'ancien président du conseil des ministres, sous Louis-Philippe, ajoutait en trois lignes qu'il attendait le roman en question pour se débarrasser la tête d'une migraine. Que ditez-vous de ce trait-là, ô vous tous, qui, au seul nom de l'auteur, sautez en l'air ou qui vous échappez en gestes pleins de mépris ? Et ce n'est pas tout : un littérateur qui n'a, je le sais, écrit que de petits croquis, mais qui en a fait par milliers et de charmants, Marie Aycard, si justement populaire, il y a cinquante ans, nous disait, un jour, à la Société des Gens de lettres : « — Tout compte fait, » Ponson a plus d'or dans son talent que les impuissants qui le raillent n'ont de billon dans leur blague. »

Parmi ces derniers, à la vérité, se trouvait Paul Féval.

« — Bon ! reprenait finement Marie Aycard, ce « sont presque deux frères jumeaux. S'il y a une « différence entre eux, c'est celle qui existe entre le « merle et le sansonnet. » Je me rappelle aussi que Théophile Gautier, juge bien désintéressé dans la matière, s'emportait en violents éloges à propos de deux ou trois récits de l'intrépide feuilletonniste. Ainsi, par exemple, il ne tarissait pas sur *Le Chambrion* et sur *Le Grillon du moulin*, deux tableaux de la vie rustique, deux drames qu'on ne peut lire sans intérêt.

Personne n'ignore que Ponson du Terrail a obtenu les plus grands succès de lecture de ce siècle par la publication de *Rocambole*, cette histoire étrange, folle, cent fois invraisemblable, d'un garnement de Paris, qui, au fond, n'était qu'un habile décalque de cette terrible figure de Vautrin, si superbement placée par la main magistrale d'H. de Balzac dans le *Père Goriot* et dans *Spelndeurs et misères des courtisanes*. Ce Rocambole a été surtout du goût des gens du peuple. L'auteur l'a mis en feuilleton, en roman, au théatre et partout il a reçu le même accueil, et cependant, je dois le dire, dans l'intimité, l'auteur professait peu d'estime pour son personnage. Ce drôle qui courait sur les toits, ce meurt-de-faim qui jouait à l'aigrefin, ce gredin qui allait au bagne et qui s'en évadait, c'était un type de voyou qui froissait les goûts aristocratiques du conteur. Parcourez des yeux la nomenclature des œuvres de Ponson du Terrail, et vous verrez que, dans la plupart de ses romans, l'action se passe dans un milieu de princes, de grandes dames et de gentilshommes. Un palais, un château pour le moins, les tapisseries d'Aubusson, le velours, le diamant, la plume d'autruche, des yeux de duchesse, des rapières de marquis, c'était sa mise en scène de prédilection. C'était ce qui lui faisait dire, le jour où il se présentait à M. Delamarre, le propriétaire de la *Patrie :*

— Monsieur, je suis un écrivain de cape et d'épée.

On se moquait encore de lui à ce sujet, on le criblait d'épigrammes, parce que, sachant, qu'à tout prendre, son origine n'était que celle d'un trop petit bourgeois, il s'entêtait à se donner pour un noble de vieille roche, arrière-neveu du chevalier Bayard, un ancêtre qui n'écrivait point mais qui avait un si grand cœur. Dès ses débuts, cédant à cet appétit de gentilhommerie, il avait commencé à la *Mode*, petite Revue légitimiste, par signer une Nouvelle comme il suit : *Vicomte Ponson du Terrail*, et ce petit coup d'audace avait presque pris l'autorité d'un précédent. Mais les contemporains de son terroir avaient protesté, suivant l'usage. Etant lié avec un bibliophile des Hautes-Alpes,

M. Amat, un de ses cousins par alliance, ancien avoué à Gap, puis maire de cette ville, j'entendais ce digne homme s'inscrire en faux contre ce titre trop insolemment affiché.

— Vicomte ! lui vicomte ! s'écriait M. Amat. Nous sommes de la même famille et je vous dirai en confidence que cet excellent Ponson,qui est,sans doute, quelque peu du Terrail par sa mère, a eu pour grand-père un fabricant de cuillères de bois. Faites donc le vicomte avec ça !

Eh bien, non, car scholies parlées n'empêchaient aucunement le romancier du peuple de trancher de l'homme de cour. Les temps féodaux étaient pour lui un objet d'admiration ; c'était sans doute comme chez Walter Scott une prédilection fondée sur le côté pittoresque de cet âge-là. Assis devant sa table de travail, il évoquait les castels, les tournois, les gants de velours jetés aux chevaliers par les châtelaines, les ménestrels, tout un bric-à-brac historique mis au rancart depuis quatre siècles. On a souvent cité, pour le tourner en ridicule,le mot, à la vérité, bien grotesque, bien inattendu qu'il prête à l'un de ses héros. La scène représente une orgie du règne de Charlemagne. Plusieurs chevaliers vident des hanaps pleins d'hypocras et l'un d'eux qui tient le crachoir,dit fort naïvement,en s'adressant à ses pairs :» Nous autres hommes du moyen-âge » Eh bien, certainement, c'était là un tour à la Calino et les bons petits camarades de la presse satirique le lui ont fait payer cher, tant ils ont mis d'art à le répéter. Mais Ponson du Terrail n'a pas voulu se laisser déferrer et il ne s'est point, pour si peu, corrigé de sa vive sympathie pour les figures ni pour les choses du monde aristocratique. Tenant bon quand même, il persistait à ne faire entrer dans le personnel de ses romans que des gens de haut lieu, nuancés de paysans.

— Pas de confusion, disait-il : le paysan est de roture, soit, mais ce n'est pas un malotru. Le paysan est l'ombre du seigneur. Je le considère comme une parcelle du fief. A la campagne, un duc ne déroge pas en mangeant à la table d'un paysan. Il refuserait de s'asseoir à celle d'un bourgeois ou d'un ouvrier des villes. Cà vous choque peut-être, mais que voulez-vous que j'y fasse ? c'est comme ça parce que c'est comme ça !

Après cet éclatant succès de *Rocambole*, dont je parlais tout à l'heure, on venait de toutes parts lui demander des romans roulant encore sur les gens du peuple. Ou il faisait la sourde oreille ou il refusait net, en répondant que ce genre de travail n'était pas dans ses cordes. Vainement les spéculateurs faisaient miroiter à ses yeux l'appât d'un lucre peu ordinaire. S'il consentait à raconter la vie d'un outlaw de nos faubourgs, il tirerait aisément de son sac trois montures ; ce serait d'abord le feuilleton, puis le livre, et, en fin de compte, le théâtre, si fécond en rendement. Un demi-million, probablement. Mais, fidèle à sa poétique, le romancier de cape et d'épée, rejetant les loqueteux, revenait de vive force à ses créations de beaux courtisans à panaches et de favorites habillées de satin.

Un jour que je l'avais rencontré au café du Cercle, où très volontiers, entre la demi-tasse et le petit verre, il brochait le feuilleton en cours de publication dans les colonnes du *Petit Journal*, je fus à même de voir que, quand il le voulait bien, il savait avoir à son service un peu d'esthétique et une bonne dose de finesse. Adolphe Guéroult, le directeur de l'*Opinion Nationale*, venait de lui faire une des propositions que je viens de noter et il appuyait sur ce fait que, s'il voulait un récit de ce genre-là, c'était afin de pouvoir pénétrer dans les couches populaires, chez les ouvriers du faubourg Saint-Antoine ou bien chez les maraîchers des environs de Paris.

— Eh bien, mon cher, lui répondit Ponson en arrangeant son cigare, vous faites un faux calcul, croyez-le bien. C'est une très grave erreur de croire que les lecteurs aiment à se trouver en face d'acteurs de leur monde. Non, non, l'homme du peuple n'aime pas tant que ça l'homme du peuple, de même que le marquis ne prend point plaisir à se voir sans cesse servir des marquis. Ce serait plutôt le système opposé qui serait le vrai. Nous tous tant que nous sommes, nous nous laissons attirer par l'attrait des contrastes. Tenez ! j'ai observé ça encore, l'autre soir, à l'Ambigu. On y jouait un mélodrame d'Anicet Bourgeois, où l'on voit un scieur de long qui est malheureux, pris à tort pour un coupable, coffré et persécuté. Ç'aurait dû faire pleurer la foule, n'est-ce pas? Eh bien, non : cette figure du porte-blouse a fini par fatiguer les masses elles-mêmes. Eh ! dame, c'est la traduction d'un mot de Victor Hugo dans *Littérature et philosophie mêlées* : « Si le peuple n'y prend garde, il finira par se dépopulariser. » Je vous disais donc que, ce soir-là, à l'Ambigu, le public populaire s'est fâché. Alors les troguons sont tombés du paradis dru comme grêle. Et, en analysant leurs cris, je comprenais bien qu'il y avait là-dedans une satiété, d'abord ; puisqu'ils n'avaient pas trouvé le vieux mélodrame de leur goût. Que voulez-vous ? j'ai une toquade, moi ; j'estime qu'ils préfèrent d'Artagnan, et les beaux coups de rapière d'Athos et de Porthos. Je pense que c'est cela qu'il leur faut aussi bien qu'il faut les malheurs d'une duchesse pour faire pleurer les blanchisseuses de fin. Des gens de cour, des fracs brodés, des falbalas. Si vous voulez plaire aux gens du peuple, donnez-leur du panache.

Evidemment, ce jour-là, il parlait d'or.

Si Ponson du Terrail n'était pas un grand esprit,

si, même, il n'était qu'un esprit vulgaire, peu ou point lettré, on a le devoir de reconnaître que c'était un homme sûr, un aimable garçon et, à l'occasion, un bon cœur. Du métier littéraire, il ne prétendait pas faire un art, mais seulement un gagne-pain. Etant arrivé du Midi à Paris, la dernière année du règne de Louis-Philippe, il s'y trouvait sans ressource, ne sachant trop comment il s'y prendrait pour vivre. S'emparer d'une plume, écrire des billevesées, construire des contes à dormir debout, la chose, au demeurant, lui avait paru être plus aisée à mener qu'une autre profession, et c'était en raison de cette facilité d'exécution qu'il avait choisi son rôle de romancier. Mais cela n'avait pas marché tout seul, surtout si l'on veut bien se rappeler que la Révolution du 24 Février étant survenue avec la rapidité d'un coup de tonnerre, le feuilleton était tout à coup délaissé pour la politique. En ces temps d'orage, on ne pouvait guère plus s'occuper du roman ; Eugène Sue composait *l'Echo des campagnes*, George Sand les *Bulletins de la République* dans le cabinet de Ledru-Rollin ; Alexandre Dumas les Premiers Paris de la *Liberté ;* Alphonse Karr le *Journal ;* Paul Féval l'*Ami du peuple ;* Hippolyte Castille la *République Française ;* Alphonse Esquiros l'*Accusateur Public ;* Arsène Houssaye et Ernest Legouvé collaboraient à la *Commune de Paris* de Sobrier. Ainsi c'était une débandade générale dans le pays des lettres. Ponson du Terrail, qui n'était toujours qu'un débutant, n'ayant encore publié que quelques pages au *Cabinet de lecture* et à *la Mode*, vit bien du premier coup que le vent n'était plus au roman, mais au drame en action, à celui qui courait les rues, le fusil à la main, les chants de guerre à la bouche. Dès que, pour obéir au Gouvernement provisoire, le général Duvivier se mit à organiser la garde mobile, il s'y engagea très vaillamment, autant pour se poser en soldat de l'ordre public que pour trouver honorablement l'abri de la caserne et la soupe de la gamelle.

Cette valeureuse petite garde civique, en très grande partie recrutée parmi les enfants du peuple, les petits vagabonds et les déclassés, a été, à l'époque de la guerre civile, une troupe de lions. On sait avec quel héroïsme elle s'est battue. On se rappelle aussi de quelles caresses ses jeunes chefs ont été l'objet de la part des classes élevées. Des fêtes, des croix, des friandises, même le sourire des grandes dames, on ne lui refusait rien. Mais républicaine dans son essence, elle était de bonne heure marquée pour disparaître. Très peu de temps après l'élection du 10 décembre, le nouveau président la biffait d'un trait de plume. Elle fut licenciée. Ce fut alors que Ponson du Terrail revint à son écritoire et s'aventura dans le roman-feuilleton, cette spécialité de récits bizarres dont il devait être prochainement le fournisseur le plus en vue.

C'était l'époque où l'abbé Migne fondait le *Journal des Faits*, une feuille non politique ou à peu près, tout entière consacrée à l'enregistrement des épisodes journaliers, sans logomachie et sans phrase. Une telle publication semblait avoir été créée exprès pour permettre à l'ex-garde mobile de se mettre en évidence. Pour commencer, copiant Anne Radcliffe, au moins dans l'un des titres de ses histoires extravagantes, il se prit à faire la *Nonne Sanglante*. Le moyen qu'une étiquette de cette sorte n'agît pas sur le peuple! Cette fantaisie dans laquelle abondaient les coups de poignard eut des succès; c'était la manière d'Eugène Sue avec l'observation en moins.

— Puisque le public y mord, j'y reviendrai, se dit le jeune auteur.

Et, effectivement, il y est revenu; il s'est tenu parole pendant vingt ans de suite, accumulant romans sur romans, mélodrames sur mélodrames, crimes sur crimes, mêlés d'enlèvements, de duels, de scènes de bagne, de faux, de viol, de suicides et, en un mot, de tout ce qui, dans notre ordre social, constitue l'abomination de la désolation, Tout en travaillant à tant d'horreurs, un peu chez lui, beaucoup sur la table des cafés, Ponson du Terrail était le premier à rire de ce qu'il faisait. Jamais. je le crois, il n'a pris au sérieux cette poétique étrange dans laquelle il ne mettait que peu de son cœur et rien de sa tête, car il ne se donnait aucunement la peine de penser. Assurément il eût été bien venu à prendre pour devise ce que dit si bien Michel Montaigne, livre III, chapitre X des *Essais :* « Personne n'est exempt de dire des fadaises. Les miennes m'échappent aussi nonchalamment qu'elles le veulent. Je parle au papier comme je parle au premier que je rencontre. » Mais le succès ne lui arriva guère qu'au bout de dix années de labeur. Rompu alors au métier d'improvisateur, aidé par la réputation que tant de pages commençaient à lui faire, il était de plus en plus demandé sur la place de Paris, surtout pour les contes invraisemblables. Ajoutons que la politique chômant, il était lu par une foule toujours croissante même chez les gens d'en haut, même chez les délicats. « En France, rien ne réussit comme le succès » a dit Mme de Staël. Ponson du Terrail a pu éprouver combien il y avait de vérité dans le mot que l'auteur de *Corinne* a laissé tomber de sa plume. Un jour vint où, plus que recherché par les papiers publics, il faisait paraître à la fois un roman dans quatre journaux divers. C'étaient, s'il vous plaît, quatre romans dont il avait à donner la suite de vingt-quatre en vingt-quatre heures. « — Mais, lui disai-je, vous devez vous embrouiller dans l'enchaînement de cette quadruple action et emmêler vos personnages dans plus d'un quiproquo. » Il m'avoua qu'à sa connaissance cela lui était arrivé au moins trois fois, mais son public étant conquis, ou bien ses lecteurs ne s'en étaient pas aperçu, ou bien ils n'avaient pas songé à s'en plaindre.

Le beau temps pour cet amuseur ! Sans exagération, il tirait des pépites d'or d'une bouteille d'encre. Publication des romans dans les journaux, édition chez les libraires, reproduction dans la presse des départements, traduction à l'étranger, il ne gagnait pas moins de 80,000 francs par an, somme énorme, on en conviendra, pour un inconnu de la veille qui était venu de sa province sans le sou. Un peu enivré par ces blandices de la Fortune, il ne tarda pas à vouloir trancher du gentilhomme et à jouer un peu au prodigue. Quoiqu'il n'eût droit à aucun titre héraldique, il se fit un blason et se déclara vicomte tout net. Non-seulement il mît plus de recherche dans sa mise, mais encore il se donna le luxe d'un panier, traîné par un bai-brun. Ses appétits de fashionable ne s'arrêtèrent pas en si beau chemin. Il courut les théâtres, fit le joli cœur et devint l'amant en titre, l'amant de cœur, a-t-on dit, d'une actrice à la langue bien pendue, l'une des perles de la Comédie française. Le panier et et les amours de l'auteur de *Rocambole*, il n'y avait pas moyen de ne pas voir ce double article inscrit à l'ordre du jour des boulevardiers. En petit, c'était un retour de la Canne d'H. de Balzac et de Freyschutt, le chien d'Alphonse Karr.

A Paris, cette autre Athènes, la critique ne perd jamais ses droits. Des Aristophanes de cinquième ordre qui, sans doute, n'arriveraient jamais à rien, avaient l'œil offusqué par tant de chance. Ce brave garçon était envié, puis raillé, puis chansonné. On l'introduisait de force dans les vaudevilles où l'on a pour habitude de se moquer du prochain. J'ai vu au Palais-Royal une scène où le gros Sainville le nommait *Tronçon du Poitrail*, assonnance qui faisait grandement rire la salle entière. Le panier ni le bai-brun ne trouvaient pas grâce non plus devant le public. « Avez-vous bien regardé aux oreilles de la « bête ? Etes-vous bien sûr que ce soit un cheval et « non un âne ? » disait encore le gros comédien.

Ponson, du reste, me paraissait pas faire grande attention à ces épigrammes pas plus vives, après tout, que d'innocents coups d'épingle. Il allait son petit bonhomme de chemin, se tenant pour suffisamment bien vu par le sort, s'il continuait à publier ses romans, à être aimé de sa maîtresse et à pouvoir se montrer dans son panier sur les boulevards ou à travers les rues. Pourtant une bouffée d'ambition lui était montée à la tête. S'imaginant être de ceux des écrivains qui ont une action sur l'opinion publique, il demanda le ruban rouge comme récompense de ses œuvres. Sa requête fut présentée trois ans de suite et refusée trois fois. Le pauvre garçon avait fini par s'attrister de cet acharnement qu'on mettait à lui refuser une faveur qu'on prodiguait à tant d'autres. — Le lendemain d'un 15 août, il m'abordait sur le boulevard Montmartre pour me raconter son rencœur à cet égard.

— Mon nom, me dit-il, se trouvait sur la liste des chevaliers proposés. Eh bien, mon cher, l'empereur l'a effacé lui-même. Qu'est-ce que vous dites de ça ? Oui, lui-même !

Il y avait plus que de la tristesse dans la manière dont cette mésaventure était narrée. Ponson avait presque la larme à l'œil et des sanglots se mêlaient alors à sa voix. A la fin, l'année d'après, sur de nouvelles démarches, fortement appuyées par la *Patrie*, journal du soir, Louis-Napoléon se laissa fléchir et l'auteur de *Rocambole* fut élevé au grade de chevalier de la Légion d'honneur, grand jour pour lui. Très peu de temps avant, sur l'intervention de M. Dupanloup, évêque d'Orléans, qui s'occupait volontiers de mariage, comme tous les princes de l'Eglise, le romancier avait épousé la fille d'un châtelain du Loiret, une jeune femme entichée de noblesse, à ce qu'elle disait. Du moment qu'il se mariait, il prenait vis-à-vis de lui-même l'engagement de s'assagir. Ainsi l'âge du panier et des fredaines était passé. Ponson du Terrail accusait l'intention de se ranger.

Un jour, il me dit :

— Tenez, j'ai maintenant en vue deux choses : faire ma fortune et écrire des romans qu'on ne blague plus.

Faire sa fortune, rien de plus facile, si le succès ne le délaissait pas, et pourquoi sa vogue n'eût-elle pas continué? Des romans que les excellents confrères ne blagueraient plus, c'était une autre paire de manches. En vingt années, il s'était rompu à l'habitude d'écrire à la diable, sans souci de la grammaire et de la logique. Lui aurait-il été possible de changer de manière?

— Non, non, vous allez voir, je vais n'écrire qu'un volume par an, au lieu de douze. Imaginez une tonne de Chambertin remplaçant douze barriques d'Argenteuil.

Paroles en l'air.

Il n'en continuait pas moins à entasser Pélion sur Ossa, dix romans d'aventures sur dix romans judiciaires, des rames de papier sur des rames de papiers. Et, encore une fois, il gagnait plus d'argent que n'en ont gagné l'auteur de *Gil-Blas*, l'auteur de *M. Botte*, l'auteur de *M. Dupont* et l'auteur d'*Eugénie Grandet* réunis ; mais, à la longue, cette tâche le fatiguait, l'ennuyait et l'écœurait.

— Vous savez, me disait-il alors, j'en suis à l'histoire de ce petit garçon qui refusait mordicus de lire l'Alphabet. « Et pourquoi donc ça ? » lui demandait-on. — « Parce que, répondit-il, je n'aurai pas plus « tôt dit A qu'il faudra dire B. Quand j'aurai dit B., « on me fera dire C et puis D., et puis ça n'en finira plus. » Même chose pour moi. J'ai commencé par la *Nonne Sanglante.* Que d'autres histoires, plus saugrenues les unes que les autres, que de contes bleus sont sortis de ma caboche ! Rien qu'avec mes œuvres on élèverait un monticule presque aussi haut que la butte Montmartre. Et voilà qu'on me dit : « Continuez ! Trois cents volumes ! c'est très « bien, mais ce n'est pas assez. Faites-en encore trois cents autres ! » C'est-à-dire qu'ils veulent que je finisse par la folie, à Bicêtre ou à l'asile Sainte-Anne.

Presque au même instant, il reprenait :

— Tenez, voulez-vous que je vous dise la seule chose à laquelle je sois propre ? Il faut voir en moi un chasseur et rien autre. Or, je viens de me marier et, Dieu merci, avec la fille d'un gros propriétaire foncier, dans l'Orléanais. Un beau-père qui a deux châteaux. Autour de ses domaines se trouvent des terres, des vignes, des étangs, des bois, du gibier. Eh bien, je vais m'acheter un fusil, un chien, un port d'armes, une carnassière, avec la casquette et les guêtres. Après quoi, vivant en Esaü, j'enverrai à tous les diables la vieille Muse du roman, une vraie Gothon !

Disait-il ce qu'il pensait ? Très certainement non. A la même époque, Emmanuel Gonzalès, un autre ami, un de ses confidents, nous racontait que Ponson venait de lui confier ses projets.

— Il est visible que l'empire tombe un peu tous les jours, lui avait-il dit. Il y aura donc très prochainement une catastrophe. Je veux y parer. Pour cela, il me faut mettre de côté dix mille francs en or et avoir une maison à moi dans les environs de Paris.

Homme d'ordre à certains égards, il faisait le plus possible sortir des faits ces deux *desiderata*. En peu de temps, il eut le groupe d'or. Quant à la maison, il la fit bâtir à Auteuil.

— Ah ! mon cher, disait-il, ce sera presque un hôtel. J'y ai déjà dépensé 200,000 francs.

Survient la guerre de 1870, entrecoupée de tant de cruelles surprises. A la nouvelle de notre effondrement, l'ancien garde mobile se réveilla et aussi le Nemrod. Quoiqu'il tînt beaucoup à pendre la crémaillère à sa maison, enfin achevée, il écouta, avant tout, la voix de la patrie. Après avoir rempli sa ceinture d'or, il partit pour l'Orléanais avec la chevaleresque pensée d'y organiser une compagnie de francs-tireurs, ce qu'il fit, en effet, et très vivement.

Mais le sort était décidément contre nous et, à très peu de semaines, le prince Frédéric-Charles accourait à la tête de 150,000 pour désoler nos provinces du Centre. Il fallut donc débloquer le Loiret. Ponson du Terrail ne désarma pas pour cela, au contraire ; il alla à Tours, d'abord, où se trouvait Gambetta, puis à Bordeaux, quand la Touraine ne fut plus tenable. On s'approchait de l'armistice, mais on n'y était pas encore.

Si je dois m'en rapporter à ce qui m'a été dit, le romancier était parmi ceux qui ne voulaient point entendre parler de la paix. Dans la Gironde, il stipulait pour qu'on donnât suite à la résistance. Mais on signa la paix, hélas ! cette paix humiliante et onéreuse qui pèse sur nous tous comme un remords. Ponson du Terrail demeurait toujours à Bordeaux quand la journée du 18 mars éclata. Il se disposait à rentrer dans Paris lorsqu'il apprit le triomphe de la Commune. On l'empêcha de partir en lui faisant comprendre qu'il serait inévitablement fusillé ou arrêté, s'il partait. Il resta donc à Bordeaux en attendant la fin des événements. Mais le second siège avait le don de lui faire endurer toutes les peines de l'enfer. Il ne pensait plus qu'à cette belle maison de 200,000 francs, le nid qu'il avait rêvé, l'abri qu'il avait dessiné, bâti, orné, assuré et qu'il espérait occuper un jour. Fort bien. En même temps, les échos qui arrivaient de Paris ne tarissaient pas sur les fureurs du nouveau siège. On lui disait que la lutte durait, nuit et jour. Dans les journaux il n'était plus question que d'obus lancés de Versailles sur la Commune et venant de la Commune sur Versailles. Et Auteuil était entre les deux.

— Ces enragés-là vont brûler ma maison ! disait-il avec un redoublement de tristesse. Quand je rentrerai dans Paris, mon petit hôtel ne sera plus qu'un monceau de cendres.

Cette maison, c'était là l'idée fixe de ce pauvre rêveur. Pour s'étourdir, il se promenait des Chartrons au port. On m'a affirmé qu'il buvait du tafia avec les matelots de l'endroit. Or, en ce moment-là, à Bordeaux, il circulait une épidémie de la nature la plus grave, la petite vérole noire. Ponson du Terrail gagna cette effroyable maladie et y succomba.

Un peu plus tard, cinq ans après, ses amis, au nombre desquels figurait M. Dalloz du *Moniteur Universel*, firent venir ses restes à Paris. Ceux qui parlèrent sur la fosse du romancier populaire ne manquèrent pas de s'étendre sur l'amertume de ses derniers moments. Ils rapportèrent comment, une heure avant de finir, il parlait encore de la maison d'Auteuil ; c'était comme une aggravation du mal. Ça été aussi comme le tome second du Romain qui disait : « Ma belle maison d'Albe m'a perdu. »

En regard de Ponson du Terrail doit logiquement figurer un autre romancier populaire, Emile Gaboriau, de bruyante mémoire. A bien prendre les choses, ce serait le pendant du vicomte ou même une sorte de frère siamois. A la vérité, celui-là n'était pas venu au monde dans le Midi, il ne se targuait aucunement de sortir de la cuisse historique des gentilshommes, mais il n'en avait pas moins un point de ressemblance avec son aîné. Enfant de la vineuse Charente, né à Jonzac, de petits bourgeois, il avait, lui aussi, fait quelques études classiques, mais sans profondeur. S'il était trop jeune pour avoir pu figurer dans la garde mobile, il savait aussi ce que c'était qu'avoir été soldat, puisque, pour mettre fin à une jeunesse dissipée, il avait dû signer un enrôlement dans la cavalerie. En arrivant, à Paris, vers les premières années du second empire, il avait certainement encore en lui un peu du sous-officier de hussards, prononcer sous-off, s'il vous plaît, afin de faire comme lui-même. Au demeurant, il représentait alors un assez joli garçon. Imaginez un grand jeune homme brun, des yeux bien ouverts, la bouche souriante, la figure sympathique. En même temps qu'il conservait ce dandinement auquel sont faits ceux qui ont l'habitude du cheval, il se tenait droit comme un i et aimait à friser de la main sa petite moustache d'un noir de jais. Mais que devenir sur le pavé de Paris, au sortir du régiment? Dans l'origine sa famille avait cherché à faire de lui un bureaucrate. On voulait l'incorporer dans une branche de l'administration, par exemple, dans l'enregistrement ou dans les domaines. Conséquence : il eût été condamné à s'asseoir sur un rond de cuir pendant toute sa vie. Quant à lui, il répugnait trop à l'art d'aligner les chiffres pour se vouer à l'ennui d'un tel métier. A la veille de sa majorité, se voyant déjà maître de ses actions, il s'était dépêché de manger sa légitime en fredaines et le jour où il s'était trouvé sans le sou, il avait fait ce que font tous les casse-cou, il s'était engagé dans l'armée. Brosser un dolman, remuer du crottin à la pelle dans une écurie, apprendre à faire le moulinet avec un sabre, veiller sur le repos d'une ville de garnison, ce n'était pas non plus l'affaire de cet insoumis. Dès que la chose lui avait été possible, il s'était racheté au moyen d'un remplaçant ; c'était alors qu'il avait pris le parti de venir battre l'estrade dans la grande ville, refuge de tous les déclassés.

Peut-être eût-il dû s'adresser à des parents riches, mais, personne ne l'ignore, les bonnes gens de province n'entendent pas la plaisanterie à l'endroit de l'argent. On se défiait naturellement d'une tête folle qui avait jeté par les fenêtres le trésor d'un premier avoir. Et d'ailleurs, on voyait d'un très mauvais œil qu'il allât à Paris, un enfer social où se perdent tous les jeunes gens. En fin de compte, il ait à se tirer d'affaire comme il l'entendrait. Ce serait une duperie de lui donner un rouge-liard. Emile Gaboriau se le tint pour dit et s'ingénia. Après beaucoup de démarches, suivies de beaucoup de rebuffades, il accepta, rue Saint-Denis, un emploi de teneur de livres dans une entreprise de roulage. A très peu de chose près, il se retrouvait là à la caserne et en pleine cavalerie.

Plus tard, ce prodigue a raconté avec une naïveté narquoise comment il vivait alors avec quatre-vingt francs par mois, en n'ambitionnant rien de plus qu'un léger accroissement d'honoraires. Cependant si peu payé qu'il fût, il trouvait moyen d'aller, le dimanche, prendre, après dîner, une demi-tasse de trente centimes dans un petit café du quartier et c'était de cette habitude dominicale que devait lui venir, sous peu, l'envie de se faire homme de lettres. Dans cette sorte de caboulot, on recevait le *Tintamarre*, le plus parisien et souvent le plus original des petits journaux satiriques. Emile Gaboriau lisait le papier d'un bout à l'autre, aimant à s'emplir de coq-à-l'âne et d'épigrammes au gros sel. Peu à peu, à cette lecture, son esprit s'alluma au point de lui suggérer la plus ambitieuse des idées.

— Si je me mettais à faire de ces choses-là ?...

La question posée, il demanda ce qu'il fallait pour écrire, jeta deux ou ou trois lignes sur le papier et s'en alla ensuite, à pas de loup, glisser son œuvre dans la boîte du journal. En ce temps-là le

Tintamare avait pour chef cet illustre Commerson qui l'a fondé de même qu'il a créé le *Tam-Tam*. Un peu comparable à H. Villemessant sous ce rapport, Commerson n'était pas un lettré. Je puis attester qu'il n'entendait rien à l'art d'écrire. Dresser une réclame de dix lignes était pour lui la mer à boire, mais, en vieux routier de la presse, il avait du flair et savait voir du premier coup d'œil si un débutant en journalisme avait, oui ou non, *du chien dans le ventre*. Cette feuille de papier venant d'un inconnu, attira son attention; il y trouvait un ou deux alinéas propres à amuser son public et il les inséra vaillamment dans le prochain numéro.

Etre imprimé tout vif dans le *Tintamarre*, Emile Gaboriau nous affirmait que ç'avait été une des plus grandes joies de sa vie. Diderot est adorable dans l'anecdote. Vous vous rappelez ce qu'il dit en parlant d'un vieux prêtre de son temps, de l'abbé Beaudoin, curé de Saint-Eustache. Un jour que ce digne homme était monté à l'orgue de son église, il s'y était assis, sans façon à la place de l'exécutant, avait posé le pied sur la pédale et, après avoir appuyé les mains sur les touches d'ivoire de l'instrument, en avait tiré des sons.

— Tiens, je fais de la musique ! je fais de la musique ! s'était il écrié ensuite, etant aussi étonné que ravi. Même stupeur et même contentement chez Emile Gaboriau, à propos du *Tintamarre*.

— Tiens ! je fais du journalisme ! s'écria-t-il envahi par une soudaine estime pour lui-même. A dater de ce jour-là, il n'eut plus qu'une pensée, celle de quitter la maison de roulage et de devenir publiciste.

— Sans doute, lui disait Commerson, soyez journaliste. Je crois que vous avez assez de zinc pour vous permettre cette licence. Mais ne vous pressez pas trop de vous dessaisir de votre place. Nous autres, nous ne payons que trois sous la ligne et je ne ne pourrais guère vous prendre que vingt-cinq lignes par semaine, vu le grand nombre de collaborateurs. Trois francs soixante-quinze centimes, tous les huit jours, ce n'est pas avec ça qu'on peut se nourrir de perdreaux aux truffes.

Le conseil était bon. Notre débutant se disposait à le suivre, mais, que vous dire? le démon de la presse et l'impatience le poussant, il se démit de son emploi, étant résolu à faire les cent coups pour se faire un trou dans le monde de la publicité. Parbleu, il aurait à souffrir avant d'arriver. Eh bien, où serait le mérite, s'il ne souffrait pas? Il s'aventura donc dans le pays des journaux comme un jeune trappeur le ferait à travers les immenses pacages de l'Australie. Rebuté souvent mais non découragé, il finit par se faire des relations. A la longue, il était parvenu à être accepté comme correspondant du *Progrès de Lyon*, une feuille libérale, à laquelle, moyenant un minime salaire, il envoyait ses impression journalières sur Paris. En ce temps-là, étant toujours jeune, se trouvant encore à peu de distance du 2 décembre, Gaboriau était républicain et ne parlait du nouvel empire qu'avec une superbe colère. Par malheur, ce n'était chez lui qu'un feu de paille. L'âge survenant, le septicisme du temps le gagna et nous devions l'entendre, au bout d'une quinzaine d'années, chanter une triste antienne.

— Attacher une cocarde à mon chapeau ? Pas si bête ! Moi, je suis du grand parti des *Je m'en foutistes.*

Tandis qu'il écrivait pour le *Progrès de Lyon*, il eut à faire la connaissance d'un des nôtres, de Julien Lemer, qui, à cette époque, s'associant à diverses librairies telle que celles de Dentu et d'Hetzel, éditait de compte à demi avec les auteurs des livres qu'il lançait ensuite dans la circulation. Par suite de cette combinaison, Emile Gaboriau put mettre tour à tour son nom sur un certain nombre de volumes. Entr'autres, citons les *Gens de loi* les *Gens d'affaires*, les *Cotillons célèbres*, histoire des maîtresses de rois, et, en fin de compte, pour cadrer avec le *Cent-et-unième* de Jules Noriac, qui était un grand succès, le *13e Hussards*, fort amusante plaquette, mais qui fut peu remarquée.

— Eh bien, lui disait ironiquement Commerson, la gloire et la fortune arrivent-elles ? Ah ! mon gaillard, vous avez voulu entrer dans le bagne de la littérature courante. Allons, vous y voilà et, vous aurez beau faire, vous n'en sortirez plus. Non, vous ne vous évaderez pas. Allez, il valait peut-être mieux demeurer dans la maison de roulage.

S'évader, Emile Gaboriau n'y pensait guère. Toujours plein de feu, il ne demandait qu'à aller en avant. Ce n'était pas qu'il fût suscité par quelque grande idée touchant à la philosophie, à l'histoire ou à l'art. Tout ce qui était un peu sérieux l'effrayait et le mettait aisément en fuite. Non, il n'avait plus en vue qu'un but : entourer son nom d'un peu de bruit et gagner de l'argent le plus possible, afin de mener belle vie. Et justement comme Julien Lemer, se mettant à son compte, venait de fonder une librairie nouvelle sur les boulevards, le débutant devenait une des colonnes de l'établissement, avec Paul Féval pour partenaire. Tous deux se firent donc éditer par leur ami. Mieux que cela le nouvel éditeur fonda un journal de romans, qu'on intitula *Jean Diable*, et l'ex-hussard en fut le chroniqueur en titre. En lisant sa signature au bas de ses articles, Louis Veuillot qui voulait blaguer la feuille nouvelle, s'écria, dans l'*Univers* : « Où prenez-vous Gaboriau ? Qu'est-ceque « c'est que ça, Gaboriau ? Un pseudonyme ? » Ce *Jean Diable* ne devait pas vivre et s'éteignit vite, comme tant d'autres pauvres diables.

— Chroniqueur, non, il faut trop d'esprit, se dit

Emile Gaboriau. Voyons quelque autre chose. Je cherche ma voie. Je crois l'avoir trouvée.

En effet, après dix années de tâtonnement, il arrivait à se mieux connaître. Lâchant tout pour le feuilleton avec suite, il finissait par imaginer un genre, le roman judiciaire. Ce roman, l'a-t-il réellement inventé? Evidemment non, puisqu'un quart de siècle avant sa venue, on le pratiquait déjà à Londres, dans les magazines en vogue. Ce récit qui consiste à prendre un crime à l'heure même où il vient d'être commis, à décrire un assassinat, un faux ou un viol, à organiser une enquête à la suite de laquelle se dévoile le mystère, ces préludes du drame, ses ténèbres, l'appareil de la justice, l'empressement des policiers mis en campagne, l'effarement des témoins, la découverte du corps du délit, la cour d'assises, la prison, tout cela n'avait rien de neuf. Néanmoins c'était un système de narration à perfectionner. Si on parvenait à le raffiner, ce genre serait rajeuni; il aurait tout l'attrait de la nouveauté, ferait naître un vif intérêt dans les masses et fixerait l'attention. Emile Gaboriau s'était livré à ce travail d'analyse et il en faisait une sorte de politique. Bientôt parut l'*Affaire Lerouge*, son premier-né dans cette gamme. Ce fut un succès. Cet horrible conte bleu devint une mine d'or.

A dater du jour où le jeune auteur eût publié ce livre, il fut classé ; on pouvait hardiment le mettre au rang des célébrités contemporaines. Tel est Paris : un caprice d'un jour, un mouvement de vogue, vingt-quatre heures d'engouement et l'homme obscur de la veille a fait tout à coup place à un personnage. Comme suite à l'*Affaire Lerouge*, l'artisan, enhardi, écrivit, toujours sur le même ton, un autre roman, sous ce titre : *Monsieur Lecoq*. — Qu'est-ce que *Monsieur Lecoq* ? Une figure de mouchard, un membre de la police souterraine. — Encore un type qui était de nature à plaire à la foule. Les détails techniques sur la rue Jérusalem y surabondent.

— Ces choses là, me disait le romancier, on ne me les a point apprises. Figurez-vous que je les ai devinées d'instinct. Tel que vous me voyez, je suis né policier au suprême degré. Si le gouvernement connaissait mes aptitudes à cet égard, il me nommerait pour sûr chef de la sûreté ou même préfet de police.

Notons que cela se passait au moment où, opérant une révolution économique dans la presse, Polydore Millaud inaugurait la feuille à un sou par le succès, chaque jour croissant, du *Petit Journal*. D'Emile Gaboriau il ne tarda pas à faire l'un des pourvoyeurs du son feuilleton, en le faisant alterner avec Ponson du Terrail. Il va sans dire qu'on faisait un pont d'or à l'un et à l'autre. En dépit de ce qu'avait dit Commerson, l'ex-hussard se trouvait donc avoir bien fait en quittant la maison de roulage. En ce moment, sans se déhancher, il gagnait, haut la main, 40,000 francs par an, à peu près autant qu'un préfet de première classe.

Cependant la galerie, qui raille toujours, puisqu'elle n'a rien de mieux à faire, trouvait que ces romans étaient toujours, toujours, toujours la même chose. Après *L'Affaire Lerouge* était venu *Monsieur Lecoq :* après *Monsieur Lecoq*, on lisait *Le Crime d'Orcival ;* après Le *Crime d'Orcival*, *La Débandade*, mais, au fond, si les noms de lieux et de personnes n'étaient plus les mêmes, il n'y avait aucune différence dans l'action. En sorte que le romancier, ne se flattant aucunement d'être fertile en fait d'invention, se plaisait à être le plagiaire de lui-même.

Très fin, au fond, et, cherchant à se tenir en producteur bien avisé, Emile Gaboriau ne se défendait pas de se montrer avare à propos des thèmes qu'il employait. Tout au contraire, il faisait de cette copie constante un système et il y tenait. A ceux qui avaient l'air de le blâmer, il répondait très nettement par cette tirade que je lui ai entendu articuler cinq ou six fois, très carrément.

— J'ai obtenu un grand succès avec *L'Affaire Lerouge*, n'est-ce pas ? Eh bien, il est constant pour moi que, fond et forme, je ne ferai jamais mieux. Dès lors pourquoi changer la symétrie de ma vogue ?

On me dira : « Vous êtes tenu de varier ». Quelque dupe ! Eh ! parbleu, je changerai le titre du roman, le nom du théâtre, celui des acteurs. Là où se passait un meurtre, il y aura un attentat contre les mœurs. Là où l'on tue un homme, on découpera une femme en morceaux ou bien on enlevera un enfant, ou bien on crévera les yeux à un vieillard. Mais comptez que je ne me casserai pas la tête à mêler d'autres fables à mon répertoire. Et ce que j'en ferai, ce sera surtout pour ne pas dérouter mon public et pour garder ma clientèle.

— Pas déjà si mal raisonné, répliquait Polydore Millaud. Mon cher Emile, continuez. Votre système s'adapte à merveille aux exigences de la bêtise humaine. Continuez, vous dis-je. En ne changeant que ce que vous dites, vous jouez à coup sûr ; vous aurez toujours les masses pour vous et, en temps de démocratie, c'est là le grand point. Il y a en France 500,000 lecteurs qui vous gobent.

Il tint ces paroles pour bien dites ; il continua, en effet, et, de 1866 à 1873, il fut l'un des conteurs les plus fêtés. Si son nom était l'un des moins euphoniques, il n'en était pas moins des mieux adoptés. On s'arrachait ses œuvres sous toutes les formes, en feuilleton, en in-18, en brochures illustrées. De toutes les zones de l'Europe et de l'Amérique, on lui demandait la permission de les traduire ou même on se passait de la permission. Aussi Emile Gaboriau était-il aux anges, semblable à un jeune premier du Gymnase, toujours applaudi.

— Tenez, disait-il, un soir, à notre café, j'ai envie de faire graver sur le chaton de ma bague ces mots, en manière de devise : — *Plus heureux que Balzac !*

Plus heureux ! Le pauvre garçon ! il fallait qu'il le dît bien vite !

Ainsi que je viens de le noter, l'auteur de *Monsieur Lecoq* venait, le soir, à Saint-Roch, et assez fréquemment. Ami intime de Grenier, qui avait grandement contribué à le faire sortir de pair en publiant l'*Affaire Lerouge* dans le feuilleton du *Pays*, dont il était alors le rédacteur en chef, il nous arrivait, flanqué d'un grand chien-loup et de Mélie, sa maîtresse, une belle fille dont il se réservait de faire prochainement sa femme. En véritable Parisienne du demi-monde qu'elle était, cette Egérie du romancier, une fois assise à notre table, rejetait toute pratique de bégueulerie et se changeait en un bon garçon. En fumant un cigare de la régie, elle mêlait son caquetage à nos propos et ne s'arrêtait guère que pour donner des échaudés au chien-loup ou pour le faire boire au fond de son verre. Ça été la seule femme dont notre groupe ait jamais toléré la présence. Très certainement on ne se gênait pas auprès d'elle, mais il va sans dire qu'aucun des buveurs de bière se soit jamais non plus échappé auprès d'elle dans aucune sortie inconvenante.

— Pardieu, disait Porion, le peintre de la reine d'Espagne, Mélie est l'un de nos camarades.

En dehors du café, chez lui-même, ne sachant trop que faire du gros argent qu'il gagnait, Emile Gaboriau tenait volontiers table ouverte. Toutes les semaines, il donnait un grand dîner de quinze à vingt couverts. Artistes, gens de lettres, oisifs, il ne sortait pas de ce monde-là. Très-expansif, raisonnablement gai, il disait, à l'imitation des épicuriens du premier empire : « Effeuillons les roses sur le chemin de la vie ». Il aimait ces petites fêtes domestiques, d'abord, parce qu'il y trouvait un plaisir d'Amphitrion, parce qu'on vantait sa cuisine et qu'on applaudissait à son vin ; il les multipliait, en second lieu, parce que l'empire avait mis les festins à la mode. En troisième lieu, ses dîners étaient une espèce de compensation ou de sauvegarde, en ce qu'il ne pouvait, disait-il, se rencontrer ailleurs avec ses amis.

Ce que je dis là ayant besoin d'une certaine explication, il faut bien que je me résigne à la donner.

A plusieurs reprises, en causant seul à seul avec lui, je lui avais demandé, un peu sur le ton du reproche, pourquoi donc, en dépit de nos invitations il ne se montrait pas au Pluvier, le dîner mensuel de chez Brébant. Un soir, je crus voir qu'il y avait à ce sujet quelque embarras dans sa réplique, et j'insistai.

— Pourquoi je ne vais pas au Pluvier ? s'écria-t-il. Eh ! mais, c'est parce que je ne veux être ni odieux ni ridicule.

L'énigme devenait de plus en plus indéchiffrable pour moi.

— Ah ! c'est juste, reprit-il, vous ne pouvez guère comprendre ce que je vous dis là.

Et, en même temps, tirant de sa poche une petite boîte en carton, il l'ouvrit d'une main fébrile et me laissa voir son contenu. Cela se composait d'une dizaine d'os jaunis, des débris de formes diverses, quelque chose d'étrange, n'ayant, comme dit Bossuet, de nom dans aucune langue.

— Savez-vous ce que c'est que ça ? reprit-il avec une vive expression de tristesse.

— Mon Dieu, non.

— Eh bien, ça, mon cher, c'est mon nez.

En ce moment, je fixai le milieu de son visage.

— Mais, repris-je, croyant qu'il voulait rire, votre nez, le voilà. Il est à sa place naturelle.

— Non, mon cher ; ce n'est pas mon nez, cela ; ce n'en est que l'enveloppe ou l'apparence, comme vous voudrez.

Et en revenant à la boîte de carton.

— Ce que vous voyez, ces débris ce sont les cartillages de mon nez qui sont tombés d'eux-mêmes, un à un, sans que j'aie eu à éprouver à ce sujet rien de douloureux ; mais....

Mais il ajouta, tout aussitôt à demi-voix, qu'il comprenait bien ce à quoi l'obligeait une si cruelle infirmité. A dater du jour où ce malheur lui était survenu, il ne pouvait plus se considérer que comme un homme incomplet. Paraître posséder un nez et n'en avoir pas, d'abord c'est de l'ironie au premier chef. De cet état de choses il résultait, d'ailleurs, un inconvénient de la nature la plus redoutable au point de vue des relations sociales. Y avait-il encore moyen de se produire dans le monde? Il ne le pensait pas. Sans doute l'œil du monde, trompé par la bonne tenue de son visage, pouvait s'y méprendre et croire que son appareil nasal était irréprochable. Oui, mais il y avait à compter avec l'odorat. Est-ce que cela ne se sentirait pas?

— Et! mon Dieu, si; cela doit se sentir, ajoutait l'auteur de *Monsieur Lecoq*, et voilà pourquoi je ne vais nulle part, si ce n'est au café, voilà, mon cher, pourquoi les amis ne me voient pas au Pluvier.

Tout ce qu'on aurait pu dire pour le faire changer de résolution eût été peine perdue. Il remit la petite boîte en carton dans sa poche, vida encore une chope, fuma un cigare, caressa de la main le dos du chien-loup, recommanda à Mélie de replacer son chapeau sur sa tête, nous salua tous de la main et se retira.

— Pauvre garçon! murmura alors le dentiste Fanty qui, était assis à deux pas, avait été à même de tout voir et de tout entendre; pauvre diable! il est encore plus à plaindre qu'il ne le pense!

— Comment donc ça?

— Ecoutez, reprit le praticien. Autrefois quand j'étais jeune, j'ai eu à fréquenter les hôpitaux de Paris à peu près tous les jours. J'ai donc pu y voir défiler, sous mes yeux, le long cortège des misères humaines. Or, le cas d'Emile Gaboriau est un fait dont j'ai souvent été témoin. Il y a du cancer là-dedans. Le cancer, une chose horrible et qui ne pardonne pas. Tôt ou tard, demain peut-être, mais, pour sûr, au moment où il s'y attendra le moins, le pauvre garçon sera foudroyé sur place : c'est moi qui vous dis ça.

Fanty prédisait la mort d'autrui à courte échéance et il ignorait qu'il dût succomber, le premier, à une mort subite, causée par la rupture d'un anévrisme, mais sa prophétie sur le romancier n'en devait pas moins recevoir son accomplissement. A la vérité, le conteur vécut encore trois ans et demi, ce qui lui infligea le patriotique supplice du voir l'année terrible et ses lamentables sursauts. Mais sur la fin de l'été qui suivit la chute de M. Thiers comme président de la République, c'est-à-dire au début du Mac-Mahonnat, Emile Gaboriau étant allé à la mer, sur les côtes de la Normandie, fut saisi par une étreinte foudroyante à la sortie d'un bain froid et mourut sur le sable, dans les bras de Mélie.

J'ai eu à dire que peu de temps avant ce voyage, voulant régulariser sa position, il s'était marié avec l'excellente fille, pressé qu'il était de la présenter à sa famille. Pauvre Mélie ! Jusqu'à ce jour, gaie, insouciante, ne voyant les chose du monde qu'en rose, aussitôt qu'elle avait eu à mener à Jonzac la vie de province, elle s'était sinon attristée, du moins fort assombrie. En 1875, un soir que le hasard me la fit rencontrer au Palais-Royal, à la librairie Dentu, il me sembla que ce n'était plus la même femme.

— Je vois bien que vous me trouvez toute changée, me dit-elle. Au fait rien de plus simple. N'ayant plus rien à faire ici-bas, je m'en vais peu à peu. Que voulez-vous ? Emile n'est plus de ce monde et le chien-loup aussi est mort. Il ne me reste plus qu'à les suivre.

A six mois de là, une lettre de faire part, encadrée de noir, m'apprenait que la veuve de Gaboriau venait de décéder à son tour.

Ce n'est pas sans raison que j'ai tenu à placer ces deux médaillons l'un près de l'autre : L'auteur de *Rocambole* et l'auteur de l'*Affaire Lerouge*. A eux deux, ces romanciers caractérisent très nettement le mouvement littéraire ou anti littéraire, comme on voudra, de la fin du second empire. Ignorants comme des carpes, s'appliquant à écrire comme on parle, mais comme on parle quand on parle mal, ils sont devenus des modèles, en raison du prodigieux succès qui a accueilli leurs œuvres. Si je disais qu'on a fait d'eux des chefs d'école, je n'exagérerais rien. Pendant quinze années après leur mort, les directeurs de journaux n'avaient qu'une formule à répéter à ceux qui offraient de travailler en feuilletons.

— Apportez-nous du Ponson du Terrail; — apportez-nous donc de l'Emile Gaboriau. En voilà deux que le grand public regrettera toujours !

X

Gustave Chaudey. — Une brochure de jeune homme. — Les journées de juin 1848. — Vesoul. — Le coup d'état. Exil en Suisse. — Retour à Paris. — P.-J. Proudhon. — Gustave Courbet. — Guillaume Panthier. — Mouvement électoral. — Thiers contre d'Alton-Shée. — Un humanitaire. — Montagnards et Girondins. — La ligue de la paix. — Journée du 4 septembre. — L'adjoint du IXe arrondissement. — Les boulevards pendant le siège de Paris. — Rencontre avec Victor Hugo. — L'adjoint à la mairie de Paris. — Une émeute mitraillée. — Après le 18 mars. — Gustave Chaudey et Cernuschi. — Raoul Rigault. — Arrestation préventive. — Mes pressentiments. — Une conversation avec Gustave Courbet. — Le dénouement du drame. — Aimé Maillart. — Un artiste mécontent de lui-même. — Paul Bocage. — La difficulté de produire. — Collaboration impossible. — La guerre. — Aimé Maillart meurt à Moulins (Allier.) — Charles Baudelaire. — Misantropie. — Edgar Poë et son traducteur. — Un pamphlet écrit à Bruxelles. — Un sonnet.

Je n'ai pu dire qu'un mot, en passant, de ce pauvre Gustave Chaudey, l'un des plus assidus, le soir, à notre café, et, tous les mois, au dîner du Pluvier.

Qui ne se rappelle cette sorte de géant, venu des Vosges? Il était donc de très haute taille, la figure assez agréable, quelquefois souriante, la parole facile, une voix tonnante. Avocat et journaliste, il avait tout ce qu'il fallait pour se faire une très belle situation au barreau, si le démon des discordes publiques ne l'eût jeté de bonne heure dans le tourbillon de la politique. Chose très-curieuse, ce radical, tout voisin par les idées de ceux qui l'ont condamné à mort, avait commencé par être un fervent zélateur de la monarchie constitutionnelle. Sous Louis-Philippe, quand il était encore tout jeune, ayant à peine passé sa thèse de licencié en droit, il s'était escrimé très vivement en l'honneur de la Charte. En 1845, il publiait une brochure sous ce titre : *Opinion d'un jeune Conservateur*, opuscule dans lequel il soutenait qu'en dehors de la royauté de 1830, il ne pouvait y avoir de salut pour la France. Au 24 février, les écailles lui étaient tombées des yeux et il s'était fait alors républicain pour ne pas cesser de l'être.

Ce fut à peu près à la même époque, au lendemain des journées de juin, dont le sanglant spectacle l'avait fortement attristé, qu'il se décida à quitter Paris pour retourner à Vesoul, son pays natal. Dès qu'il se fut fait inscrire sur le tableau des avocats, il plaida et, comme il avait du talent et de l'activité, il ne tarda pas à conquérir la meilleure clientèle. Point de doute qu'il ne fût parvenu à s'y faire une très belle situation, si la politique ne l'eût poussé à prendre part aux tourmentes du jour. Lors du coup d'état, il se mit à la tête de ceux qui protestèrent contre cette violation flagrante de la loi; mais on ne sait que trop que la loi fut vaincue. Le nom de Gustave Chaudey figura dès lors sur une liste de proscription et le jeune avocat républicain dut aller chercher un refuge en Suisse, à la Chaux-de-Fonds, pour ne revenir en France qu'à l'amnistie.

Ainsi qu'on le présume bien, c'était une vie à recommencer. Le Revenant reparut à Paris, se remit à y plaider et s'y maria. Entre parenthèse, il était le beau-frère de M. Jules Barbier, l'auteur dramatique. S'il est difficile de se faire un nom et une fortune dans les lettres ou dans l'art, c'est presque impossible au Palais-de-Justice, vu l'ardeur de la concurrence. Néanmoins il était parvenu à percer, comme on dit, à fixer autour de sa personne un peu de renommée et il était déjà sur la route du succès. Mais la politique et ses bourrasques revinrent encore une fois, après le 4 septembre, l'arracher à ses plaidoiries pour faire de lui un homme public, et, cette fois, il devait y mourir.

Comme lui et moi nous touchions de près à la même famille, nous avions souvent l'occasion de nous rencontrer et d'échanger nos idées. A certains égards, nous pensions de même, à cette différence près que je professais des opinions plus modérées. Une chose l'étonnait grandement, c'était de voir, qu'ayant été l'un de ceux qui avaient fait venir P.-J. Proudhon à Paris, je ne parlasse qu'avec froideur de l'intrépide dialectien, lequel était aussi un intrépide démolisseur et, à mon gré, rien autre chose. Quant à lui, il ne s'exprimait sur le compte de l'auteur de la *Lettre à M. Blanqui sur la propriété* qu'avec l'enthousiasme d'un séide. A l'entendre, le franc-comtois était, au point de vue du génie, à mettre sur le même rang que J.-J. Rousseau.

Ce fut lui qui plaida pour le hardi pamphétaire lors que le livre *De la Justice dans la Révolution et devant l'Eglise* fut incriminé par la magistrature impériale. Naturellement il y eut condamnation, et une sentence des plus sévères. Pour y échapper, P.-J. Proudhon s'exila volontairement à Bruxelles, où il demeura cinq ans. Une autre fois, Gustave Chaudey, fort aimé des gens de la Franche-Comté, eut à plaider tour à tour pour Guillaume Pauthier, le célèbre sinologue, et pour Gustave Courbet, le maître peintre d'Ornans, ainsi qu'il s'intitulait lui-même. On pense bien que de tels procès ne pouvaient manquer de le faire sortir hors de pair. Une double collaboration au *Courrier du Dimanche* et au *Siècle* ajoutait encore à sa notoriété.

Pendant les dernières années de l'empire, passionné comme il l'était pour les idées républicaines, notre avocat n'avait pu s'empêcher de prendre part au mouvement électoral. Ce fut même à ce sujet qu'il eut occasion de contrecarrer un énergumène de la démagogie dont la haine devait lui être si funeste. Quand M. Thiers posa sa canditure dans un des arrondissements de Paris, en opposition à celle d'Alton-Shée, Gustave Chaudey qui stipulait pour l'auteur de l'*Histoire de la Révolution Française* essuya les menaces de Raoul Rigault, lequel tenait pour l'ancien pair de France. On sait que M. Thiers l'emporta,*Indè iræ*. De là,le ressentiment amer de celui qui devait être sous peu, le Délégué souverain au département de la police. Ce fou poussa la fureur jusqu'à lui montrer le poing, au milieu d'une réunion publique.

— Toi, tu me paieras ça, un jour, s'écriait-il.

En effet, Gustave Chaudey le lui a payé et chèrement.

Mais à l'époque où nous fréquentions le café Saint-Roch, comment concevoir de sinistres pressentiments ? Homme naïf, au fond, mon pauvre ami était au nombre des esprits généreux qui croient au progrès moral et qui s'imaginent que, plus on va, plus les hommes ont horreur de l'effusion du sang.

Toutes les fois qu'on arrivait à agiter cette question de l'adoucissement des mœurs, il s'étendait dans de beaux discours, ce qui faisait sourire Grenier et Dottain, nos deux Normaliens, très grands sceptiques.

— L'homme ne change pas plus que le cheval ou le tigre, disait Dottain.

— Eh ! non, ajoutait Grenier, depuis Caïn jusqu'à nos jours, il existe une bête féroce dans chacun de nous, et cette vilaine bête ne disparaîtra jamais.

Ces paroles désolantes et d'autres du même genre affligeaient et scandalisaient grandement le pauvre Chaudey. Alors il venait à moi, qu'il savait un peu plus semblable à lui-même, et il se remettait à dire que, décidément, l'humanité était en train de devenir meilleure. S'il faut l'avouer, je ne partageais pas pleinement ses convictions à cet égard, mais j'admettais pourtant qu'on avait de nos jours un peu plus de respect qu'autrefois pour la vie humaine. — Au lendemain du meurtre des deux généraux Lecomte et Clément Thomas, après le massacre des otages et les sanglantes représailles de l'armée versaillaise, je n'aurais pu tenir le même langage.

Pour ne pas trop nous écarter de ce thème, je veux consigner ici ces mots qu'il m'a dits, un soir à table, en famille. La conversation roulait sur les orages de la première République. Tout plein d'une récente lecture qui m'avait fait remuer les documents d'alors, je soutenais que l'ancien régime ne pouvait disparaître qu'à la suite de rigueurs inévitables.

— Eh bien, voilà ce que je n'admets pas, s'écria-t-il : la Révolution pouvait s'accomplir sans verser une goutte de sang.

Et, en même temps, avec fougue :

— J'admire fort les inexorables Montagnards, reprit-il, mais si j'eusse vécu à cette époque, j'aurais été parmi les Girondins, et, en ce cas, j'étais voué à la mort.

J'ai tenu à noter ce mot parce qu'il a quelque chose de prophétique.

En 1868, vous vous le rappelez, les humanitaires, donnant tout à la philosophie de Richard Cobden, anathématisaient la guerre comme le plus monstrueux des fléaux. Ils venaient de former une Ligue des Amis de la Paix, et ce devait être ,un jour, à ce qu'on disait, une immense association de Français et de Françaises, quinze ou vingt millions d'adhérents. Gustave Chaudey figure parmi les premiers souscripteurs.

— Comme la guerre est démodée ! me disait-il d'un air de triomphe.

Pas plus démodée, hélas ! que la haine politique et que l'assassinat, mon pauvre ami !

Le 4 septembre, vers midi, je rencontrai notre avocat au milieu de la place de la Concorde. Il était en uniforme de garde national et avait l'air fort affairé.

— Où allez-vous donc ? lui dis-je.

— Au Palais-Bourbon, pardieu.

— Je comprends. Les nouvelles de Sedan sont lamentables. Cet illuminé a rendu son épée au roi de Prusse. En ce cas, c'est la révolution.

— Oui, la déchéance pour tout de suite et la République pour dans une heure.

Au fait, puisque la France était envahie pour la troisième fois par le fait de l'empire, puisque celui qui avait si follement déclaré la guerre au roi de Prusse était prisonnier, puisque nous n'avions plus ni armées ni gouvernement, ni aucune garantie sociale d'aucun genre, il était impossible que les choses se passassent autrement ; la déchéance, d'abord, et, comme conséquence forcée, la République.

Le lendemain, 5 septembre, les pouvoirs publics étaient reconstruits tant bien que mal ; Ernest Picard et Gambetta s'étaient mis en quatre pour refaire l'administration à Paris, d'abord ; puis, dans les départements, à l'aide du télégraphe. — Gustave Chaudey devenait adjoint au maire du IXe arrondissement, lequel n'était autre que M. Desmarest, un autre avocat.

En ces temps de bourrasque, quand, pour un oui, pour un non, pour la plus puérile rumeur, la ville entière était sans dessus dessous, lorsque 800,000 hommes affamés ou affolés garnissaient l'échiquier de nos places et de nos rues ; lorsqu'il fallait organiser les bataillons de marche, distribuer 300,000 fusils, rationner le pain, la viande, le gaz, veiller à la fonte des canons, songer à la sécurité des portes et des remparts, empêcher les rixes entre clubtistes, cette charge d'adjoint à une mairie ne ressemblait pas mal aux charbons ardents sur lesquels a été couché Guatimozin. J'ai vu Gustave Chaudey à l'œuvre. Il prenait ses fonctions fort à cœur. En parcourant les principales rues de son arrondissement, il se dévouait au point de rectifier les queues qui se formaient à la porte des boulangers et des bouchers.

Un soir d'automne, le surlendemain de la reddition de Metz, qu'on ne connaissait pas encore chez nous, les boulevards, depuis la Chaussée d'Antin jusqu'au Gymnase, étaient couverts de groupes fort serrés et houleux. En parcourant la foule, je rencontrai Gustave Chaudey qui se rendait à sa mairie.

— Eh bien, lui dis-je, il paraît qu'il y a de mauvaises nouvelles ?

— De très mauvaises, mon pauvre ami.

Tandis que nous étions ainsi à nous lamenter sur nos rêves, un vieillard, coiffé d'un képy, traversait silencieusement les groupes.

— Mais c'est Victor Hugo, me dit l'adjoint du IXe. Approchons-nous donc de lui.

Il en était du grand poète comme de tous les patriotes : il était d'une tristesse profonde. Comme il n'y avait pas de réverbère à l'endroit où nous étions et que, par conséquent, il n'aurait pu nous reconnaître, nous dûmes nous nommer et, tout aussitôt, il nous tendît fraternellement ses deux mains. Nous nous mîmes à causer des malheurs du temps.

— Vous savez, nous dit notre l'illustre interlocuteur, ce qui vient d'arriver ? Metz s'est rendu.

Il tenait la nouvelle de Jules Simon, l'un des membres du gouvernement de la Défense Nationale.

Au reste, il ne pensait pas que Paris fût prenable. Son sentiment était qu'on pouvait, rien qu'avec les bataillons de marche, percer les lignes prussiennes et rejoindre l'armée de la Loire. Une fois cet effort fait, en usant de nos ressources, et avec des hommes tels que Gambetta et Chanzy, on finirait par repousser l'envahisseur au-delà du Rhin. — De très belles illusions, magnifiquement exprimées, mais des illusions. Il nous était réservé de voir les Borusses entrer dans Paris et passer sous l'Arc-de-Triomphe.

Au reste, Victor Hugo a voulu consigner lui-même, par écrit, cette rencontre avec nous. — Voir *Actes et Paroles. Après l'exil.* Il nous nomme tous les deux, Gustave Chaudey et moi.

De la mairie du IXe arrondissement, Gustave Chaudey fut appelé peu de temps après à l'Hôtel-de-Ville, toujours en qualité d'adjoint. Ceux qui ont cherché à justifier l'assassinat commis par Raoul

Rigault prétendent que c'est en raison de son passage à la mairie de Paris que mon pauvre ami avait mérité d'être sacrifié. Ils lui reprochent comme un crime d'avoir fait mitrailler l'émeute qui se manifestait le 29 janvier 1871 sur la place de Grève. — Mais l'adjoint venait de recevoir un télégramme des plus impératifs, et cet ordre partait de l'autorité supérieure. D'un autre côté, l'émeute faisait entendre mille menaces. Fallait-il donc la laisser pénétrer dans l'Hôtel-de-Ville, cette citadelle des Parisiens ?

Quoi qu'il en soit, cet épisode est devenu un grief.

Quant à moi, je suis plus porté encore à croire à la rancune de Raoul Rigault, au moment de la non-réussite de d'Alton-Shée, son candidat.

Ainsi qu'on s'en doute bien, après le 18 mars, l'adjoint n'avait plus à se présenter à l'Hôtel-de-Ville, puisque ce palais, trop aisément et trop vite abandonné, était déjà devenu le siège de la Commune. Il ne fut plus qu'un simple citoyen. Il s'était remis à travailler au *Siècle*, journal où Cernuschi l'avait fait entrer, une année auparavant. On n'a pas oublié même qu'aveuglé sur ces démagogues sans savoir et sur les adhésions qui composaient cette bizarre agglomération, il écrivait, très nettement, tenir plus pour eux que pour les gens de Versailles. A très peu de jours de là, il devait regretter au plus haut point ce cri apologétique.

Vers les premiers jours d'avril, dans la matinée, je débouchais de la rue Chaussée d'Antin, quand je le rencontrai, marchant bras dessus bras dessous avec Cernuschi, son *alter ego*. Il me trouvait la figure renversée et presque funèbre. Je lui disalors, sans détour, que je prévoyais les plus grands malheurs pour notre pays, déjà si cruellement éprouvé. Le triomphe des fous furieux de l'Hôtel de Ville m'inspirait les plus grandes craintes. Tout récemment, j'avais eu, sur le boulevard Montmartre, une sorte d'altercation avec Charles Delescluze, une enluminure de 93, un homme qui en était resté à la politique de la Convention Nationale. J'avais aussi été témoin de la fusillade de la place Vendôme. J'avais eu, en outre, toutes les peines du monde à faciliter le départ pour Tours de mon fils, alors élève de l'Ecole Polytechnique. Ces charmants Messieurs de la Commune voulaient incorporer de force nos Ecoles militaires dans le gros de leurs fédérés. Ce n'étaient là que des préludes, mais un avenir prochain nous amènerait bien d'autres scènes d'une allure plus dramatique.

— Laissez donc, mon cher, me dit le pauvre homme, vous ne voyez jamais les choses qu'en noir.

— Je vous souhaite, à vous et aux vôtres, de ne pas avoir, un jour, à les voir trop en rouge, répondis-je, en jouant sur les mots.

Evidemment je ne savais pas ce que je disais. On pense bien que je n'attachais à ces dernières paroles que la pensée d'un jeu d'épigramme. Qui eût pu penser qu'à quelques jours de là, Gustave Chaudey serait décrété d'accusation par Raoul Rigault, qui n'était, au demeurant, qu'un usurpateur de fonctions publiques? Qui aurait pu croire surtout que lui, homme de loi, ferré sur le code d'instruction criminelle, pousserait la naïveté et la complaisance jusqu'à se rendre à Sainte-Pélagie sur la réquisition de ce misérable!

Quand j'appris son arrestation, ce fut par un de ses neveux, lequel est aussi mon parent. Je racontais alors les détails de ma dernière rencontre.

— Tenez-le pour un homme perdu, ajoutai-je. Ces gens-là le tueront.

— Allons donc! Il avait bien raison de vous dire que vous voyez tout en noir. Je vous dis, moi, qu'ils vont le mettre en liberté. Ils le tueront! Est-ce qu'on tue un homme sans l'entendre, sans jugement? Et, d'ailleurs, est-ce que tous ou presque tous ces théoriciens qui siègent là n'ont pas demandé cent fois l'abolition de la peine de mort?

Encore de belles paroles, mais j'avais déjà perdu l'habitude de m'arrêter aux grandes phrases.

Dans le même temps, je rencontrai sur mon chemin un des membres de la Commune. Celui-là n'était autre qu'un grand artiste, mais une vraie tête de linotte, Gustave Courbet, le maître peintre. — Eh! qu'était-il venu faire dans cette galère ?

— Mon cher Courbet, lui dis-je, vous êtes le compatriote, l'ami et le client du pauvre Chaudey. J'ose espérer que vous l'empêcherez d'être fusillé..

— Fusillé ! Et qui parle de fusiller Chaudey ? C'est bien assez qu'on l'ait emprisonné comme on l'a fait. Croyez qu'on n'ira pas plus loin.

Il me dit qu'il avait déjà fait auprès de Raoul Rigault des démarches afin d'obtenir sa mise en liberté.

— Raoul Rigault ne veut pas lâcher sa proie, ajouta-t-il, mais je serai tenace, moi aussi, et il faudra bien qu'il finisse par céder.

En réalité, ventripotent, plein de lui-même déjà préoccupé du soin d'échapper à la justice de Versailles qui se disposait à mettre la main sur lui, Gustave Courbet ne pensa plus à cette promesse, un peu faite en l'air. — On sait le reste. On sait que, le lendemain de l'entrée des Versaillais dans Paris, Raoul Rigault, ne voulant pas quitter la place sans y laisser une trace sanglante de son passage, se transporta de sa personne à Sainte-Pélagie, et que, là, après avoir fait sortir le prisonnier de sa cellule, il commanda à un piquet de fédérés de charger les armes et le fit assassiner.

Un des ornements de nos réunions aura été Aimé Maillart, musicien d'élite, l'auteur de *Lara*, des

Dragons de Villars et de la *Fanchonnette*, trois opéras fort applaudis. Il nous avait été amené, un soir d'hiver, par Porion, le peintre, et dès le lendemain, prenant goût à nos causeries, il était l'un des plus assidus tant au café qu'au dîner mensuel. On n'a pas encore eu le temps d'oublier cet ancien Prix de Rome, l'un des rares élèves de la Villa Médicis qui aient réussi du premier coup. Ni grand, ni petit, ni gras, ni maigre, le front dénudé par une calvitie précoce, mais éclairé par des yeux à lueur de diamant, la figure aimable, la bouche souriante, il était parfois remuant jusqu'à la pétulance et parfois aussi muet comme une statue. Mais qui aura le privilège d'être capricieux si ce n'est un artiste dont la pensée est toujours chargée de rêves et d'électricité?

Ce que j'avais surtout remarqué en lui, c'était une grande tendance à s'écarter de ce qui était grossier ou par trop commun. Il arrivait, par exemple, que les boutades souvent trop allobroges de Grenier ne fussent pas de son goût. La gloutonnerie de Dottain avait commencé par lui paraître étrange, et il l'avait regardée comme une curiosité. Quand La Foulhouse, à notre dîner mensuel, chantait ses scies d'atelier dont quelques-unes touchaient moins à la parodie qu'à l'obscénité, je le voyais pâlir et je lui demandais compte de ses impressions.

— Eh! mais, me disait-il, on se moque de mon

art là-dedans. Vous ne comprenez donc pas que c'est le musicien qui se révolte !

En général pourtant, il était de bonne humeur et ne se montrait fantasque ou chagrin que par accident. Il y avait des soirées entières où il paraissait heureux de vivre, mais il fallait bien se garder de mettre la conversation sur la musique ou sur le théâtre. Il ne faut qu'une étincelle pour faire sauter un baril de poudre. Le seul mot d'opéra lancé, au hasard, lui faisait dresser l'oreille comme le son de la trompette à un cheval de bataille. Dès ce moment, son front se plissait ; sa figure se décomposait ; sa parole n'obéissant pas assez vite à l'impulsion de sa pensée, hésitait dans une sorte de bégaiement. En fin de compte, il s'écriait avant de porter son verre à ses lèvres.

— Que voulez-vous, mes amis ? Je ne suis pas content de moi !

Ainsi donc il en était de lui comme d'un grand nombre de jeunes Français de la même époque : il était malheureux de trop de bonheur. Un analyste un peu sévère ne se fût pas fait faute de lui reprocher son ingratitude envers la bénignité du sort. Que lui manquait-il donc en fait de succès ? Enfant du peuple, l'Ecole de Rome l'avait raffiné au point de le pousser au premier rang des jeunes Orphées du jour. Dès son retour à Paris, on lui avait donné des livrets sur lesquels il n'avait eu qu'à broder sa musique, et, admis avant de faire le pied de grue, ce qui est la cruelle épreuve pour tant d'autres, il avait été joué sans retard et applaudi aussi bien par la foule que par la presse. Les bravos, l'or et le ruban rouge lui étaient venus de concert comme s'il eut été filleul des fées. Ce qui doublait le prix de toutes ces caresses de la Fortune, c'est qu'il était jeune encore, c'est que ses organes étaient toujours neufs, et qu'il n'aurait pas, par conséquent, à faire entendre la plainte des deux frères Péreire : *A vingt ans, des dents et point de pain ; à cinquante ans, du pain et plus de dents !* Et ce mot, il fallait l'appliquer à toutes les jouissances sociales dont la civilation moderne est si prodigue.

Pour l'émoustiller et le remettre en belle humeur, on disait tout doucement, avec blandice, ces jolies choses-là, mais il jouait à l'Achille errant au bord de la mer et qui ne veut pas être consolé. La Briseïs qu'il regrettait, lui avait été ravie, non par un roi, mais par le hasard ou peut-être par l'abus de quelque plaisir ; c'était l'inspiration. Un soir, près de moi, il se cognait le front du doigt d'un air de Christophe désolé.

— Ah ! disait-il presque en pleurant, la Muse est partie de là et je crains bien qu'elle ne revienne plus.

S'enhardissant là-dessus il parlait de ses projets. A Rome il avait conçu l'amour du grand art, de la grande musique, de celle qu'on exécute à la chapelle Sixtine sur les grandes orgues ou de celle qu'on chante à grand orchestre, chez nous, sur les planches de l'Opéra. Bref, il n'aimait de ce divin métier que ce qui est sublime. Dans ses songes, très souvent, dans le silence des nuits, il voyait apparaître trois figures d'inspirés ; celles de Palestrina, de Mozart et de Rossini. « — Ah ! ce sont trois « bourreaux pour moi ! » reprenait-il. — Ce qui le blessait, c'etait la faiblesse qu'il avait eue à ses débuts, de se jeter dans les flonflons de l'opéra-comique. Il avait réussi sans doute, mais ce n'était pas pour faire de la musiquette qu'il était allé en Italie; c'était pour composer un bel oratorio ou un grand drame lyrique pour la rue Lepelletier. — Et il se dépitait, et de son poing fermé, il cognait la table de marbre.

Porion, qui était son intime, s'efforça de le calmer.

— Vu votre âge, cher ami, vous avez assez fait. Voyez donc ! Trois succès !

— Trois petits succès, répliqua le musicien avec un soupir.

— Il a raison, riposta Grenier, qui, sans le vouloir, jetait de l'huile sur le feu, trois feuilles de laurier, ça peut faire une branche, ça ne suffit pas pour faire une couronne.

Etait-il vrai qu'il fût déjà frappé de l'impuissance

de produire? On s'ingénia. Comme il y avait de tout dans notre cercle, on le rapprocha d'un de ceux qui connaissaient le mieux le théâtre. Paul Bocage, revenu de Nice, ne demandait pas mieux, disait-il, que de se remettre en selle sur le cheval à deux ailes qu'il avait jadis si bien monté en ayant Octave Feuillet en croupe. S'entendant à ciseler des vers de tous les rythmes, il s'attellerait à quelque grand drame du genre d'*Echec et mat*, sa première œuvre et il s'assujettirait à y obéir à tous les caprices du musicien. L'arrangement était presque solennel. Il fut formulé au milieu de dix d'entre nous et arrosé d'une joyeuse tournée de chopes écumantes. On buvait donc en chœur à la naissance et aussi au triomphe du futur opéra.

Il n'y avait à cette combinaison si ingénieuse qu'un défaut, mais qui était capital. Il en était de Paul Bocage absolument comme d'Aimé Maillart. A ses débuts, celui-là, aussi, avait été gâté par la chance et trop vite grisé par le succès. Aidé d'Octave Feuillet, il était allé tour à tour à l'Odéon, au Palais-Royal, aux Variétés, au Vaudeville et même au Théâtre Français et, dans ces divers endroits, qui sont d'un abord si escarpé, il avait reçu le meilleur accueil. Un peu plus tard, Alexandre Dumas, père, l'avait pris pour collaborateur et, sous ce puissant patronage, de charmantes comédies étaient tombées de sa tête, *Romulus* et l'*Invitation à la valse*, par exemple. Je ne parle ni des romans, ni des articles de journal. Mais, après tant de labeur, la source s'était tout à coup tarie et il n'en sortait plus rien, pas même le plus mince filet de cristal. — Dans l'origine, j'attribuais cette infécondité à la paresse et, étant l'ami de Paul Bocage, je m'érigeais volontiers en oncle grondeur afin de l'inviter au travail. Il s'y remettait, en effet, mais que vous dire ? Il n'y allait pas de bon cœur. Quand il revenait à moi, c'était avec cinq ou six feuillets un peu noircis, des commencements de romans, des commencements de drames. Rien que des commencements ! C'était aussi par trop ressembler au maître Petit-Jean des *Plaideurs*. Je le lui disais, mais sans que ça changeât en rien ses allures. La vérité était qu'il n'avait plus dans la pensée assez de verdeur pour conduire le fil d'Ariane d'une action jusqu'au bout du labyrinthe.

Cependant le jour où je le vis s'associer à Aimé Maillart pour une œuvre de longue haleine, l'air plein d'assurance qu'il affichait et les plans qu'il détaillait faisaient que j'avais bon espoir. A eux deux, en se frottant l'un à l'autre, en prenant conseil des amis, ils finiraient bien par venir à bout d'une tâche après tout fort agréable et au bout de laquelle éclaterait un inévitable triomphe. Mais cette illusion ne devait être que de peu de durée. Un titre avait été choisi, un thème mis en relief, la structure d'un drame ébauchée, le tout après boire. Les choses ne devaient pas aller plus loin. Dix ou douze fois le poète et le musicien s'étaient donné rendez-vous ; aucun des deux ne s'y trouva et, le lendemain, au café, c'était un échange d'excuses d'une fantaisie comique. Ils avaient l'air de se chercher et ils n'étaient préocupés que du besoin de se fuir. Un des nôtres, un auvergnat au nez sagace, M. Bouyghes, le payeur, me prit, un soir, à part pour me faire une confidence assez piquante.

— Savez-vous ce que j'ai vu hier, sur les boulevards ? Paul Bocage sortait de la rue du Helder pour venir du côté de la rue Drouot, tandis que Maillart débouchait de la rue Laffitte pour s'en aller du côté de la Madeleine. Tous les deux devaient donc fatalement se rencontrer. Eh bien, pas du tout. Dès qu'il se sont entrevus, à cinquante pas de distance, l'un et l'autre, saisis d'une soudaine épouvante, se sont mis à rebrousser chemin. Cette collaboration va finir comme une farce d'opérette.

Il va sans dire que le grand opéra ne fut pas tiré du néant.

On sait au milieu de quels orages finit l'empire. Survinrent coup sur coup la guerre, nos défaites si étonnantes, la journée de Sedan, l'investissement de Paris, le siège et la Commune. Tant d'événements mélodramatiques étaient pour notre groupe du café Robespierre le signal de la dispersion ; c'était aussi la fin du Pluvier. Fanty avait été emporté par une mort subite tandis que Brutinel Nadal succombait dans la maison Sainte-Anne à un accès de fièvre chaude. A la même heure, Gustave Bourdin s'éteignant à Pau, ne revenait à Paris que pour être conduit au Père La Chaise. Plusieurs d'entre nous prenaient une part ou dans les malheurs publics ou dans le gouvernement nouveau. Hippolyte Rousseau, le secrétaire d'Ernest Picard, devenait préfet ; Pinède, sous-préfet, et il en était de même pour Emile Daclin. Grenier, ainsi que je l'ai déjà dit, était allé chercher un refuge en Auvergne et le pauvre Gustave Chaudey devait être fusillé à Sainte-Pélagie par ordre de Raoul Rigaut. Quant à Aimé Maillart, touché par les atteintes d'une névrose aigüe, il était sorti de Paris et avait été conduit à Moulins, en Bourbonnais, dans la maison de santé du docteur Chomel ; c'est là qu'il est mort, oublié, le lendemain du jour où l'on avait signé l'armistice.

Avant de mourir, il avait songé à faire un testament par lequel il léguait ses droits d'auteur à Porion.

√ L'auteur des *Fleurs du mal* venait assez souvent, le soir, au café de Robespierre, mais ce n'était plus le même Charles Baudelaire que j'avais rencontré jadis, en 1845, au *Corsaire-Satan*, à l'époque du Père Alme, comme on appelait Lepoitevin Saint-Alme, l'ancien colloborateur d'H. de Balzac. Vieilli, fâné, alourdi, bien qu'il fût toujours maigre, l'excentrique, avec des cheveux blancs et une figure toujours rasée, ressemblait moins à un poète, des voluptés amères qu'à un prêtre de Saint-Sulpice. N'ayant point perdu l'habitude de jouer au misanthrope, il s'asseyait seul, à un guéridon, se faisait servir un pot de bière, une pipe, qu'il bourrait de tabac, allumait, fumait le tout sans prononcer un mot de toute la soirée. Mais comme il avait déjà des admirateurs parmi les jeunes gens du passage Choiseul, il arrivait parfois qu'un néophyte vînt le trouver en grande cérémonie, soit pour lui faire la cour, soit pour lui lire ses vers. Invariablement le fumeur, gardant une attitude d'imperturbable oriental, laissait dire et faire et ne s'arrêtait de boire et de fumer qu'après avoir bien fait poser le solliciteur. Une fois, l'un d'eux, croyant lui plaire, lui apportait en souriant le *Figaro* du jour dans lequel on parlait de lui.

— Eh ! Monsieur, s'écria Baudelaire avec tous les signes du dédain, qui vous a demandé ce papier ? Sachez que je ne jette jamais les yeux sur ces cochonneries-là.

Et il se remit à fumer.

Tout le monde sait qu'il a traduit en français les contes humoristiques d'Edgar Poë et d'une manière excellente. Edgar Poë et Charles Baudelaire ! Pour qui s'entend à l'art de faire des rapprochements il a entre les deux écrivains une ressemblance qu'on dirait fondée sur des rapports de consanguinité. Cette espèce de déraison littéraire que Philoxène Boyer appelait « l'insenséisme » coule à pleins bords dans les œuvres de l'un et de l'autre. Tous deux, s'efforçant de ne ressembler en rien aux autres hommes, ont fait de l'extravagance un système. Pour fuir le terre-à-terre ou pour échapper au convenu, ils ont transporté dans la réalité, en ce qui les concernait, la vie des héros de roman. Si la chose leur eût été possible, ils n'eussent fait aucune difficulté de marcher sur la tête. Tous deux prenaient plaisir à s'enivrer, l'Yankee avec du Wisky, le Français avec du Hatchich. Tous deux professaient hautement l'amour des choses horribles ou des visions surnaturelles. Tous deux, et c'était inévitable, ont fini par la folie.

Charles Baudelaire disparut tout à coup de Paris. Emporté par un des mouvements de sa névrose, il était parti pour Bruxelles. Une fois dans la capitale du Brabant, il y trouvait tout mauvais, non, ce n'est pas assez dire : il y trouvait tout atroce. C'est alors qu'il a composé un gros pamphlet, sous ce titre : *Pauvre Belgique !* On n'eût pas de peine à y démêler les premiers symptômes de la démence.

Quand Charles Baudelaire, étant encore éclairé par une lueur de raison, si l'on peut dire que le pauvre garçon ait jamais été raisonnable pendant vingt-quatre heures, un peu avant qu'il songeât à écrire ce qu'il a appelé ses *Poèmes en Prose*, Paris en était à l'âge des cocodettes et des gandins. Rien de plus plat ni de plus mièvre que la vie qu'on menait en ce temps-là. Ces jeunes gens, pâles, vieux avant l'âge, dépourvus de verdeur, paraissaient n'avoir plus de souffle. Toute leur énergie consistait à aller acclamer le cheval vainqueur aux courses de Longchamps. Grévin les a dessinés tels qu'ils étaient : indolents, hébétés et tristes ; Nestor Roqueplan leur a infligé le surnom de *Petits Crevés*, qu'ils ont gardé ; au théâtre Déjazet, Lambert Thiboust les a montrés à la foule avec leur imbécillité et leurs travers, sous le titre de *Chevaliers du pince-nez*. Quant aux cocodettes, ces affolées de toutes les fêtes d'alors, étaient-ce encore des femmes ? Mme la princesse de Metternich, leur prototype, disait d'elles : « Ces Eves « paraissent avoir été tirées d'une côte d'Adam, je le « veux bien, mais d'une côte en carton. » Bref, tout ce monde mécanique ne paraissait vivre qu'artificiellement comme les automates de Vaucanson ; aussi les vers violents, âcres, superbes et sifflants que faisait encore à cette époque le poète des *Fleurs du mal* détonnaient-ils sur le ton que prenait à cette époque la conversation des gens d'en haut. Au fait, le contraste était des plus marqués : une société de viveurs anémiques et tremblants en face d'un faiseur de vers qui ne faisait entendre qu'une voix d'airain, et pour ne dire que des choses choquantes ou pour ne montrer que des tableaux à faire dresser le peu de cheveux que l'aristocratie avait sur la tête. Voyez, par exemple, ce Sonnet, où, véritablement animé du délire lyrique, le mangeur de hatchis, décrit une scène d'amour comme il conçoit cette grande chose. C'est à une de ses maîtresses qu'il s'adresse.

Lorsque de volupté s'alanguissent tes yeux,
Tes yeux noirs flamboyants de panthère amoureuse
Dans ta chair potelée et chaude, et savoureuse
J'enfonce à belles dents les baisers furieux.
Je suis saisi du rut sombre et mystérieux
Qui jadis transportait la Grèce langoureuse
Quand elle contemplait, terre trois fois heureuse,
L'accouplement sacré des hommes et des Dieux.
Puis sur ton sein brûlant je crois tenir serrée
Quelque idole terrible et de songe altérée
A qui les longs sanglots des moribonds sont doux
Et j'éprouve au milieu des spasmes frénétiques
L'atroce enivrement des vieux Fakirs Indous,
Les extases sans fins des Brahmes frénétiques.

On nous a conté qu'une femme de l'entourage de l'Impératrice, une blonde, qu'un rien faisait frémir, ayant eu connaissance de ce sonnet, s'était écriée :

— Il y a là-dedans une sublime horreur !

XI

Un soir des Italiens. — Jules Lecomte. — Une figure triste. — Pourquoi? — Le passé d'un jeune homme. — Un désir inassouvi. — La maladie du ruban rouge. — Une transformation. — Le loup devenu berger. — Révélation d'un journal de modes. — Suites d'un scandale. — *L'indépendance Belge*. — Une santé délàbrée. — Hippolyte Souverain. — Paroles de regret. — Une petite maison au bois de Boulogne. — Ressouvenir d'un exil. — Séjour à Bruxelles. — Les lettres satiriques de Van Engelgolm. — Toute la littérature parisienne prise à partie. — Alexandre Dumas. — Un mot de Jules Janin au roi Léopold Ier. — Florence. — Une insulte. — Réplique de Roger de Beauvoir. — Sur l'enfance de Van Engelgolm. — Comment on devient écrivain maritime. — Coups de griffe. — Allusions. — Accusations. — Le *Méphistophélès*. — Un homme qui est venu étudier la contrefaçon. — Le comte Jules Van Engelgolm? — Voyage en Italie. — L'archiduchesse Marie-Louise, veuve de Napoléon. — Joies et tristesses. — Albéric Second et Jules Lecomte. — Encore Roger de Beauvoir. — Un distique. — Une comédie d'Émile Augier. — Les étrangères sous Napoléon III. — Mme Musard. — Mlle Marie de Tieffenbach. — Mme de Païva. — Ce que la chronique disait de cette dernière. — Une légende. — La croûte de pain. — Dix louis et un souper. — Les fêtes de l'étrangère. — Les invités. — Le *Journal des Goncourt*. — Les *Confessions* d'Arsène Houssaye. — Vivier le corniste et Napoléon III.

Il était près de minuit. Nous n'étions plus qu'une vingtaine dans le café. Encore dix minutes et les garçons se préparaient à *fermer la boîte*, comme ils disaient.

— Ce grand garçon, tout essoufflé, mis à la dernière mode, avec une rosette verte, rouge et orange à sa boutonnière, qui vient de s'asseoir, là-bas, dans l'entrecolonnement, en cherchant à se dissimuler sous l'épaisse fumée de pipes, regardez bien, n'est-ce donc pas Jules Lecomte, l'homme de l'*Indépendance Belge ?*

— Mon Dieu, oui, répondis-je à Gustave Bourdin, c'est lui-même et je devine pourquoi il se montre, presque malgré lui, dans ces parages.

— Pourquoi donc ?

— Parce que la Patti vient de faire, ce soir, sa rentrée aux Italiens. Chroniqueur en vedette et dilettante en gants blancs, le personnage est nécessairement de toutes les fêtes mondaines. Il a beau écrire ses correspondances en pur brabançon, Paris, sous le coup d'un étrange engouement, raffole de cet étrange babillage. Il jouit, du reste, du privilège d'exhiber beaucoup de détails intimes qu'on ne ne tolérerait pas chez un journaliste d'ici. Ce soir, il a eu à noter, le premier, comment la diva chanterait *Crispino è la Comare*.

Le spectacle fini, le feuilliste était venu se désaltérer à cette oasis de la rue Saint-Roch où l'on servait de si bonne bière. A bien prendre les choses, puisqu'il faisait hautement profession d'être belge à Paris, il eut dû demander du faro, mais il n'y en avait sans doute pas dans l'établissement de Leverrier ; la belle bière brune de Strasbourg écumante dans un pichet de cristal, pouvait, d'ailleurs, lui faire l'effet tout à la fois d'un raffraîchissement et d'un tonique.

Jules Lecomte commençait à n'être plus jeune. Homme du lendemain de 1830, il dépassait déjà la cinquantaine de quelques mois, mais comme il était d'asssez haute taille, bien découplé, toujours rasé de frais, toujours mis avec recherche, surtout les soirs de première représentation, ces soins intelligents prodigués à sa personne pouvaient faire aisément illusion et fournir une rallonge à son âge mûr. De loin il avait presque l'air d'être toujours jeune. Il n'y avait que lorsqu'on s'approchait de lui qu'on pouvait voir quel emploi il faisait des artifices de la toilette. Si habile qu'il fût à se servir du blanc de céruse, du carmin ou du cold-cream des Anglais, il ne parvenait pas pourtant à effacer cette invincible patte d'oie qui apparaît au coin du l'œil à quarante-cinq ans, surtout chez ceux qui font profession d'écrire chaque jour. Mais en homme qui sait combien a de prix une bonne tenue dans les hautes zones du monde social, il combattait donc par tous les moyens possibles et impossibles les outrages du temps. Sous ce rapport-là, il appartenait à l'école du comte D'Orsay et du duc de Morny, ces deux représentants de la Haute Bohême, et très certainement il tirait de ces allures à peu près tout son mérite, puisque, de notoriété publique, il n'avait aucune valeur littéraire. Mais vieillissant malgré tout, il ne tarderait sans doute pas à prendre sa retraite, et c'était en vue de cette prochaine éventualité, qu'il s'était fait bâtir une fort jolie petite maison sur les lisières du bois de Boulogne, du côté d'Auteuil.

Une chose qu'on ne pouvait s'empêcher d'entrevoir, c'était la couche épaisse de mélancolie qui s'étendait sur sa figure. Déjà une teinte jaunie, proche parente de l'ictère, couvrait son visage et semblait donner à croire qu'il y avait, tant sous ce crâne altier que sous l'arcade de ces yeux effarés, le feu dormant de quelque vive passion. Qu'était-ce que cela, de la tristesse ou de l'envie, un remords ou une ambition non satisfaite? Un élève de Lavater, armé d'un œil de lynx, n'aurait pas manqué de dire qu'il y avait un peu de tout cela dans l'état psychologique du sujet. Jules Lecomte avait eu une jeunesse plus qu'orageuse. A la suite de fredaines qui avaient dépassé la mesure, se voyant visé par une accusation des plus graves, il avait dû quitter Paris en fugitif, se sauver à l'étranger et n'en revenir, l'oreille basse, qu'après la prescription légale bien constatée. Voilà pour expliquer les airs moroses de son visage. Depuis son retour, s'étant fait une position avec sa plume, correspondant en chef du journal de Bruxelles qu'on lisait le plus en Europe, il avait fini par se faufiler des foyers de théâtre dans les milieux du monde où l'on s'amuse et de là parmi ceux qu'on appelle les gens de bon ton. Sachant que la ville où il se passe tant d'événements en un jour est aussi celle où l'on oublie le plus aisément ce qui s'y est passé, la veille, il espérait bien que ses équipées de jeune homme n'y comptaient plus que comme une légende lointaine et aux trois quarts envolée. Dès lors il tranchait du gentleman, frayant avec les beaux fils qui étaient le plus en évidence et n'hésitant plus à braver la curiosité des lorgnettes. On le rencontrait alors partout, à l'orchestre des théâtres, au vernissage des musés, aux courses de Lonchamps, et aussi dans les soirées des ministres. Pourquoi ne s'est-il pas contenté des jouissances que devait lui procurer cette vie d'homme à la mode? Il y en avait bien quelques-uns pour le poursuivre parfois d'un regard importun et quelques autres pour chuchoter, à sa vue, quelques paroles malsonnantes à l'oreille du voisin, mais les choses n'allaient pas plus loin. Lui pourtant, ne se tenait point pour satisfait. Il rêvait une réhabilitation éclatante, et une réhabilitation venant par la croix d'honneur. Autour de lui, tous étaient décorés du ruban rouge: Arsène Houssaye, Louis Lurine, le docteur L. Véron, Léon Gozlan, Xavier Aubryet, Albéric Second et deux ou trois autres. Quant à lui-même, il ne pouvait montrer à la boutonnière de son habit que des échantillons de cette mercerie internationale qui se pend après des lions, des éléphants, des licornes et autres animaux héraldiques, et il en souffrait plus qu'on ne saurait dire.

— Mais, disait-il, un soir, au foyer du Théâtre Français, puisque M. Achille Fould a décoré Fiorentino, qui l'empêche de faire de même pour moi ?

Le fait est que c'était là un argument *ad hominem* et sans réplique. Mieux que cela, Jules Lecomte pouvait se flatter de rendre au gouvernement de Napoléon III de nombreux services, en ce sens, qu'ayant *l'Indépendance Belge* dans la main, il savait, même avant le *Moniteur Universel*, répandre à travers le continent, les nouvelles qu'on avait intérêt à propager. Homme actif, il s'entendait à se créer d'autres titres. Par exemple, il avait eu la patience de recueillir en un volume trois ou quatre cents faits philantropiques, sentant l'odeur de la vertu et il s'était mis à publier ce volume sous cette rubrique : *La Charité à Paris*. Comme dans la fable, le loup se faisait berger. Le Livre fut présenté fort adroitement à l'Académie française et il obtint le prix Monthyon. Ainsi couronné, qui l'empêchait d'espérer plus ? Le ruban rouge ne vint pas encore. Eh bien, rebondissant sur l'obstacle, le journaliste se remit à l'œuvre pour une composition à laquelle les plus austères ne pourraient pas se défendre d'accorder une récompense. Il écrivit donc une comédie sociale en cinq actes, intitulée : *Le Luxe*, ouvrage satirique au premier chef, ayant pour objet de contrecarrer le plus grand travers de cette époque, c'est-à-dire la manie qu'on avait alors de se ruiner en belles toilettes et en festins. N'oublions que c'était à la même date que M. Dupin, aîné, prononçait au Sénat et mettait ensuite en brochure sa virulente sortie : *Contre le luxe effréné des femmes*. Ingrat Paris ! On applaudit vivement le procureur général mais on fit à peine attention à l'auteur de la comédie. Décidément le ruban rouge ne devait pas venir.

Les intimes savaient donc à quoi s'en tenir sur la mélancolie du chroniqueur : Jules Lecomte était un Werther dont la croix d'honneur était la Charlotte. A table ou au coin du feu, chez lui, il leur disait naïvement son secret ; il allait jusqu'à pleurer entre leurs bras et il ne voulait pas être consolé. Vivant dans un groupe d'impérialistes avérés, il ne se contenait plus ; il accusait les grands d'ingratitude, en répétant presque toujours les mêmes paroles.

— Mais puisqu'ils ont décoré Fiorentino, s'écriait-il, qu'est-ce qui peut les arrêter ?

Tant de faiblesse pour un ruban finissait par le faire tomber dans les affres de la folie sénile ; sa santé, déjà ébréchée par une longue série d'aventures, s'en ressentit vivement, et l'on put le voir bientôt et pâlir et maigrir. Mais le pauvre homme, n'ayant pas su apprécier à sa valeur la chance qu'il avait eue de se faire par son travail une vie confortable et calme, n'était pas au bout de ses peines. A ce chagrin, rarement imaginaire de ne pouvoir pas se dire chevalier de la Légion d'honneur, devait succéder tout à coup et sans qu'on pût savoir pourquoi ni comment, la plus douloureuse des surprises, celle de voir un inconnu remettre sur le tapis les fautes et le spectre de sa jeunesse. Un matin, le rédacteur d'un obscur journal de modes prit Jules Lecomte à partie ; il s'érigea en accusateur public, et alla chercher dans les archives de la cour d'assises un réquisitoire qui n'avait pas moins de trente années de date et il le publia tout au long. Deux ou trois de ces petites feuilles hargneuses qui se nourrissent de scandale comme les vieilles dévotes de pain bénit firent chorus à ce méchant petit cahier, et, le lendemain, l'opinion publique était saisie d'un grief qui, bien que prescrit depuis plus d'un quart de siècle, paraissait avoir le mordant attrait d'une nouvauté.

Il serait difficile de dire ici jusqu'à quel point s'élève la poussière de ces esclandres. Que ses œuvres paraissent à Paris ou qu'elles soient publiées à Bruxelles, un homme ne publie pas, en quinze ans, mille chroniques, toujours bourrées de noms propres, sans éveiller contre lui une grosse somme d'inimitiés. A défaut de ceux qui ont été blessés par les éclabousures de sa plume, il y a, d'ailleurs, la tourbe des charmants petits confrères, ennemis cachés qui ne pardonnent pas au succès ou qui aiment le mal pour le plaisir de faire le mal. Ce qu'il y a de certain, c'est qu'au milieu de ce tapage soulevé par le journal de modes à propos de torts rétrospectifs, toutes les vieilles trompettes de la Renommée se mirent en mouvement afin de former un concert de tous les diables. La presse bruxelloise, enchantée d'avoir à infirmer l'autorité du plus important organe de la Belgique, contribua pour une grande part au hourvari. On posa des affiches ironique jusque dans la rue Montagne-aux-Herbes-Potagères où s'imprime l'*Indépendance Belge*, et, pour le coup, un tel état de choses ne pouvait plus durer : le journal dut se séparer de son chroniqueur.

Un officier qu'une sentence dégrade à la tête de son régiment ne subit pas une peine plus cruelle que celle qu'endura l'auteur du *Luxe* par le fait de ce remerciement. Ceux qui ont pu voir le journaliste au lendemain de ce supplice ne l'auraient certainement plus reconnu ; Jules Lecomte était tout décomposé. Non seulement l'œil avait perdu son assurance, le visage ses lignes fermes, la tête sa fierté, le bras droit son geste quasi-militaire, mais encore les lèvres, s'embrouillant comme pour un commencement d'aphasie, s'étaient décolorées et ne r muaient plus que d'une manière automatique. Très certainement la mort ne pouvait plus être qu'une affaire d'horloge.

Hippolyte Souverain, l'éditeur avait toujours eu, malgré tout, une certaine amitié pour ce persécuté ; il n'oubliait pas que les premiers romans du jeune homme, suivis de quelque succès, l'avaient aidé à poser les premières assises de sa maison. Pour le reste, n'étant pas de ceux qui se laissent arrêter par les ronces du chemin ni par les agrafes du préjugé, il alla le voir au milieu de ces épreuves, afin de lui serrer la main, juste au moment où tant d'autres retiraient la leur. Il trouva Jules Lecomte dans son petit appartement de la rue de la Victoire, brisé de douleur, non pas seulement en pleurs, mais faisant entendre des sanglots et des gémissements.

— Sait-on ce qu'on fait, est-on responsable quand la fougue de la vingtième année vous monte à la tête? disait-il en se frappant la tête sur le dossier de son fauteuil. Et, après trente années de regrets et de travail, n'a-t-on donc pas opéré son rachat ? Qu'est-ce que c'est donc que ce monde sans pitié qui ne veut tenir compte d'aucun des efforts que fait un homme de cœur pour payer avec usure une faute de jeunesse ?

Hippolyte Souverain chercha à le calmer, mais ce fut en vain ; Jules Lecomte leur fit voir que l'événement le condamnait, par le fait, à la peine de mort,

Sans doute on ne le faisait pas monter à l'échafaud pour le guillotiner en place publique, mais la peine à subir n'était pas moindre. Ce procès ressuscité, car il avait fallu comparaître devant les tribunaux, avait eu pour première conséquence de rallumer chez lui une vieille affection de la gorge, une phtisie laryngée qui ne tarderait pas à l'emporter et il ajoutait, toujours les yeux mouillés, que le plus tôt serait le meilleur. Comme son interlocuteur lui avait parlé de la jolie petite maison du bois de Boulogne et du calme qu'il ne pourrait manquer d'y rencontrer, le chroniqueur dépossédé répliqua vivement, toujours sur le ton de l'élégie.

— Ne me parlez pas de ma petite maison ! Dans ma pensée, ce devait être un hôtel des Invalides. Eh bien, ce sera mon tombeau.

Cette agonie physique et morale s'explique chez un écrivain qui, naguère, avait été tant fêté par les artistes, par les gens du monde et qui ne devait plus l'être. Il y a lieu pourtant de s'étonner que Jules Lecomte n'eût pas eu, avant ces dernières traverses, l'occasion ni la force de se faire un cœur de bronze. Après son escapade de 1835, quand il était allé de Paris à Bruxelles, de Bruxelles à Florence, de Florence à Parme pour revenir à Bruxelles, où il avait séjourné le plus, il avait certainement été à même de lutter contre les sévérités du sort. Se moquant de tout, s'étourdissant afin de surmonter les dégoûts inséparables de la vie d'un banni mis à l'index, il s'efforçait de faire le joli cœur afin de trouver à vivre dans un pays voisin, je veux dire dans cette Belgique, alors fort amoureuse de contrefaçon et de littérature de contrebande. Une telle manière d'être n'était pas chose nouvelle. On a commencé à voir sous l'ancien régime ce type du Français fuyant Paris pour être en sûreté à Bruxelles ou La Haye. — « Tu crèves de faim chez les Bataves, disait Voltaire; « eh bien, fais des libelles contre les honnêtes gens « et l'on te jettera un morceau de pain pour sa- « laire. » Et c'est, en effet, ce qui est arrivé à dix ou douze depuis Louis XIV jusqu'à Louis XVIII, et Jules Lecomte, sous Louis-Philippe, a servi à renouer cette chaîne des temps. Pour vivre à Bruxelles, il a ramassé une plume dans le ruisseau et il crit des pamphlets, mais de préférence contre les gens de lettres de Paris, ses confrères. Dans sa cruelle mésaventure survenue sous Napoléon III, il y a eu et il devait y avoir un réveil de rancunes.

Au temps de Tallemant des Réaux, les commérages servaient à enrichir ou à orner l'histoire. Doit-il en être de même au dix-neuvième siècle? En ce cas-là, Jules Lecomte aurait grandement produit pour les Tacite de l'avenir. Encore faut-il dire comment la science de l'anecdote lui est venue. Dans l'origine à Paris, avant sa faute, il avait débuté par se faire homme de lettres, mais sans avoir pourtant une vocation bien décidée ni le savoir qu'exigerait la profession. Ecrivant fort mal, ignorant même les règles les plus élémentaires du métier, il s'était mis à brocher de mauvais romans, ressource trop commode et qui est, par malheur, à la portée du premier venu. Il en fit coup sur coup deux ou trois, fort extravagants dans le fond, fort mal exécutés dans la forme, et qu'Hippolyte Souverain édita, puisqu'il était, de 1834 à 1840, l'éditeur des Jeunes. Ces récits sans queue ni tête, venant à la suite des excès qu'on a si bien reprochés à l'Ecole Romantique, trouvèrent un public et se vendirent assez pour couvrir les frais. C'en était assez pour constituer un succès. Jules Lecomte, au surplus, s'efforçait de pratiquer un genre tout neuf en France et auquel se ralliaient beaucoup de lecteurs blasés. Il s'agissait de la littérature maritime, réminiscence de l'américain Forcimore Cooper et que venaient de mettre chez nous à la mode Eugène Sue et Edouard Corbière. On lisait partout avec avidité le *Négrier* et *la Salamandre*. De concert avec M. Fulgence Girard, son collaborateur, le débutant fit des romans qui se passaient sur l'eau salée et, bientôt après, l'histoire des *Corsaires de la République*, récits mouvementés, bien propres à attirer l'attention de ce Paris de 1833, où les jeunes gens des Ecoles portaient le chapeau gris à ganse rose de Maximilien Robespierre et le gilet à la Saint-Just. Après cette publication, il eut de l'audace et fonda le *Navigateur*, *Revue maritime*, qui paraissait tous les mois. Il est très concevable qu'à la suite de cette création il se soit trouvé en rapport avec l'élite de la littérature contemporaine à laquelle il avait dû demander des collaborateurs.

Ce fut sur ces entrefaites ou à peu près que, pour faire face aux exigences d'un luxe de jeune homme se produisit la lamentable histoire de ses démêlés avec la justice. Appelé à la barre de la cour d'assises, il s'esquiva, passa en Belgique et demeura près d'un an à Bruxelles. Qu'y faire ? Comment y vivre ? Dans ces mêmes temps, on fondait en ce pays, sur le types des feuilles parisiennes, un journal quotidien intitulé : L'*Indépendant*, le même, qui, dix ans plus tard, ayant changé d'étiquette, est devenu l'*Indépendance Belge*. Jules Lecomte alla y faire des offres de service et donna à comprendre qu'on y susciterait un grand et soudain éveil à la curiosité publique, si, dans le feuilleton, on y publiait des confidences, des révélations et de petits portraits à la plume se rapportant aux individualités les plus en vue de la littérature française.

— Topez là, jeune homme, et mettez-vous à l'œuvre sans retard, lui dit le rédacteur en chef de l'*Indépendant*.

Dès le surlendemain, on voyait paraître dans les colonnes du nouveau périodique une longue enfilade de petits pamphlets. Cela était intitulé : *Lettres sur les écrivains français du jour par* VAN ENGELGOLM, et, si, ces pages, écrites à main courante, péchaient visiblement au point de vue de la forme, on peut dire qu'au point de vue du fond, elles ne manquaient point de piquant. Toutes les célébrités littéraires y défilaient, l'une après l'autre comme dans une lanterne magique. Pas une, on l'a deviné, ne passait sans payer un tribut à la malignité de l'auteur. Ce dernier, ayant d'abord bien soin de garder son masque, se donnait pour un Anacharsis du Brabant qui venait visiter l'Athènes de France et s'y faisait présenter aux dieux, aux demi-dieux et même aux quarts de dieux du jour. L'Olympe y est égratigné et vivement : Châteaubriand, Lamartine, Victor Hugo, Alexandre Dumas, George Sand, Méry, Alphonse Karr, Léon Gozlan, ne sortent pas indemnes des mains du narrateur. On a bien deviné que, lorsqu'après avoir franchi la frontière, la publication parvint à Paris, elle y souleva des tempêtes de colère. Un journal reproducteur, le *Cabinet de lecture*, pour tirer de cette moisson de scandale une seconde monture, crut devoir s'approprier les fameuses lettres. Il doubla son tirage, cela est vrai, mais il vit pleuvoir autour de lui les réclamations et les menaces. Ce n'était pas assez : Alphonse Karr, se tenant pour offensé par cette publication, envoya deux témoins à M. A. de Balathier, le rédateur en chef du *Cabinet de lecture* et, le lendemain, on se battit à l'épée au bois de Vincennes.

— Il nous faut la peau de ce Van Engelgolm, se disaient plusieurs de ceux qui avaient été attaqués.

On proposa alors d'envoyer à Bruxelles une délégation tirée au sort et qui aurait pour tâche d'aller à la recherche du pseudonyme. Sous ces entrefaites, on apprit à Paris que le prétendu libelliste flamand n'était autre que M. Jules Lecomte, l'ancien romancier, et qu'il venait de partir pour Florence. Courez donc après un lièvre ! Non, il n'y avait plus à songer à appeler l'auteur en champs clos. On ne lui répondrait qu'avec la plume, et encore ! Songez donc, ce Jules Lecomte, un gibier de cour d'assises !

Cependant Jules Janin, dont la vie intime était un peu trop racontée dans ces caquetages, mit un mot dans le *Journal des Débats*, un mot à l'emporte-pièce au moyen duquel il s'en prenait au roi Léopold lui-même : « Sire, vous étiez déjà le roi de la Contrefaçon. Allez-vous donc devenir aussi le roi de la « Calomnie ? » Alexandre Dumas, plus mordillonné que les autres, avait eu d'abord la pensée de prendre la poste et d'aller à Bruxelles provoquer l'auteur, mais, après réflexion faite, il pensa sans doute que l'affaire ne méritait pas tant de remue-ménage et se contenta d'une courte repartie.

— Faut-il donc, disait-il, se mesurer avec un homme qui ne sait de français que ce qu'il en faut pour demander à boire et à manger? Ma foi, non, je ne comprends pas assez le belge.

A quelque temps de là, il est vrai, le grand dramaturge et Van Engelgolm devaient se trouver face à face à Florence et, pour le coup, il y eut entre eux une sorte d'altercation. Nous dirons un mot de cet incident un peu plus tard. Pour le moment, il ne s'agit toujours que des Lettres saupoudrées d'arsenic, insérées dans l'*Indépendant* de Bruxelles et des colères qu'elles avaient allumées à Paris. Dès que le prétendu écrivain belge eut laissé tomber son masque à ses pieds, aussitôt qu'on sut que ce faiseur de racontars n'était autre que Jules Lecomte, l'évadé de la cour d'assises, l'indignation se changea soudain en une pitié railleuse, vous savez, ce persifflage sanglant qui est bien l'un des attributs de l'esprit français. Ce ne fut bientôt plus qu'un concert de jeux de mots, et sur le pauvre homme, et sur les causes qui le condamnaient à une vie errante. Le soi-disant Van Engelgolm eut à supporter sur ses frêles épaules le faix de mille et un quolibets des plus cruels. Il ressemblait à une cariatide voûtée.

A la tête de ceux qui le visaient avec insistance en prose et en vers se faisait remarquer Roger de Beauvoir, un maître homme en fait de fariboles. Sous son enveloppe de joyeux viveur, l'auteur de *l'Ecolier de Cluny* cachait un cœur qui ne savait point pardonner une offense. Dans trois ou quatre de ses alinéas, Van Engelgolm l'a présenté au public et comme un gentilhomme de carton, jouant du talon rouge sous un régime bourgeois, et comme un faux prodigue invitant les amis à déjeuner et ne se trouvant plus présent à l'heure du rendez-vous. C'en était assez ; Roger s'est vite armé en guerre contre Jules Lecomte et aux pamphlets venus de Belgique, il a répondu par une diatribe d'une virulence inouïe, mais qui rappelle bien les polémiques littéraires du dernier siècle, ces brochures impitoyables des Fréron, des Beaumarchais et des Rivarol.

Ce *factum*, dans lequel se trouvent de jolies parties, pourrait avoir pour épigraphe ce mot de Phèdre : *Par pari refertur*. Il est aisé de voir qu'il est établi sur le système des représailles. M. Van Engelgolm a blagué en particulier et en bloc tous les écrivains marquants de la littérature contemporaine, et voilà que l'un d'eux s'arrange pour lui rendre la pareille. C'est donc de bonne guerre. Roger de Beauvoir commence par dauber sur le fugitif à propos des étranges prétentions affichées par lui, à l'époque où il ne s'était pas encore sauvé en Belgique. En ce temps-là, il se donnait pour un écrivain maritime de la plus belle eau. Non-seulement il faisait à tout moment sortir la mer de son écritoire, mais encore, sous prétexte que, dans sa jeunesse, il avait accompagné un bateau qui était allé à la pêche à la morue, il s'habillait en plein Paris, en officier de longs cours, se couvrant sans vergogne la poitrine des croix étrangères les plus invraisemblables, ferblanterie à laquelle il n'avait aucun droit. Et de ces faits il tirait un mouvement d'ironie tout à fait voltairien.

Comment devient-on écrivain maritime ? Il en est qui le sont pour avoir fumé leur pipe sur un bâtiment à vapeur. J'en connais un qui est un autre Fenimore Cooper pour être allé dix fois de la Râpée à Saint-Cloud sur une des mouches de la Seine. Dans les pièces de M. Alexandre Duval, il y a toujours un matelot qui fait les cent coups partout où il passe. En réalité, de nos jours, nous ne connaissons que trois écrivains maritimes qui sont : MM. Eugène Suë, Edouard Corbiare et A Jal. Des autres je ne ne donnerais pas une sardine. De Van Engelgolm je ne donnerais pas un hareng saur.

Il part de là pour dire : — » *Fort bien, mais* « *qu'est-ce que M. Van Engelgolm, l'auteur des Lettres ?*

Ce que c'est ? Un homme qui doit être doublé de la peau d'un requin. M. Van Engelgolm, l'intime de M. Jules Lecomte, a dû naître à Bercy. Dans les biographies de Bruxelles, on le porte comme étant né à Malines ; c'est une erreur. Son père tenait un cabaret à Bercy et c'est là, que, dès son bas âge, Van Engelgolm s'amusa à jeter sur la Seine de petites cocottes en papier avec des allumettes pour mâts et des hannetons pour matelots. Avant de devenir un écrivain belge et maritime, il préludait par ces jeux d'enfant aux *Chroniques de la Marine française* et à la *Revue Maritime.* A l'âge de douze ans, il volait des mouchoirs de poche à monsieur son père pour en faire des voiles et ses investigations laborieuses dans le domaine de Christophe Colomb le rendaient même si distrait qu'il écrivait son nom sur l'Alphabet de ses camarades, sans respect pour la fameuse légende: *Aspice Pierrot pendu,—quod hunc librum n'a pas rendu...* Il fut chassé du port et de l'école de Bercy et son père l'adressa alors à un domestique de M. Alexandre Dumas, lequel faisait partie de l'expédition maritime de la Méditerranée. Dans ce grand voyage, qui n'eut jamais lieu, le jeune Van Engelgolm se distingua en ce sens qu'il fut le seul à porter un uniforme d'officier de marine,à se couvrir la poitrine d'une brochette de croix et à découvrir le golfe de Naples, l'Etna, le Pausilippe et le Vésuve qu'on ne connaîtrait pas sans lui.

Pour bien comprendre tout ce qu'il y a de malignité dans le couplet de prose qu'on vient de lire, il faut toucher à la profession littéraire et être au fait des petits secrets du temps, c'est-à-dire de 1835 à 1837. Là-dedans le réel est mêlé à la fiction, mais Jules Lecomte ne pouvait pas s'y tromper: on lui disait de dures vérités en ayant l'air d'insister sur des griefs imaginaires. En ce qui concerne Alexandre Dumas, le Jason d'une future expédition des Argonautes, l'auteur des Lettres avait été très sérieusement à sa solde, et l'auteur d'*Antony* était l'un de ceux que les Lettres de l'*Indépendant* déchiraient le plus. Entre Jules Lecomte, d'ailleurs, et le grand dramaturge, les choses ne sont pas finies; l'hostilité reparaîtra un peu plus tard dans un autre pays que Bruxelles, mais Roger de Beauvoir n'était pas fâché d'appuyer sur cet acte d'ingratitude venant du journaliste belge.

Voici maintenant une série d'accusations d'un ordre plus grave. Pendant ses salutaires pérégrinations à travers la Belgique, Jules Lecomte, empruntant divers déguisements, se fait passer pour diverses célébrités parisiennes afin d'en tirer partie. Ainsi, un jour, à Liège, il se donne à un touriste anglais comme étant Auguste Barbier et il lui récite les *Iambes*. Il fit de cette façon quelques tours de passe-passe. Il négocie des billets, des papiers ce qu'on appelle des valeurs, et c'est là, hélas ! son talon d'Achille ; ce sera dans l'avenir, le point du réquisitoire et des allusions qu'on dirigera le plus souvent, le plus cruellement sur lui. — Tout à coup Roger de Beauvoir s'arrête dans l'énumération de ces délits et, interpellant Hippolyte Souverain, qui était l'éditeur de Jules Lecomte, à Paris, il lui dit, en affectant un air narquois : — « Ah ! ça, quand « vous l'avez pris pour un officier de marine, où « donc pensiez-vous qu'il avait servi ? A Toulon, pro« bablement, et pendant huit jours, au moins. » Il est inutile de faire voir comme le trait était sanglant.

Mais le faiseur de riposte ramène vite sa victime à Bruxelles, au lendemain de la fuite. Il le montre à l'heure où il se présente à l'*Indépendant*, journal franco-belge, fondé par M. Faure, ex-notaire. — On sait que, dans ces temps-là, Bruxelles était peuplé d'ex-notaire , et d'ex-banquiers, venus de France, qui fuyaient la police correctionnelle.

Voilà que M. Van Engelgolm se présente à l'*Indépendant*. On lui dit : « — Entrez donc, monsieur Jules Lecomte. » Il entre, il s'assied, il parle de Paris et des gloires de Paris, ce qui est toujours magique. — « Eh bien, puisque vous « avez à vous venger, prenez une plume, Van Engelgolm, et « vengez Jules Lecomte. Vous avez des créanciers qui ont « juré votre perte. » Il se mit à l'œuvre et, vendant à un marchand de fer-blanc toutes ses décorations étrangères, Jules Van Engelgolm aiguisa tous les traits de la satire contre la littérature parisienne. Il se mit à injurier dans l'*Indépendant* de Bruxelles tous les gens dont il dépendait jadis ; il cracha sur Alexandre Dumas qui lui payait ses mois à bord et qui a fermé les yeux plus d'une fois sur la perte de ses bottes que le jeune Van Engelgolm portait, par vénération sans doute pour l'auteur d'*Antony* ; il insulta George Sand, qu'il présentait comme ayant été son amie intime ; il n'épargna pas MM. Alphonse Brot, Henry Berthoud et autres qu'il nommait aussi impudemment ses camarades, ainsi que M. Fulgence Girard, que sais-je, moi ? Bref, le comte Jules Van Engelgolm fit un tel pamphlet contre la littérature en masse qu'on dut se demander si tous les littérateurs de Paris n'étaient pas devenus par hasard ses créanciers.

Suit une vive et amère critique sur l'état physique et morale de la Belgique en 1837. Roger de Beauvoir avait fait récemment, en compagnie d'Alphonse Roger, un voyage d'agrément dans ce pays. A peine arrivés à Bruxelles, les deux Français y avaient été pris à partie, sans aucun motif, par un petit journal mal écrit, mais plein de rage, intitulé : *Le Méphistophélès*. Alphonse Royer, homme sage, laissait faire et laissait dire. Il n'en était pas de même pour Roger de Beauvoir, qui, en ce temps-là, encore très jeune, avait volontiers l'esprit batailleur ; Roger voulut aller voir ce que c'était que cette feuille qui venait de si bien japper après lui.

— Les bureaux du *Méphistophélès* ? — On m'indique une rue tortueuse, maison sale, de vilaine apparence. — Je monte trois étages. — Sur le palier je me rencontre avec une vieille femme, sorte de sorcière de Macbeth, qui balayait le devant d'une porte, la roupie au nez, la barbe au menton.

— Le *Méphistophélès* ?

— C'est ici, Monsieur.

— Le rédacteur en chef ?

— Il n'est pas ici. Il habite Anvers, Monsieur.

— Le gérant responsable, alors ?

— Le gérant responsable, eh bien, vous le voyez devant vous, dit-elle en se plantant sur son balai. C'est moi, Monsieur. Qu'est-ce que vous me voulez ?

On peut bien penser, que je n'avais qu'à me retirer et je partis.

Telle est la presse belge, en 1837.

Et Roger n'exagérait en rien. S'il y avait d'honorables exceptions parmi les journaux de Bruxelles, bien des feuilles d'alors étaient organisées sur le patron du *Méphistophélès*, et il paraît que l'*Indépendant*, de l'ex-notaire Faure, était à mettre sur ce rang. Mais ce qu'il fallait surtout constater, c'était ce fait : Bruxelles étant devenu la capitale de la contrefaçon. Pas de livre, petit ou grand, paraissant à Paris, qui, huit jours après, ne fût réimprimé clandestinement dans la capitale de la Belgique à des milliers d'exemplaires et envoyé de là en Europe et en Amérique. Vainement la littérature française se plaignait. Les traités internationaux n'avaient pas prévu la librairie comme article de commerce et l'on pouvait voler impunément Victor Hugo, H. de Balzac, Augustin Thierry et tous les autres.

Suite du *factum*. — Roger de Beauvoir représente Jules Lecomte comme embarrassé de son propre personnage. Les Belges, défiants, lui demandent pourquoi il a quitté Paris et ce qu'il est venu faire chez eux ?

— Ce que je suis venu faire à Bruxelles ? Eh bien, je suis venu ici étudier la contrefaçon. Jusqu'ici je ne connaissais que celle des lettres de change. Les réfugiés français, qu'on rencontre en cet honnête pays, les ex-notaires, les ex-banquiers, les ex-courtiers de la Bourse, sont l'honneur de la presse. Demandez plutôt à monsieur le bourgmestre. Je m'embarrasse peu des cris de paon jetés par les éditeurs de Paris. Je veux être éditeur à Bruxelles, c'est-à-dire *pirate*. Est-ce que ça ne rentre pas dans les cordes de la marine, ça ? A Paris, le *Vert-Vert* et le *Figaro* m'égratignent. Qu'est-ce que ça peut me faire, puisque j'ai une peau de requin ? L'*Indépendant*, journal qui m'a acheté mon *avenir*, m'impose par condition de contrat de ne plus rentrer en France. Qu'on instruise de ce fait ma portière et mes nombreux créanciers intimes. Je vais de ce pas me faire naturaliser écrivain belge. Ainsi, voilà qui est bien décidé : je quitte pour toujours le logement que j'occupais à Paris, dans la rue *Duphot*.

UN ÉCRIVAIN MARITIME ET CALOMNIÉ

LE COMTE JULES VAN ENGELGOLM.

Ainsi qu'on vient de le voir, pour que rien ne manquât à l'acrimonie de cette réplique, l'auteur avait tenu à faire mettre le mot Duphot, en italiques, de façon à amener dans l'esprit du lecteur une équivoque cruelle. — A vingt ans de là, au *Figaro*, que Villemessant ressuscitait, j'ai vu Jacques Offenbach ranimer ce mot pour en blesser le chroniqueur de l'*Indépendance Belge*. — « M. Jules Lecomte, est-ce ce que vous demeurez toujours rue *Duphot ?* » disait l'auteur d'*Orphée aux enfers*.

Publié dans le *Cabinet de Lecture*, le libelle de Roger de Beauvoir fut une sorte de pétard ; on ne parlait que de ça ; on le commentait ; on l'allongeait ; on y ajoutait les détails les plus mortifiants. A la vérité celui que visaient ces épigrammes n'était plus à Paris, où il ne devait reparaître qu'une quinzaine d'années après. Il ne vit et n'entendit donc aucune des cavatines de cet effrayable concert, mais à l'époque où il opéra son retour, les échos se réveillèrent ; ils ne parlèrent plus qu'en sourdine comme tous les échos, mais ils parlèrent et, de l'ex-proscrit, ils firent un supplicié, ce qui ne se voyait que trop sur sa pâle et dolente figure.

Nous avons dit plus haut que Jules Lecomte n'avait fait que séjourner à Bruxelles. Un jour, il jeta sous ses pieds la peau ou la défroque de Van Engelgolm, le faux Belge, et il s'en alla faire un tour en Italie. Il y a encore à ce sujet nne légende ou un roman, comme on voudra. On sait que l'archiduchesse Marie-Louise, veuve de Napoléon, était souveraine de la principauté de Parme et de Guastalla. Après la chute de l'empire, n'ayant jamais aimé sérieusement l'homme qui avait battu le Kayser, son père, elle était devenue, qui ne le sait ? la maîtresse du comte de Neyperg, un très beau masque, dont elle a eu un fils, frère consanguin du roi de Rome. Mais ce comte ayant disparu, elle continuait d'être une femme légère, et muguettait, dit la chronique, avec le tiers et avec le quart. L'ancien romancier maritime s'étant alors rencontré sur son chemin, elle l'avait distingué et s'était laissée aller au caprice de l'aimer pendant un bout de temps. Naturellement on avait encore mis cet épisode au compte de celui que Roger de Beauvoir avait si vertement houspillé.

Pendant que Jules Lecomte habitait Florence, Alexandre Dumas, aussi, résidait dans la ville, des Médicis. On pense bien que toutes les fois que le hasard les plaçait face à face, les deux Français ne pouvaient se regarder qu'en chiens de faïence. A la vérité, l'auteur de *Mademoiselle de Bellisle*, qui occupait une si haute position dans l'esprit public, apportait alors des airs de dédain et il avait certainement le droit de les afficher, et cette attitude déplaisait très fort à l'ex-Van Engelgolm qui eût mieux aimé la guerre ouverte ou bien déclarée. Aussi, un jour (toujours à ce que raconte la chronique), s'arrangea-t-il pour brusquer les choses. Ayant acheté chez un boucher des faubourgs une tête de bélier, parlons plus clairement, une paire de cornes, Jules Lecomte, en passant, avait jeté l'objet dans la voiture découverte du grand écrivain, voulant donner à entendre qu'il était un autre Sganarelle. Très certainement une telle manifestation était révoltante de grossièreté et de mauvais goût, mais Alexandre Dumas ne voulut même pas la relever. D'autre part, pour s'exposer auprès de ceux qui le blâmaient d'un tel acte, le futur correspondant de l'*Indèpendance Belge* disait qu'il n'avait fait qu'à user de la loi du Talion et que l'auteur de la *Tour de Nesle* avait fait tout son possible pour le déshonorer par ses propos. Ce qui était problablement vrai.

Ce que je sais, à ce sujet, c'est qu'en 1854, à l'époque où le *Mousquetaire* paraissait à la Maison d'or, Alexandre Dumas avait fait à tous ses collaborateurs du journal une recommandation expresse :

— Messieurs, je vous en prie, ne parlez jamais de M. Jules Leconte, ni en bien, ni en mal.

Je viens de dire les joies et les tristesses de Jules Lecomte, après son retour de l'île d'Elbe. Il a eu de beaux jours ; il en a eu d'affreux. Il a eu des ennemis impitoyables ; il a eu des amis qui ont plaidé pour lui. Au nombre de ces derniers il faut nommer en tête Albéric Second, ex-sous-préfet de la Répu blique, ex-favori de l'empire celui que le même Jules Lecomte a fait, en mourant, l'un de ses héritiers. — « Bast ! disait celui-là, il m'a laissé pour dix-huit « mille francs de bibelots. La belle avance ! » Albéric Second avait compté sur les 150,000 francs qu'avait péniblement amassés l'ancien chroniqueur de l'*Indépendance Belge*, mais cette petite fortune alla à des collatéraux.

Une des prouesses de Jules Lecomte, qu'il ne faut point passer sous silence, c'est lui et non un autre, qui, le premier, a mis en relief, en l'aidant de sa bourse, la femme célèbre qui s'est appelée Mme de Païva, une Sphynge, une créature prestigieuse et dévorante, à ce qu'on a dit. La même qui aux Champs-Elysées, avait rebâti et embelli la fameuse petite maison de M. de Morny, la *Niche à Fidèle*. — Ici encore nous retrouvons Roger de Beauvoir, mais avec un distique.

> Quand donc achèvera-t-on ce bel hôtel d'albâtre ?
> La Païva, pourtant, ne manque pas de plâtre.

Une halte d'un instant, s'il vous plaît, à propos de cette figure de femme.

Dès les premiers jours de l'empire, on se le rappelle, Emile Augier faisait jouer au Théâtre-Français l'*Aventurière*, comédie des plus vives, un de ses chefs-d'œuvre. Dans la pensée de l'auteur, la pièce n'était d'abord qu'une œuvre de fantaisie. Le mouvement de la vie parisienne en fit sans retard une actualité. En effet, des quatre points cardinaux de l'Europe arrivaient chez nous par petits groupes des étrangères à ceinture déliée qui venaient chercher fortune. Entre cent, qu'on pourrait nommer, il y a eu cette belle Américaine, mariée au fils d'un musicien célèbre, et qui, ce n'a jamais été un secret, était la maîtresse richement rentée d'un roi voisin. Il y a eu la bâtarde d'un prince allemand, laquelle est devenue la seconde femme du plus bruyant des publicistes. Il y a eu aussi... mais arrêtons là cette monenclature pour ne parler plus que de Mme de Païva, celle de toutes qui a le plus fait jaser d'elle dans les chroniques.

Voyez un peu en quels termes on célèbre cette triomphatrice.

> Chevaux pomponnés de ruban cramoisi, harnais chargés de cuivre, portières ornées d'écussons aussi larges qu'elles, tout dans cet équipage respire l'éclat plus que le goût dans le luxe. On sent la grande fortune, mais la fortune née d'un coup du sort, et qui a hâte de s'affirmer aux yeux de tous, et peut-être surtout aux yeux de ceux qui la possèdent.

Abondant comme pas un en babillages mondains, le chroniqueur de l'*Indépendance Belge* a raconté bien des histoires de toutes couleurs sur le tiers et sur le quart, sur les politiciens, sur les artistes, sur les gens de lettres, sur les gros banquiers, sur tout ce qui attirait l'attention de Paris. Plus tard, en s'armant d'une paire de ciseaux, il découpait dans la large étoffe de tous ces cancans de quoi faire deux volumes : le *Perron de Tortoni* et les *Papiers de famille*. Mais on a remarqué qu'il n'y a rien dit de Mme de Païva, et c'est dommage, en ce qu'il connaissait ce beau monstre humain plus que personne. Toutefois on a ébruité une légende qui le concernait, et c'est ainsi que ce récit est parvenu jusqu'à nous.

Citons un tronçon de chronique, sans y rien changer.

Vous connaissez la physionomie féminine qu'abrite cette voiture, et vous êtes au courant de ses affaires. C'est une des quatre personnalités dont Paris ne se lasse pas de s'inquiéter. Veuve d'un pauvre tailleur de New-York, ex-madame Herz, ex-comtesse de Païva, elle a parfait sa carrière en troquant son nom portugais contre un nom prussien qui sonne douloureusement au cœur de notre pauvre Alsace, car ce fut celui de son premier gouverneur à l'époque de la conquête, et tout savant qu'il soit en l'art des annexions, le prince de Bismarck pourra prendre encore auprès d'elle des leçons sur la matière. La voilà qui passe devant l'ancienne maison Voisin : elle jette un regard sur l'entresol. Se souvient-elle qu'il y a tantôt trente-cinq ans, d'une des fenêtres de cet appartement, elle jeta, un soir, une croûte de pain sur la tête de Jules Lecomte, retournant pédestrement à Passy, où il demeurait ? A cet étrange appel, Jules Lecomte leva les yeux et reconnut un visage ami.

— Mon cher Lecomte, lui dit la dame, je n'ai ni de quoi souper ni de quoi gîter. Menez-moi dîner ce soir, et prêtez-moi dix louis pour que j'aie encore un lit demain.

Le journaliste offrit sa bourse, puis présenta son bras. On alla dîner chez Ledoyen, et c'est de là que notre comtesse franchit le marchepied du dorsay où vous la voyez aujourd'hui.

Dans le *Journal des Goncourt*, les deux frères racontent qu'ils sont allés aux réceptions, de cette femme car, jouant fort à l'Altesse, la sphynge donnait des dîners littéraires, des lunchs, des thés, des concerts. Chose très-curieuse, tous les gens du monde qui allaient faire leur promenade au bois ne pouvaient se défaire d'une mode, c'était de lorgner ce petit hôtel, la *Niche à Fidèle*, maintenant résidence de cette Circé. Il s'y trouvait, disait-on, un escalier en malachite qui excitait la curiosité de toutes les véritables grandes dames. — « Je donnerais un doigt de la main pour avoir un escalier comme celui-là, disait une marquise, puisque Paris ne parle pas d'autre chose. » Plus d'une habitante du faubourg Saint-Germain a sollicité l'honneur de le voir, d'en monter et d'en descendre les degrés. Quant aux petites orgies, de très bon ton, dont l'édifice était le théâtre, elles ont un historien des plus véridiques dans notre ami Arsène Houssaye, l'un des plus fréquemment invités. Sous l'empire, les convives se nommaient Sainte-Beuve, Désiré Nisard, Paul de Saint-Victor, Emile de Girardin, Alexandre de Lavergne, l'avocat Carraby, Jules Lecomte, Huart, Julien Turgan, Théophile Gautier, Vivier, le corniste, les deux Goncourt, et Arsène Houssaye, déjà nommé. On voit que cette cour formait toute une élite.

En 1872, après son quatrième mariage, quand cette Barbe-Bleue femelle reparut à Paris, après nos désastres, la mort et les suites de la guerre avaient fait beaucoup de vides à sa table. Néanmoins elle paya d'audace et tint bon. En ce temps, Ballard, l'ancien acteur du Vaudeville, était l'intendant de l'un de ses châteaux et il en disait des choses véritablement étonnantes.

— On sait, disait-il, que Cléopâtre, fille des Ptolomées, grecque d'origine, était blonde. On sait que Lucrèce Borgia était d'un roux vénitien. Quant à la véritable couleur de Mme de Honckel, je défie le plus clairvoyant de pouvoir rien dire à cet égard. Un jour ,je l'ai vue rousse, ce qui était d'un très bel effet en plein soleil. Un soir, je l'ai vue brune, mais de la nuance qu'a l'aile luisante du corbeau, ce qui, à la lueur des bougies, marié aux diamants, brillait vivement aux regards. Une de ses caméristes assure, mais à voix basse, qu'elle est grise comme un blaireau. N'importe, blonde, brune, rousse, chataine ou grise, elle trouve moyen de fasciner les hommes qui l'approchent, et c'est ce que je ne puis comprendre. La seule chose que je sache bien, c'est qu'il y a quelque chose de réellement infernal dans cette créature. Ah ! la méchante galle ! Que de cruauté ! Si elle n'est pas la fille du diable, elle doit être sortie de l'œuf d'un serpent, couvé par un vautour !

Pour plus amples renseignements sur cette mystérieuse étrangère, lire les *Confessions* d'Arsène Houssaye qui a, de main de maître, décrit son hôtel, ses invités et son train de vie. Je recommande surtout le récit d'un souper où le corniste Vivier, un grand mystificateur, se présente tout à coup au petit hôtel comme étant l'empereur en personne. Etant de même taille que Napoléon III, maquillé de manière à lui ressembler, s'étudiant à marcher de son allure lente et embarrassée, jouant le taciturne, presque l'ahuri, il entrait, s'asseyait à table, près de la maîtresse de la maison, et était pris par les trois quarts des convives comme étant le chef de l'état.

Ainsi qu'on l'a vu plus haut, du jour où cette Aspasie plâtrée a tenu grand train de maison, Jules Lecomte a jusqu'à sa dernière heure figuré parmi ses familiers et cela devait être. Ainsi le journaliste était l'un des plus fêtés, mais ces caresses ne l'empêchaient pas d'être le plus triste. Par tout ce qui précède on a appris pourquoi il y avait tant de mélancolie sur son visage. On sait aussi pourquoi, à la suite d'un dernier procès, ayant perdu sa position à l'*Indépendance Belge*, il est mort désolé et, pour ainsi dire en damné. Il faisait peine à voir et surtout à entendre. S'est-il rappelé alors les lettres de Van Engelgolm ?

La Païva, aussi, est morte depuis et presque délaissée.

XII

Paris et la littérature macaronique. — Les ancêtres de la gaieté française. — Auguste Commerson. — Un souvenir de Charles Monselet. — Jadis et aujourd'hui. — Le *Tam-Tam*. — Ce que c'était que ce magazine, il y a cinquante ans. — La rédaction d'alors. — Le *Tintamarre*. — Vaudevilliste. — Collaboration avec Henri Rochefort. — Plaintes d'un homme gai. — Commerson, propriétaire foncier. — Les Pensées d'un Emballeur. — Succès. — Édition de luxe. — Un portrait par Nadar. — Une préface par Théodore de Banville. — Fureurs de M. de Pongerville. — Premières citations. — Douze Pensées. — Retour à la préface. — Ce que c'était que Joseph Citrouillard. — Commerson et Bobèche. — Seconde poignée de citations. — Encore dix Pensées. — Un mot de M. Désiré Nisard. — Cayenne. — Un mot de M. Saint-Marc Girardin. — Une vieillesse morale. — L'oraison funèbre.

Si, de temps en temps, le sphinx qui jetait l'effroi dans Thèbes se promène à travers nos rues, sous forme de grève, Paris n'en est pas pour cela une ville triste; Paris aura toujours un goût prononcé pour ceux qui le font rire. On sait combien il aime la belle humeur. François Rabelais y a eu bien vite un culte; on y a applaudi Cyrano de Bergerac et aussi Paul Scarron; Bruscambille y a fait école. Bientôt sont venus Molière, le Contemplateur, et Voltaire, ce Titan du ridicule. Tous ces ancêtres de la gaieté française n'ont pas cessé d'être en honneur. Pendant près de cinq siècles, il nous ont préservés de cette fâcheuse endémie qu'on appelle le spleen chez les Anglais. Mais, disent les esprits chagrins, ces grands amuseurs n'ont pas laissé de lignée. A mon idée, c'est là un cri de découragement que rien ne justifie. L'air du pays et le vin de nos vendanges ne sauraient perdre leur vertu. Soyons sans crainte : il naîtra toujours sur notre sol des Français alertes en état de nous aider à nous désopiler la rate !

Henri Monnier et Honoré Daumier ne sont-ils pas de la grande race de ceux qui font rire ?

Au café Robespierre apparaissait parfois, plus en passant qu'en habitué, un des contemporains qui auront le plus contribué à égayer Paris. J'ai nommé Commerson, le fondateur du *Tintamarre*. Dans la *Lorgnette littéraire*, ce joli livre de sa jeunesse, Charles Monselet traite ce confrère un peu durement. « Personnage à figure sinistre ! » dit-il. Cela vient un peu sans doute qu'à l'époque où il dessinait des silhouettes à la plume, l'auteur de *Monsieur de Cupidon* ne voyait le sujet que vieilli et, par conséquent, fané par l'âge. Mais le boute-en-train avait été jeune aussi. Par exemple, en 1836, il montrait volontiers un visage souriant ; il n'était pas dépourvu de charmes. Sans être un fashionable, il avait quelque élégance, étant toujours propre, bien chaussé, finement ganté, armé du lorgnon qui était déjà de mise chez les artistes.Et il n'a pas cessé d'être le même pendant tout le règne de Louis-Philippe. En 1848, tout à coup l'hiver des ans a neigé sur sa tête. Le visage perdait sa fraîcheur. On disait que c'était quelque chose comme le masque d'un carlin, et c'était peut-être vrai. Mais Commerson n'en était pas pour cela un homme morose.

En 1840, quand je l'ai vu pour la première fois, il était encore mince, dégagé, plein de verdeur. On aurait dit le vif argent en personne. Très peu d'années auparavant, ayant déjà la passion du papier,il avait créé le *Tam-Tam*, un magazine de littérature et d'art paraissant tous les huit jours. Mi-partie fantaisie, mi-partie annonces, ce journal était envoyé gratis à 4,000 établissements publics, cabinets de lecture et cafés. Moyen certain et peu coûteux de rayonner sur une ville qui coûte toujours plus de cent mille francs à conquérir, littérairement parlant.

Rien de plus curieux que la collection du *Tam-Tam*. Toutes les formes de la pensée s'y révèlent. Trente noms qui sont devenus célèbres figurent au bas de ces pages. Altaroche, alors rédacteur en chef du *Charivari*, semble marcher en tête d'une jeune troupe très hardie. Près de lui, se voyait L.-A. Berthaud, l'auteur de l'*Homme rouge*, de Lyon, une Satire qui a été le pendant de la *Némésis*. Les deux frères Burat de Gurgy, Marc Michel, le futur collaborateur de Labiche, Albéric Second, Clément Caraguel, ont débuté là, ainsi que moi-même. On y trouve des articles de Félix Pyat, très remarquables, des nouvelles d'Augustin Chevalier, un Chatterton de notre âge, de la critique de F. Claudon, l'auteur du *Baron d'Holbach*, de Charles Ballard, d'Auguste Luchet, des contes de Paulin Limayrac et une collaboration assidue de Raymond Brucker, un des premiers romanciers d'alors, l'auteur très connu des *Intimes* et du *Puritain de Seine-et-Marne*. — J'en passe et vingt autres.

Il faut le répéter, Commerson était la cheville ouvrière du *Tam-Tam* comme il a été plus tard l'âme de cette joyeuse satire en prose qui se nomme le *Tintamarre*. Je dirai même, avant tout, que grâce à lui, le *Tintamarre* a succédé au *Tam-Tam* comme les Capétiens ont succédé aux Carlovingiens. Dépossédé de son journal en 1842 et ne voulant point perdre le bénéfice de ses efforts, de ses soins et de ses labeurs, Commerson avait imaginé ce titre nouveau comme étant celui qui présentait le plus d'analogie avec l'ancien. Je l'ai vu s'occuper tout à la fois de la spécialité des annonces et de celle de la rédaction. Du matin au soir, il courait, pérorait, plaidait, convainquait, faisant marcher l'entreprise. Rien ne se faisait sans lui.Mais il avait pris pour devise qu'il répétait un mot à la Danton : « De la gaieté ! de la gaieté ! de la gaieté ! » Avec lui,le lecteur était toujours sûr d'avoir une ample provision d'hilarité. Il a fait jouer trente vaudevilles dont un : *La vieillesse de Brindidi* en collaboration avec Henri Rochefort. Il a publié vingt in-32 des plus piquants. Il a imaginé des mots pleins de témérité, des formules audacieuses, des rubriques que l'on ne connaissait pas avant lui. Bref, il est devenu un type littéraire tout à fait à part, une curiosité.

A l'époque où il venait au café, ce n'était que par hasard. Dans ces mêmes temps, il faisait jouer au petit théâtre du Carré Marigny, aux Champs-Elysées, je ne sais quelle cocasserie en trois actes dans laquelle Monrouge remplissait le principal rôle. Allant à pied,à petits pas désormais,puisque le plomb de la vieillesse alourdissait sa marche, il éprouvait le besoin de faire halte en vidant un bock et c'était nécessairement au célèbre abreuvoir de la rue Neuve-des-Petits-Champs qu'il s'arrêtait. Je l'y aperçus, un soir, au moment où il allait se retirer.

— Croiriez-vous, me dit-il, que la goutte me soit venue ? Eh bien, ce n'est que trop vrai. D'ordinaire, à ce que j'ai lu dans un gros livre, elle ne vient qu'aux riches. Par exemple, elle va à Jules Janin ;

elle hante Roger de Beauvoir. Rien de mieux. Mais que veut-elle à un déplumé tel que moi qui suis plus gueux qu'un rat d'église ? Or, qu'elle vienne tant qu'elle voudra, la sacrée garce, elle me fera endurer quelques mauvais quarts-d'heures, soit, mais elle ne parviendra jamais à m'empêcher de rire.

Il se disait pauvre, il l'était réellement, puisque de nos jours, pour ne l'être pas il faut avoir de quoi prendre un bain d'or, tranchons le mot, de quoi rouler carrosse. Pourtant il n'était pas sur la paille. Le *Tintamarre* aidant, il eût pu avec un peu de sagesse, se faire une petite fortune. Le moyen qu'une telle tête renfermât un grain de prévoyance! Mais attendez ! S'il ne s'était pas fait de capital, il avait trouvé moyen d'être propriétaire foncier. Oui, il s'était acheté un lot de terrain au Raincy, où l'on divisait en cent lots l'ancien domaine du munitionnaire Ouvrard, d'opulente mémoire.

— Mon Dieu, oui, voilà encore une chose qui va faire naître chez vous quelque mouvement de stupeur. Je suis propriétaire. Je me suis acheté deux fois quatre cents mètres de terrain *extra-muros*. De quoi me bâtir une cahutte et de cultiver pour deux sous de radis roses. Peut-être bien, si je voulais, pourrais-je aspirer à l'ambition de nourrir un lapin. Sera-ce un lapin noir ? sera-ce un lapin blanc ? Bast ! ce sera peut-être un cochon de Siam. A Newstad-Abbey, lord Byron avait un ours. Mais que voulez-vous ?

Dans mon jardin qui a l'étendue d'un mouchoir de poche, il n'y a que du plantain et un peu de serpolet.

On le voit, la goutte, une vieillesse besogneuse, son *Tintamarre* perdu, puisqu'on l'en évinçait, ses vaudevilles qu'on n'applaudissait pas toujours ou même qu'on sifflait, rien ne parvenait à altérer l'allure de cette invincible jovialité. Pour combattre tant de coups portés par la mauvaise fortune, Commerson revoyait ses anciens in-32, ceux qui dataient du commencement du second empire et qui ont tant récréé la ville. Il les allongeait, les corrigeait, les embellissait de manière à en faire une œuvre d'art.

— Tenez, j'en suis à la dixième édition des *Pensées d'un emballeur*, disait-il avec un juste orgueil.

Ces *Pensées d'un emballeur*, qui est-ce qui ne les connaît pas ? D'une manière incontestable, c'est un chef-d'œuvre de notre dix-neuvième siècle. Un jour, les exégètes en feront un pendant aux *Pensées* de Pascal et aux *Maximes* de Larochefoucault, du moins, on est en droit de l'espérer. En général, cette substance est extraite du *Tintamarre*, ce qui donne à croire que ça été écrit à main courante. Mais chacune de ces lignes est l'os de Rabelais qui contient une moëlle généreuse. On lit, on rit et l'on est charmé. On lit, on rit et l'on médite. On lit, on rit et l'on se demande si l'auteur n'est pas le plus grand des philosophes passés, présents et futurs. On lit, on est charmé, on médite, on admire et l'on rit toujours.

A la vérité le vieil Institut proteste et détourne les yeux avec une sainte horreur. Jamais encore on n'avait vu s'étaler en plein soleil un tel déhanchement de la grammaire. — Ça? de la prose! ça? des maximes! ça? de la philosophie! Ça? une œuvre littéraire! Par les chastes Piérides! — Il y avait alors, parmi les Quarante, un petit vieillard à figure glâbre et à perruque chinchilla, divinisé pour avoir traduit Lucain en alexandrins ronflants. Ce n'était autre que M. de Pongerville, un faux libéral dont M. Achille Fould avait fait un chef de la commission de colportage, lisez de la censure, imaginant qu'il n'y avait que lui pour être le douanier de la pensée. Après lecture, saoul de fureur contre l'audacieux, il ne put s'empêcher de faire entendre cette exclamation, tirée du vocabulaire de la rue :

— *Ous qu'est mon fusil?*

Il eût tué Commeson comme un lièvre, s'il l'eût tenu à portée de sa main. Heureusement il y avait des compensations à ses fureurs. N'ayant pas les mêmes raisons de se faire du sang noir, Paris viveur s'amuse du livre, Paris artiste l'adopte, Paris sceptique en fait son code, Paris fantaisiste y applaudit. En sorte qu'il finit par devenir populaire.

Comment en aurait-il été autrement avec des formules telles que celles que voici :

∴

— N'avez-vous pas remarqué qu'il y a quelque chose de mystérieux dans une huître ?

∴

— Une romance, c'est une fleur ; une symphonie c'est un arbre ; un opéra, c'est une forêt.

∴

— Une femme susceptible a de l'analogie avec un mouchoir à tabac : elle sèche quand on la laisse de côté.

∴

— Un abcès et un homme de génie finissent toujours par percer.

∴

— Épouser une maîtresse, c'est mettre en hachis les restes d'un vieux gigot.

∴

— J'ai toujours pensé que le Mont-de-piété était un tribut levé sur les pauvres pour soulager les indigents.

∴

— Un amant est une agrafe. Un mari est un crampon.

∴

— Si le chaste Joseph n'avait pas eu de manteau, je me demande par où la Putiphar aurait pu le retenir ?

*
* *

— Le moyen actuel d'acquérir une position élevée, c'est de partir en ballon.

*
* *

— La philosophie a cela d'utile qu'elle sert à nous consoler de son inutilité.

*
* *

— La lune est le pain à cacheter de la nature.

*
* *

— Il est plus facile de faire revenir un oignon qu'un ingrat.

*
* *

— L'amour est un théâtre où les femmes se distribuent les contremarques.

Dès la première édition, les *Pensées d'un Emballeur* prenaient l'importance d'un livre de marque. Cet in-32 était des plus soignés, sur un beau papier, en cicéro, caractère neuf. Au frontispice, on aperçoit d'abord une gravure en taille douce représentant Commerson en pied, costumé en ouvrier layetier, le marteau à la main, la chemise retroussée, nu-tête, narquois, travaillant pour l'exportation. Ce portrait est de l'illustre Nadar. Un peu avant qu'on arrive aux Pensées elles-mêmes, on est pris au collet, et, conséquemment arrêté court par une très jolie préface signée de Théodore de Banville. Vous avez deviné que l'auteur de la *Femme de Socrate*, qui est doublé d'un grand critique, ne manque pas de s'étendre sur les mérites de l'œuvre qu'il présente au public. Eh ! dame, nous voilà bien loin des cris de mort poussés par M. de Pongerville, le petit vieux à la perruque chinchilla.

Qu'on nous laisse citer au moins les préludes de cette préface.

*
* *

Voici un chef-d'œuvre ! et le critique chargé d'écrire en tête des *Pensées d'un Emballeur* ces quelques lignes de préface peut se dire à lui-même comme Buridan à M. de Savoisy : « Voilà la fonction la plus importante que vous « aurez remplie de votre vie ! » Quoi donc ! vous écrierez-vous, un chef-d'œuvre ces plaisanteries barbouillées à la craie sur un mur d'atelier, ces folies jetées en un jour de caprice dans le plus fou des journaux, le *Tintamarre*, et qui dépassent le *Tintamarre* en folie désordonnée ! Précisément. Spontanéité, élévation, profondeur, la colère de l'artiste inspiré, le mépris hautain du philosophe, l'indulgente sérénité du poète, toutes les qualités des ouvrages durables font vivre ces feuilles que leurs auteurs avaient jetées au vent et que le vent du succès rapporte. On avait noté ces calembredaines pour en rire entre quatre amis au coin du feu, en fumant sa pipe, et il se trouve que l'écho de ce rire a retenti jusque aux glaces éternelles du pôle et sous les verdoyantes forêts de la Floride.

Théodore de Banville laisse encore à ce sujet tomber de sa plume de colibri cinq ou six belles pages prestigieuses, et sur la manière dont se font les livres au commencement du second empire et comment on trouve un éditeur pour ces livres. Par la même occasion, il jette un rapide coup d'œil et sur le théâtre du jour, et sur les mœurs du temps, cet in-32 étant une sorte de miroir qui fait bien voir ce qui se fait dans Paris. En passant, il constate, ce que j'avais oublié de vous dire, que ce même Commerson est l'auteur d'une autre grande conception d'alors, c'est-à-dire de Joseph Citrouillard. Et qu'est-ce que Joseph Citrouillard, s'il vous plaît ? la chose est assez peu aisée à dire. Joseph Citrouillard, c'est un type de 1850 à 1860, absolument comme le Joseph Prud'homme d'Henri Monnier a été un type de 1830 à 1850.

Ici encore qu'on me laisse citer un éloge du journal de Commerson par le poète des *Stalactites.*

D'instinct le *Tintamarre* a compris son époque. On est exagéré jusqu'à la folie, il l'a été jusqu'à la rage ; sa prose est moderne, bien moderne, aussi moderne que ce Pas des Poignards où sont racontées toutes les mœurs de notre temps. Joseph Citrouillard est immortel comme Bilboquet et voilà pourquoi on l'a lu, voilà pourquoi on lira avec frénésie ces *Pensées d'un Emballeur* dans lesquelles vit audacieusement le côté niais, effronté, cynique, fougueusement matérialiste de notre temps. Temps qui sera racheté par son espérance et par son rêve! Là encore, c'est Bobèche qui parle, Bobèche avec sa veste écarlate, sa queue rouge et son papillon symbolique, mais Bobèche, qui, tout à coup, sans prévenir, et tout en recevant un coup de pied au cul, rencontre par une audacieuse fortune, l'axiome de Balzac, la touche de Gaverni, l'éloquente raillerie d'Aristophane; le tout au milieu de calembours et de calembredaines à vous rendre fou.

Eh bien, remettons-nous, pour un instant, à glaner parmi les œuvres de Bobèche ; l'ombre de Commerson ne saurait nous en avoir mauvais gré. La matière est si riche et si parisienne !

*
* *

— Napoléon-le-Grand a pu remuer le monde, mais il n'a jamais su remuer une salade.

*
* *

— Mirabeau aimait avec force ; c'est une de ses faiblesses.

* *
*

— Si je débarquais à San-Francisco, je tomberais en syncope, car j'y serais sans connaissance.

*
* *

— Mieux vaut se passer une fantaisie que de pain.

*
* *

— On souffre aussi facilement un abus qu'une allumette.

*
* *

— Il vaut mieux, certes, voler à la gloire que dans la poche de son voisin.

*
* *

— Entre la magnifique avenue des Champs-Elysées et le Jardin des Tuileries, l'obélisque me fait l'effet d'un point d'admiration.

*
* *

— L'amour sans argent ressemble à une botte vernie sans semelle.

*
* *

— J'ai connu un perruquier qui était en même temps peintre d'enseigne. Il peignait toute la journée.

*
* *

— Que je connais d'écrivains qui allument leur rat-de-cave à la chandelle du voisin !

*
* *

— Ceux qui ont de l'argent peuvent, dit-on, se passer de tout. Cela est encore plus vrai pour ceux qui n'en ont pas.

Encore un coup, Paris gouailleur faisait volontiers fête à tant de cocasseries, mais le grand monde des beaux esprits ne pouvait entrevoir cette prose sans se laisser aller à des crispations de nerfs. A propos de ce même *Tintamarre* et de ses audaces, on a attribué à M. Désiré Nisard, membre de l'Académie, un mot bien cruel. Cet immortel avait dit dans un salon, en buvant du thé :

— Si ce Commerson était déféré à la cour d'assises et que je fusse du jury, ce jour-là, j'éprouverais certainement un grand plaisir à l'envoyer à Cayenne.

Un autre membre de l'Institut était renommé pour ses épigrammes contre certaines couches sociales qui sont censées vivre dans nos faubourgs ; c'était M. Saint-Marc Girardin. On se rappelle, en effet, une boutade de cet homme illustre : « Il doit y avoir des antropophages dans Paris ; seulement ce sont des antropophages qui mangent avec des fourchettes. » Or, le même professeur en Sorbonne, après avoir lu trois numéros du *Tintamarre* n'avait pu se contenir et il s'était écrié :

— S'il existe dans nos murs un tribu d'Iroquois, ce journal doit-être son moniteur.

Tout compte fait, à l'époque où, en passant pour aller au Carré Marigny, il faisait des apparitions au café de Robespierre, Commerson, ainsi qu'on vient de le voir, était déjà une de nos gloires. Critique, apologie, emportement des ennemis, portrait en pied, succès, rien ne manquait à la sanction de sa renommée. Mais le pauvre garçon ne se laissant pas prendre à l'ivresse de la vogue, savait, au fond, à quoi s'en tenir sur l'inanité du triomphe chez les hommes. Deux ou trois fois, en prenant avec moi le chemin des Champs-Elysées sur la marge desquels j'habitais à cette époque, il m'ouvrait son cœur et me disait, mais tout bas.

— Après tout, il me semble que j'ai été un grand benêt en ne me faisant pas une calme et douce petite existence bourgeoise.

Il a encore vécu dix ou quinze ans, mais était-ce vivre ? Podagre, attristé, isolé ou à peu près, du

Tintamarre qu'il avait dû vendre à un ancien collaborateur, il s'était remis à ressusciter le *Tam-Tam* et, labeur héroïque, il y est parvenu, puisque le *Tam-Tam* vit encore et semble avoir toujours bon pied et bon œil, mais, quant à lui-même, il n'était plus que l'ombre du Commerson d'autrefois, le joyeux Tabarin de la petite presse. Cependant le jour où Paris a appris sa mort, tous les journaux, à commencer par les plus grands, se sont fendus d'une oraison funèbre, comme il eût dit lui-même, s'il eût été encore de ce monde. On a effeuillé sur ses restes la rose noire, la scabieuse et la narcisse, toutes les fleurs du deuil. A mon gré, il eût mieux valu faire choix de fleurs plus joyeuses, le coquelicot, l'églantine et la gueule de loup.

ÉPILOGUE

Tout passe. Tout finit. *Etiam periere ruinæ.* Les ruines mêmes ont péri. Quand on a eu à faire la superbe Avenue de l'Opéra, notre Café des Journalistes a dû disparaître et l'on n'en pourrait trouver la place.

FIN

Imprimerie DESTENAY, Saint-Amand (Cher).

www.ingramcontent.com/pod-product-compliance
Ingram Content Group UK Ltd.
Pitfield, Milton Keynes, MK11 3LW, UK
UKHW020102200726
13856UKWH00002B/329

9 782013 429887